南史

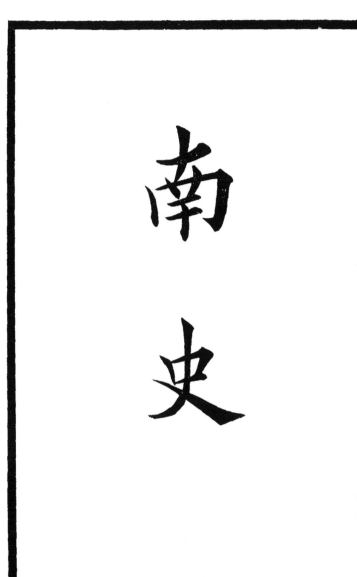

四部備要

史部

中華書局據武英殿本校刊

桐鄉陸費逵總勘
杭縣高時顯
吳汝霖輯校
杭縣丁輔之監造

南史卷六十二

唐　李延壽　撰

列傳第五十二

賀瑒（子革 弟子琛）　司馬褧　朱异　顧協　徐摛（子陵 陵子儉 份 儀 陵弟孝克）

鮑泉（鮑行卿 行卿弟客卿）

賀瑒字德璉會稽山陰人晉司空循之玄孫也世以儒術顯伯祖道養工卜筮經遇工歌女人病死爲筮之曰此非死也天帝召之歌耳乃以土塊加其心上俄頃而蘇祖道力善三禮有盛名仕宋爲尚書三公郎建康令父損亦傳家業瑒少聰敏齊時沛國劉瓛爲會稽府丞見瑒深器異之嘗與俱造吳郡張融指瑒謂曰此生將來爲儒者宗矣薦之爲國子生舉明經後爲太學博士梁天監初爲太常丞有司舉脩賓禮召見說禮義武帝異之詔朝朔望預華林講四年初開五館以瑒兼五經博士別詔爲皇太子定禮撰五經義時武帝方創定禮樂瑒所建議多見施行七年拜步兵校尉領五經博士卒于館所著禮易老莊

講疏朝廷博士議數百篇賓禮儀注一百四十五卷瑒於禮尤精館中生徒常
數百弟子明經對策至數十人二子革季弟子琛並傳瑒業
革字文明少以家貧躬耕供養年二十始輟耒就文受業精力不怠有六尺方
牀思義未達則橫臥其上不盡其義終不肯食通三禮及長徧治孝經論語毛
詩左傳爲兼太學博士長七尺八寸雍容都雅吐納蘊藉敕於永福省爲邵陵
湘東武陵三王講禮後爲國子博士於學講授生徒常數百人出爲西中郎湘
東王諮議參軍帶江陵令王於州置學以革領儒林祭酒講三禮荊楚衣冠聽
者甚衆前後再監南平郡爲人吏所懷尋兼平西長史南郡太守革至孝常恨
食祿代耕不及爲養在荊州歷爲郡縣所得俸秩不及妻孥專擬還鄉造寺以
申感思子徽美風儀能談吐深爲革愛先革卒革哭之因遘疾而卒季亦明三
禮位中書黃門郎兼著作
琛字國寶幼孤伯父瑒授其經業一聞便通義理瑒異之常曰此兒當以明經
致貴瑒卒後琛家貧常往還諸曁販粟以養母雖自執舟檝閑則習業尤精三

禮年二十餘瑒之門徒稍從問道初瑒於鄉里聚徒教授四方受業者三千餘人瑒天監中亡至是復集琛乃築室郊郭之際茅茨數間年將三十便事講授既世習禮學究其精微古述先儒吐言辯絜坐之聽授終日不疲湘東王幼年臨郡彭城到溉爲行事聞琛美名命駕相造會琛正講學侶滿筵既聞上佐忽來莫不傾動琛說經無輟曾不降意溉下車欣然就席便申問難往復從容義理該贍溉嘆曰通儒碩學復見賀生今且還城尋當相屈琛了不酬答神用頹然溉言之王請補郡功曹史琛辭以母老終於固執俄遭母憂廬於墓所服闋猶未還舍生徒復從之琛哀毀積年骨立而已未堪講授諸生營救稍稍習業普通中太尉臨川王宏臨州召補祭酒從事琛年已四十餘始應辟命武帝聞其有學術召見文德殿與語悅之謂僕射徐勉曰琛殊有門業仍補王國侍郎稍還兼中書通事舍人參軍禮事累遷尚書左丞詔琛撰新謚法便即施用時皇太子議大功之末可以冠子嫁女琛駮議曰令旨以大功之末可得冠子嫁女不自冠自嫁推以記文竊猶致惑案嫁冠之禮本是父之所成無父之人乃

可自冠故記稱大功小功並以冠子嫁子爲文非關唯得爲子己身不得也小功之末既得自娶而亦云冠子娶婦其義益明故先列二服每明冠子嫁子結於後句方顯自娶之義既明小功自娶即知大功自冠矣蓋是約言而見旨若謂緣父服大功子服小功小功服輕故得爲子冠嫁大功服重故不得自嫁自冠者則小功之末非明父子服殊不應復云冠子嫁子也若謂小功之文言己可娶大功之文不言己冠故知身有大功不得自行嘉禮但得爲子冠嫁竊謂有服不行嘉禮本爲吉凶不可相干子雖小功之末可得行冠嫁猶應須父得爲其冠嫁若父於大功之末可以冠子嫁子是於吉凶禮無礙吉凶禮無礙豈不得自冠自嫁若自冠自嫁於事有礙則冠子嫁子寧獨可通今許其冠子而塞其自冠是琛之所惑也又令旨推下殤小功不可娶婦則降服大功亦不得爲子冠嫁伏尋此旨若爲降服大功不可冠子嫁子則降服小功亦不可自冠自嫁是爲凡厥降服大功小功皆不得冠娶矣記文應云降服則不可寧得唯稱下殤今不言降服的舉下殤實有其義夫出嫁出後或有再降出後之身於

本姊妹降爲大功若是大夫服士父又以尊降則成小功其於冠嫁義無以異所以然者出嫁則有受我出後則有傳重並欲使薄於此而厚於彼此服雖降彼服則隆昔實期親雖復再降猶依小功之禮可冠可娶若夫期降大功大功降爲小功止是一等降殺有倫服末嫁冠故無有異唯下殤之服特明不娶之義者蓋緣以幼弱之故夭喪情深既無受厚他姓又異傳重彼宗嫌其年幼頓成殺略故特明不娶以示本重之恩是以凡厥降服冠嫁不殊唯在下殤乃明不娶其義若此則不得言大功之降服皆不冠嫁也且記云下殤小功言下殤則不得通於中上語小功又不兼於大功若實大功小功降服皆不冠嫁上中二殤亦不冠嫁者記不得直云下殤小功則不可恐非文意此又琛之所疑也遂從琛議加員外散騎常侍舊尚書南坐無貂貂自琛始也還御史中丞參禮儀如先琛性貪嗇多受賕賂家產既豐買主第爲宅爲有司奏坐免官後爲通直散騎常侍領尚書左丞參禮儀事琛前後居職凡郊廟諸儀多所創定每進見武帝與語常移晷刻故省中語曰上殿不下有賀雅琛容止閑雅故時人呼

之遷散騎常侍參禮儀如故時武帝年高任職者緣飾姧諂深害時政琛啓陳事條封奏大略其一曰今北邊稽服政是生聚教訓之時而天下戸口減落誠當今之急務國家之於關外賦税蓋微乃至年常租調動致逋積而人失安居甯非牧守之過其二事曰今天下宰守所以皆尙貪殘罕有廉白者良由風俗侈靡使之然也欲使人守廉隅吏尙清白安可得邪今誠宜嚴爲禁制導之以節儉貶黜雕飾糾奏浮華使衆皆知變其耳目改其好惡則易於反掌其三事曰斗筲之人詭競求進運挈瓶之智徼分外之求以深刻爲能以繩逐爲務長弊增姧實由於此今誠願責其公平之効黜其殘愚之心則下安上謐無徼倖之患矣其四事曰自征伐北境帑藏空虛今天下無事而猶日不暇給良有以也夫國弊則省其事而息其費事省則養人費息則財聚若言小費不足害財則終年不息矣以小役不足妨人則終年不止矣書奏武帝大怒召主書於前口受敕責琛曰朕有天下四十餘年公車讜言日聞聽覽每苦倥偬更增惽惑卿珥貂紆組博問洽聞不宜同於闒茸止取名字言我能上事恨朝廷不能受

卿云今北邊稽服政是生聚教訓之時而人失安居牧守之過但大澤之中有
龍有蛇縱不盡善不能皆惡卿可分明顯出其人卿云宜導之以節儉又云至
道者必以淳素爲先此言大善夫子言其身正不令而行其身不正雖令不從
朕絶房室三十餘年不與女人同屋而寢亦三十餘年於居處不過一牀之地
雕飾之物不入於宮此亦人所共知受生不飲酒受生不好音聲所以朝中曲
宴未嘗奏樂朕三更出理事隨事多少事或少中前得竟事多至日昃方得就
食既常一食若晝若夜無有定時疾苦之日或亦再食昔腰過於十圍今之瘦
削裁二尺餘舊帶猶存非爲妄說爲誰爲之救物故也書云股肱惟人良臣惟
聖向使朕有股肱可得中主今乃不免居九品之下不令而行徒虛言耳卿又
云百司莫不奏事詭競求進今不許外人呈事於義可否以噎廢飡此之謂也
若斷呈事誰尸其任專委之人云何可得是故古人云專聽生姦獨任成亂何
者是宜具以奏聞琛奉敕但謝過而已不敢有所指斥太清二年爲中軍宣城
王長史侯景陷城琛被創未死賊求得之輿至闕下求見僕射王克領軍朱异

勸開城納賊克等讓之涕泣而止賊復輿送莊嚴寺療之明年臺城不守琛逃
歸鄉里其年賊寇會稽復執琛送出都以爲金紫光祿大夫卒琛所撰三禮講
疏五經滯義及諸儀注凡百餘篇子翊位巴山太守

司馬褧字元表河內温人也曾祖純之晉大司農高密敬王祖讓之員外常侍
父燮善三禮仕齊位國子博士褧少傳家業強力專精手不釋卷沛國劉瓛爲
儒者宗嘉其學深相賞好與樂安任昉善昉亦推重之梁天監初詔通儒定五
禮有舉褧脩嘉禮除尚書祠部郎時創定禮樂褧所建議多見施行兼中書通
事舍人每吉凶禮當時名儒明山賓賀瑒等疑不能斷者皆取決焉累遷御史
中丞十六年出爲宣毅南康王長史行府國并石頭戍軍事褧雖居外官有敕
預文德武德二殿長名問訊不限日還晉安王長史卒王命記室庾肩吾集其
文爲十卷所撰嘉禮儀注一百一十二卷

朱异字彥和吳郡錢塘人也祖昭之以學解稱於鄉叔父謙之字處光以義烈
知名年數歲所生母亡昭之假葬於田側爲族人朱幼方燎火所焚同產姊密

語之謙之雖小便哀慼如持喪長不昏娶齊永明中手刃殺幼方詣獄自繫縣令申靈勗表上之齊武帝嘉其義慮相報復乃遣謙之隨曹武西行將發幼方子懌於津陽門伺殺謙之兄巽之卽昇父也又刺殺懌有司以聞武帝曰此皆是義事不可問悉赦之吳興沈顗聞而歎曰弟死於孝兄殉於義孝友之節萃此一門巽之字處林有志節著辯相論幼時顧歡見而異之以女妻焉仕齊官至吳平令昇年數歲外祖顧歡撫之謂其祖昭之曰此兒非常器當成卿門戶年十餘好羣聚蒱博頗爲鄉黨所患及長乃折節從師梁初開五館昇服膺於博士明山賓居貧以傭書自業寫畢便誦徧覽五經尤明禮易涉獵文史兼通雜藝博奕書算皆其所長年二十出都詣尚書令沈約面試之因戲昇曰卿年少何乃不廉昇逡巡未達其旨約乃曰天下唯有文義棊書卿一時將去可謂不廉也尋上書言建康宜置獄司比廷尉敕付尚書詳議從之舊制年二十五方得釋褐時昇適二十一特敕擢爲揚州議曹從事史尋有詔求異能之士五經博士明山賓表薦昇年時尚少德備老成在獨無散逸之想處闇有對賓之

色器宇弘深神表峯峻金山萬丈緣陟未登玉海千尋窺映不測加以珪璋新
琢錦組初構觸響鏗鏘遇釆便發觀其信行非唯十室所稀若使負重遙途必
有千里之用武帝召見使說孝經周易義甚悅之謂左右曰朱异實異後見明
山賓曰卿所舉殊得人仍召直西省俄兼太學博士其年帝自講孝經使异執
讀遷尚書儀曹郎入兼中書通事舍人後除中書郎時秋日始拜有飛蟬正集
异武冠上時咸謂蟬珥之兆還太子右衞率普通五年大舉北侵魏徐州刺史
元法僧遣使請舉地內屬詔有司議其虛實异曰自王師北討剋獲相繼徐州
地轉削弱咸願歸罪法僧懼禍其降必非僞也帝仍遣异報法僧并敕衆軍應
接受异節度及至法僧遵承朝旨如异策焉還散騎常侍异容貌魁梧能舉止
雖出自諸生甚閑軍國故實自周捨卒後异代掌機密其軍旅謀謨方鎮改換
朝儀國典詔誥敕書並典掌之每四方表疏當局簿領諮詳請斷塡委於前异
屬辭落紙覽事下議縱橫敏贍不暫停筆頃刻之閒諸事便了還右衞將軍啓
求於儀賢堂奉述武帝老子義敕許之及就講朝士及道俗聽者千餘人爲一

時之盛時城西又開士林館以延學士异與左丞賀琛遞日述武帝禮記中庸
義皇太子又召异於玄圃講易大同八年改加侍中异博解多藝圍棊上品而
貪財冒賄欺罔視聽以伺候人主意不肯進賢黜惡四方餉饋曾無推拒故遠
近莫不忿疾起宅東陂窮乎美麗晚朝來下酣飲其中每迫曛黃慮臺門將闔
乃引其鹵簿自宅至城使捉城門停留管籥既而聲勢所驅薰灼內外產與羊
侃相埒好飲食極滋味聲色之娛子鵝炰鰌不輟於口雖朝謁從車中必齎飴
餌而輕傲朝賢不避貴戚人或誨之异曰我寒士也遭逢以至今日諸貴皆恃
枯骨見輕我下之則爲蔑尤甚我是以先之自徐勉周捨卒後外朝則何敬容
內省則异敬容質慤無文以綱維爲己任异文華敏洽曲營世譽二人行異而
俱見倖异在內省十餘年未嘗被譴司農卿傅岐嘗謂异曰今聖上委政於君
安得每事從旨頃者外聞殊有異論异曰政言我不能諫爭耳當今天子聖明
吾豈可以其所聞干忤天聽太清二年爲中領軍舍人如故初武帝夢中原盡
平舉朝稱慶甚悅以語异曰吾生平少夢夢必有實异曰此宇內方一之徵及

侯景降敕召羣臣廷議尚書僕射謝舉等以爲不可許武帝欲納之未決嘗夙
興至武德閤口獨言我國家猶若金甌無一傷缺承平若此今便受地詎是事
宜脫至紛紜悔無所及异探帝微旨答曰聖明御寓上應蒼玄北土遺黎誰不
慕仰爲無機會未達其心今侯景分魏國大半遠歸聖朝若不容受恐絕後來
之望帝深納异言又感前夢遂納之及貞陽侯敗沒帝憂曰今乃作晉家事乎
尋而貞陽自魏遣使述魏相高澄欲申和睦敕有司定議异又議以和爲允帝
從之其年六月遣建康令謝挺通直郎徐陵使北通好時侯景鎮壽春疑懼累
啓請絕和及致書與异餉金二百兩又致書於制局監周石珍令具申聞异納
其金而不停北使景遂反初景謀反合州刺史鄱陽王範司州刺史羊鴉仁並
累有啓聞异以景孤立寄命必不應爾乃謂使曰鄱陽王遂不許國家有一客
並不爲聞奏及賊至板橋使前壽州司馬徐思玉先至求見於上上召問之思
玉紿稱反賊請閑陳事上將屏左右舍人高善寶曰思玉從賊中來情僞難測
安可使其獨在殿上時异侍坐乃曰徐思玉豈是刺客邪何言之僻善寶曰思

玉已將臨賀入北詎可輕信言未卒思玉果出賊啓异大慙賊遂以討异及陸驗爲名及景至城下又射啓言朱异等蔑弄朝權輕作威福臣爲讒臣所陷欲加屠戮陛下誅异等臣斂轡北歸帝問簡文曰有是乎對曰然帝召有司將誅之簡文曰賊特以异等爲名耳今日殺异無救於急適足貽笑將來若祅氛既息誅之未晚帝乃止异之方倖在朝莫不側目雖皇太子亦不能平至是城內咸尤异簡文爲四言愍亂詩曰愍彼阪田嗟斯氛霧謀之不臧褰我王度又製圍城賦末章云彼高冠及厚履並鼎食而乘肥升紫霄之丹地排玉殿之金扉陳謀謨之啓沃宣政刑之福威四郊以之多壘萬邦以之未綏問豺狼其何者訪虺蜴之爲誰並以指异又帝登南樓望賊顧謂异曰四郊多壘誰之罪歟异流汗不能對慙憤發病卒時年六十七詔贈尚書右僕射舊尚書官不以爲贈及异卒武帝悼惜之方議贈事左右有善异者乃啓曰异生平所懷願得執法帝因其宿志特有此贈异居權要三十餘年善承上旨故特被寵任歷官自員外常侍至侍中四官皆珥貂自右衛率至領軍四職並驅鹵簿近代未之有也

昇及諸子自潮溝列宅至青溪其中有臺池翫好每暇日與賓客遊焉四方饋遺財貨充積性吝嗇未嘗有散施廚下珍羞恆腐爛每月常棄十數車雖諸子別房亦不分贍所撰禮易講疏及儀注文集百餘篇子肅位國子博士次閏司徒掾並遇亂卒

顧協字正禮吳郡吳人晉司空和六世孫也幼孤隨母養於外氏外從祖右光祿大夫張永嘗攜內外孫姪游虎丘山協年數歲永撫之曰兒欲何戲協曰兒政欲枕石潄流永歎息曰顧氏興於此子及長好學以精力稱外氏諸張多賢達有識鑒內弟率尤推重焉初爲揚州議曹從事舉秀才尚書令沈約覽其策而歎曰江左以來未有斯作爲兼廷尉正太尉臨川王聞其名召掌書記仍侍西豐侯正德讀正德爲巴西梓潼郡協除所部新安令未至縣遭母憂刺史始興王厚資遺之送喪還於峽江遇風同旅皆漂溺唯協一舫觸石得泊焉咸謂精誠所致張率嘗薦之於帝問協年率言三十有五帝曰北方高涼四十強仕南方卑濕三十已衰如協便爲已老但其事親孝與友信亦不可遺於草澤卿

便稱敕喚出於是以協爲兼太學博士累遷湘東王參軍兼記室普通中有詔舉士湘東王表薦之即召拜通直散騎侍郎兼中書通事舍人大通三年霆擊大航華表然盡建康縣馳啓協以爲非吉祥未即呈聞後帝知之曰霆之所擊一本罰惡龍二彰朕之有過協掩惡揚善非曰忠公由是見免後守鴻臚卿員外散騎常侍卿舍人並如故自爲近臣便繁幾密每有述製敕前示協時輩榮之卒官無衾以斂爲士子所嗟歎武帝悼惜之爲舉哀贈散騎常侍謚曰温子

協少清介有志操初爲廷尉正冬服單薄寺卿蔡法度欲解襦與之憚其清嚴不敢發口謂人曰我願解身上襦與顧郎顧郎難衣食者竟不敢以遺之及爲舍人同官者皆潤屋協在省十六載器服飲食不改於常有門生始來事協知其廉潔不敢厚餉止送錢二千協發怒杖二十因此事者絕於饋遺自丁艱憂遂終身布衣蔬食少時將娉舅息女未成昏而協母亡免喪後不復娶年六十餘此女猶未他適協義而迎之晚雖判合卒無胤嗣協博極羣書於文字及禽獸草木尤稱精詳撰異姓苑五卷瑣語十卷文集十卷並行於世

徐摛字士秀東海郯人也一字士績祖憑道宋海陵太守父超之梁天監初位員外散騎常侍摛幼好學及長徧覽經史屬文好爲新變不拘舊體晉安王綱出戍石頭武帝謂周捨曰爲我求一人文學俱長兼有行者欲令與晉安游處捨曰臣外弟徐摛形質陋小若不勝衣而堪此選帝曰必有仲宣之才亦不簡貌乃以摛爲侍讀大通初王總戎北侵以摛兼寧蠻府長史參贊戎政教命軍書多自摛出王入爲皇太子轉家令兼管記尋帶領直摛文體既別春坊盡學之宮體之號自斯而始帝聞之怒召摛加誚責及見應對明敏辭義可觀乃意釋因問五經大義次問歷代史及百家雜記末論釋教摛商較從横應答如響帝甚加歎異更被親狎寵遇日隆領軍朱异不悅謂所親曰徐叟出入兩宮漸來見逼我須早爲之所遂承閒白帝曰摛年老又愛泉石意在一郡自養帝謂摛欲之乃召摛曰新安大好山水任昉等並經爲之卿爲我臨此郡中大通三年遂出爲新安太守爲政清靜教人禮義勸課農桑期月風俗便改秩滿爲中庶子時臨城公納夫人王氏卽簡文妃姪女晉宋以來初昏三日婦見舅姑衆

賓皆列觀引春秋義云丁丑夫人姜氏至戊寅公使大夫宗婦覿用幣戊寅卽丁丑之明日故禮官據此皆云宜依舊貫簡文問摛摛議曰儀禮云質明贊見婦於舅姑雜記又云婦見舅姑兄弟姊妹皆立於堂下政言婦是外宗未審嫺令所以舅延外客姑率內賓堂下之儀以備盛禮近代婦於舅姑本有戚屬不相瞻者夫人乃妃姪女有異他姻覿見之儀謂應可略簡文從其議除太子左衞率及侯景攻陷臺城時簡文居永福省賊衆奔入侍衞走散莫有存者摛獨侍立不動徐謂景曰侯公當以禮見何得如此凶威遂折侯景乃拜由是常憚摛簡文嗣位進授左衞將軍固辭不拜簡文被閉摛不獲朝謁因感氣疾而卒年七十八贈侍中太子詹事謚貞子長子陵最知名

陵字孝穆母臧氏嘗夢五色雲化爲鳳集左肩上已而誕陵年數歲家人攜以候沙門釋寶誌寶誌摩其頂曰天上石麒麟也光宅寺慧雲法師每嗟陵早就謂之顏回八歲屬文十三通莊老義及長博涉史籍從横有口辯父摛爲晉安王諮議王又引陵參寧蠻府軍事王立爲皇太子東宮置學士陵充其選稍遷

尙書度支郎出爲上虞令御史中丞劉孝儀與陵先有隙風聞劾陵在縣贓污因坐免久之爲通直散騎侍郎梁簡文在東宮撰長春殿義記使陵爲序又令於少傅府述今所製莊子義太清二年兼通直散騎常侍使魏魏人授館宴賓是日甚熱其主客魏收謝陵曰今日之熱當由徐常侍來陵卽答曰昔王肅至此爲魏始制禮儀今我來聘使卿復知寒暑收大慚齊文襄爲相以收失言囚之累日及侯景入寇陵父摛先在圍城之內陵不奉家信便蔬食布衣若居哀恤會齊受魏禪梁元帝承制於江陵復通使於齊陵累求復命終拘留不遣乃致書於僕射楊遵彥不報及魏平江陵齊送貞陽侯明爲梁嗣乃遣陵隨還太尉王僧辯初拒境不納明往復致書皆陵辭也及明入僧辯得陵大喜以爲尙書吏部郎兼掌詔誥其年陳武帝誅僧辯仍進討韋載而任約徐嗣徽乘虛襲石頭陵感僧辯舊恩往赴約約平武帝釋陵不問以爲尙書左丞紹泰二年又使齊還除給事黃門侍郎祕書監陳受禪加散騎常侍天嘉四年爲五兵尙書領大著作六年除散騎常侍御史中丞時安成王頊爲司空以帝弟之尊權傾

朝野直兵鮑僧叡假王威風抑塞辭訟大臣莫敢言陵乃奏彈之文帝見陵服章嚴肅若不可犯爲斂容正坐陵進讀奏狀時安成王殿上侍立仰視文帝流汗失色陵遣殿中郎引王下殿自是朝廷肅然遷吏部尚書領大著作陵以梁末以來選授多失其所於是提舉綱維綜覈名實時有冒進求官馳競不已者乃爲書宣示之曰永定之時聖朝草創干戈未息尚無條序府庫空虛賞賜懸乏白銀難得黃札易營權以官階代於錢絹義在撫接無計多少致令員外常侍路上比肩諮議參軍市中無數豈是朝章應其如此今衣冠禮樂日富年華何可猶作舊意非理望也所見諸君多踰本分猶言大屈未諭高懷若問梁朝朱領軍异亦爲卿相此不踰其本分耶比是天子所拔非關選序梁武帝云世間人言有目色我特不目色范悌宋文帝亦云人豈無運命每有好官缺輒憶羊玄保此則清階顯職不由選也既忝衡流諸賢深明鄙意自是衆咸服焉時論比之毛玠及宣帝入輔謀黜異志者引陵預其議廢帝即位封建昌縣侯太建中爲尚書左僕射抗表推周弘正王勱等帝召入內殿曰卿何爲固辭而舉

人乎陵曰弘正舊藩長史王勱太平中相府長史張種帝鄉賢戚若選賢舊臣宜居後固辭累日乃奉詔及朝議北侵宣帝命舉元帥衆議在淳于量陵獨曰不然吳明徹家在淮左悉彼風俗將略人才當今無過者於是爭論數日不能決都官尚書裴忌曰臣同徐僕射陵應聲曰非但明徹良將忌即良副也是日詔明徹爲大都督令忌監軍事遂剋淮南數十州地宣帝因置酒舉杯屬陵曰賞卿知人七年領國子祭酒以公事免侍中僕射尋加侍中給扶十二年爲中書監領太子詹事以年老累表求致事宣帝亦優禮之詔將作爲造大齋令陵就第攝事後主即位遷左光祿大夫太子少傅至德元年卒年七十七詔贈特進初後主爲文示陵云他日所作陵嗤之曰都不成辭句後主銜之至是謚曰章僞侯陵器局深遠容止可觀性又清簡無所營樹俸祿與親族共之太建中食建昌戶戶送米至水次親戚有貧匱者皆召令取焉數日便盡陵家尋致乏絶府寮怪問其故陵云我有車牛衣裳可賣餘家有可賣不其周給如此少而崇信釋教經論多有釋解後主在東宮令陵講大品經義學名僧自遠雲集每

講筵商較四坐莫能與抗目有青精時人以爲聰慧之相也自陳創業文檄軍書及受禪詔策皆陵所製爲一代文宗亦不以矜物未嘗詆訶作者其於後進接引無倦文宣之時國家有大手筆必命陵草之其文頗變舊體緝裁巧密多有新意每一文出好事者已傳寫成誦遂傳于周齊家有其本後逢喪亂多散失存者三十卷陵有四子儉份儀傳

儉一名報幼而脩立勤學有志操汝南周弘直重其爲人妻之以女梁元帝召爲尚書金部郎中常侍宴賦詩元帝歎賞之曰徐氏之子復有文矣魏平江陵還建鄴累遷中書侍郎太建初廣州刺史歐陽紇舉兵反宣帝令儉持節喻旨紇見儉盛列仗衞言辭不恭儉曰呂嘉之事誠當已遠將軍獨不見周迪陳寶應乎紇默然不答懼儉沮衆不許入城置儉於孤園寺紇嘗出見儉儉謂曰將軍業已舉事儉須還報天子儉之性命雖在將軍將軍成敗不在於儉幸不見留紇於是遣儉從間道馳還宣帝乃命章昭達討紇以儉監昭達軍紇平爲兼中書通事舍人後主立累遷尋陽內史爲政嚴明盜賊靜息還散騎常侍襲封

建昌侯入爲御史中丞儉公平無所阿附尙書令江總望重一時爲儉所劾後主深委任焉禎明二年卒

份少有父風九歲爲夢賦陵見之謂所親曰吾幼屬文亦不加此爲海鹽令有政績入爲太子洗馬性孝弟陵嘗疾篤份燒香泣涕跪誦孝經日夜不息如是者三日陵疾豁然而愈親戚皆謂份孝感所致先陵卒

儀少聰警仕陳位尙書殿中郎陳亡隱于錢塘之赭山隋煬帝召爲學士尋除著作佐郎大業四年卒

陵弟孝克有口辯能談玄理性至孝遭父憂殆不勝喪事所生母陳氏盡就養之道梁末侯景寇亂孝克養母饘粥不能給妻東莞臧氏領軍將軍盾女也甚有容色孝克乃謂曰今饑荒如此供養交闕欲嫁卿與當世人望彼此俱濟於卿如何臧氏弗許之時有孔景行者爲侯景將多從左右逼而迎之臧氏涕泣而去所得穀帛悉以遺母孝克又剃髮爲沙門改名法整兼乞食以充給焉臧氏亦深念舊恩數私致饋餉故不乏絕後景行戰死臧氏伺孝克於途中累日

乃見謂孝克曰往日之事非爲相負今既得脫當歸供養孝克嘿然無答於是歸俗更爲夫妻後東遊居錢塘之佳義里與諸僧討論釋典遂通三論每日二時講旦講佛經晚講禮傳道俗受業者數百人天嘉中除剡令非其好尋去職太建四年徵爲祕書丞不就乃蔬食長齋持菩薩戒晝夜講誦法華經宣帝甚嘉其操行後爲國子祭酒孝克每侍宴無所食噉至席散當其前膳羞損減帝密記以問中書舍人管斌斌自是伺之見孝克取珍果納紳帶中斌當時莫識其意後尋訪方知其以遺母斌以啓宣帝嗟歎良久乃敕自今宴享孝克前饌並遣將還以餉其母時論美之至德中皇太子入學釋奠百司陪列孝克發孝經題後主詔皇太子北面致敬禎明元年入爲都官尚書自晉以來尚書官僚皆攜家屬居省省在臺城內下舍門中有閤道東西跨路通于朝堂其第一即都官省西抵閤道年代久遠多有鬼怪每夜昏之際無故有聲光或見人著衣冠從井中出須臾復沒或門閤自然開閉居多死亡尚書周確卒於此省孝克代確便即居之經兩載袄變皆息時人咸以爲貞正所致孝克性清素好施惠

故不免飢寒後主敕以石頭津稅給之孝克悉用設齋寫經隨盡二年爲散騎常侍侍東宮陳亡隨例入長安家道壁立所生母患欲粳米爲粥不能常辦母亡後孝克遂常噉麥有遺粳米者孝克對而悲泣終身不復食焉開皇十二年長安疾疫隋文帝聞其名行召令於尚書都堂講金剛般若經尋授國子博士後侍東宮講禮傳十九年以疾卒年七十三臨終正坐念佛室內有非常香氣鄰里皆驚異之子萬載位太子洗馬

鮑泉字潤岳東海人也父幾字景玄家貧以母老詣吏部尚書王亮干祿亮一見嗟賞舉爲舂陵令後爲明山賓所薦爲太常丞以外兄傅昭爲太常依制緦服不得相臨改爲尚書郎終於湘東王諮議參軍泉美鬚髯善舉止身長八尺性甚警悟博涉史傳兼有文筆少事元帝爲國常侍早見擢任謂曰我文之外無出卿者後爲通直侍郎常乘高幰車從數十左右繖蓋服玩甚精道逢國子祭酒王承承疑非舊貴遣訪之泉從者答曰鮑通直承怪焉復欲辱之遣逼車問鮑通直復是何許人而得如此都下少年遂爲口實見尙豪華人相戲曰鮑

通直復是何許人而得如此以爲笑謔及元帝承制累遷至信州刺史方等之敗元帝大怒泉與王僧辯討之僧辯曰計將安出泉曰事等沃雪何所多慮僧辯曰君言文士常談耳江東少有武幹非精兵一萬不可以往竟陵甲卒不久當至猶可重申欲與卿入言之泉許諾及僧辯如向言泉嘿然不繼元帝大怒於是械繫僧辯時人比泉爲酈寄泉既專征長沙久而不剋元帝乃數泉二十罪爲書責之曰面如冠玉還疑木偶鬚似蝟毛徒勞繞喙乃從獄中起王僧辯代泉爲都督使舍人羅重歡領齋仗三百人與僧辯往及至長沙遣通泉曰羅舍人被令送王竟陵來泉愕然顧左右曰得王竟陵助我經略賊不足平矣乃拂席坐而待之僧辯入乃背泉而坐曰鮑郎卿有罪令旨使我鏁卿卿勿以故意見期命重歡出令示泉鏁之牀下泉顏色自若了無懼容曰稽緩王師罪乃甘分但恐後人更思鮑泉之憒憒耳僧辯色甚不平泉乃啓陳淹遲之罪元帝尋復其任令與僧辯等東逼邵陵王於郢州郢州平元帝以世子方諸爲刺史泉爲長史行州府事方諸見泉和弱每有諮陳未嘗用使泉伏牀騎背爲馬書

其衣作其姓名由是州府盡相欺侯景密遣將宋子仙任約襲之方諸與泉不恤軍政唯蒱酒自樂云賊何由得至既而傳告者衆始命閶門城陷賊執方諸及泉送之景所後景攻王僧辯於巴陵不剋敗還乃殺泉於江夏沉其屍於黃鶴磯初泉夢著朱衣行水上及死舉身帶血而沉于江如其夢泉於儀禮尤明撰新儀三十卷行於世時又有鮑行卿以博學大才稱位後軍臨川王錄事兼中書舍人遷步兵校尉上玉璧銘武帝發詔褒賞好韻語及拜步兵面謝帝曰作舍人不免貧得五校實大校例皆如此有集二十卷撰皇室儀十三卷乘輿龍飛記二卷

弟客卿位南康太守客卿三子檢正至並才藝知名俱爲湘東王五佐正好交遊無日不適人人爲之語曰無處不逢烏噪無處不逢鮑佐正不爲湘東王所知獻書告退王恨之及建鄴城陷正爲尙書外兵郎病不能起景雜於死屍焚之王聞之曰忠非紀信利非象齒焚如棄如於是乎得君子以此知湘東王不仁檢爲湘東鎮西府中記室使蜀不屈於武陵王見害

論曰夏侯勝云士患不明經術經術明取青紫如拾地芥耳於賀瑒賀琛朱异司馬褧其得之矣而异遂徼寵倖任事居權不能以道佐時苟取容媚及延寇敗國實异之由禍難既彰不明其罪亦旣身死寵贈猶殊罰旣弗加賞亦斯濫夫太淸之亂固其宜矣顧協淸介足以追蹤古人徐摛貞正仁者信乎有勇孝穆聰明特達締搆興王獻替謀猷亮直斯在泉本文房之士每處荷戈之任非材之責勝任不亦難乎

南史卷六十二

南史卷六十二考證

朱异傳起宅東坡窮乎美麗晚朝來下酣飲其中○朝一本作日

子鵝炰鰌不輟於口○鰌一本作䲡字書鰌音蘇與鯤同若䲡恐非佳品疑有

訛字

愍彼阪田○阪南本作陂

徐摛傳簡文被閑摛不獲朝謁○梁書閑字上有幽字

徐陵傳旣忝衡流諸賢深明鄙意○忝監本誤尒今改正又陳書云旣忝衡流

應須粉墨所望諸賢深明鄙意較明白

弘正舊藩長史王勱太平中相府長史○陳書無中字

徐儉傳儉一名報○報陳書作衆

汝南周弘直重其爲人○直陳書作正

徐陵弟孝克傳欲嫁卿與當世人望彼此俱濟○當世陳書作富應改從之

鮑泉傳父幾○幾梁書作機

泉於儀禮尤明撰新儀三十卷行於世○三梁書作四

南史卷六十二考證

南史卷六十三

唐　　李　延　壽　撰

列傳第五十三

王神念子僧辯　羊侃子球　鵾　羊鴉仁

王神念太原祁人也少好儒術尤明內典仕魏位穎川太守與子僧辯據郡歸梁封南城縣侯歷安成武陽宣城內史皆著政績後爲青冀二州刺史神念性剛正所更州郡必禁止淫祠時青州東北有石鹿山臨海先有神廟祅巫欺惑百姓遠近祈禱糜費極多及神念至便令毀撤風俗遂改後徵爲右衞將軍卒於官諡曰莊及元帝初追贈侍中中書令改諡忠公神念少善騎射及老不衰嘗於武帝前手執二刀楯左右交度馭馬往來冠絕羣伍時復有楊華者能作驚軍騎亦一時妙捷帝深賞之華本名白花武都仇池人父大眼爲魏名將華少有勇力容貌瓌偉魏胡太后逼幸之華懼禍及大眼死擁部曲載父屍改名華來降胡太后追思不已爲作楊白花歌辭使宮人晝夜連臂蹋蹄歌之聲甚

悽斷華後位太子左衛率卒於侯景軍中神念長子遵業位太僕卿次子僧辯
僧辯字君才學涉該博尤明左氏春秋言辭辯捷器宇肅然雖射不穿札而有
陵雲之氣元帝後爲江州刺史僧辯隨府爲中兵參軍時有安成望族劉敬躬
者田間得白蛆化爲金龜將銷之龜生光照室敬躬以爲神而禱之所請多驗
無賴者多依之平生有德有怨者必報遂謀作亂遠近響應元帝命中直兵參
軍曹子郢討之使僧辯襲安成子郢既破其軍敬躬走安成僧辯禽之又討平
安州反蠻由是以勇略稱元帝除荆州僧辯爲貞毅府諮議參軍代柳仲禮爲
竟陵太守及侯景反元帝命僧辯總督舟師一萬赴援及至臺城陷沒侯景悉
收其軍實而厚加綏撫遣歸竟陵於是倍道兼行西就元帝元帝承制以爲領
軍將軍及荆湘疑貳元帝令僧辯及鮑泉討之時僧辯以竟陵間部下皆勁勇
猶未盡來意欲待集然後上頓與泉俱入使泉先言之泉入不敢言元帝問僧
辯僧辯以情對元帝性忌以爲遷延不去大怒厲聲曰卿憚行拒命欲同賊邪
今唯死耳僧辯對曰今日就戮甘心但恨不見老母帝自斫之中其髀流血至

地悶絶久之方蘇即送廷尉并收其子姪並繫之其母脱簪珥待罪帝意解賜以良藥故不死會岳陽軍襲江陵人情擾擾元帝遣就獄出僧辯以爲城內都督俄而岳陽奔退而鮑泉力不能克長沙帝命僧辯代之僧辯仍部分將帥并力攻圍遂平湘土還復領軍將軍侯景浮江西寇軍次夏首僧辯爲大都督軍次巴陵景既陷郢城將進寇荆州於是緣江屯戍望風請服僧辯並沉公私船於水分命衆軍乘城固守偃旗臥鼓安若無人翌日賊衆濟江輕騎至城下謂城中曰語王領軍何不早降僧辯使答曰大軍但向荆州此城自當非礙僧辯百口在人掌握豈得便降景軍肉薄苦攻城內同時鼓譟矢石雨下賊乃引退元帝又命平北將軍胡僧祐率兵援僧辯是日賊復攻城不克又爲火艦燒柵風不便自焚而退有流星墮其營中賊徒大駭相顧失色賊帥任約又爲陸法和所禽景乃燒營夜遁旋軍夏首元帝以僧辯爲征東將軍開府儀同三司江州刺史封長寧縣公命即率巴陵諸軍沿流討景攻拔魯山仍攻郢即入羅城又有大星如車輪墜賊營去地十丈變成火一時碎散有龍自城出五色光曜

入城前鸚鵡洲水中景聞之倍道歸建鄴賊帥宋子仙等困蹙求輸郢城身還就景僧辯僞許之子仙謂爲信然浮舟將發僧辯命杜龕鼓譟掩至大破之禽子仙丁和等送江陵元帝命生釘和舌臠殺之郢州既平僧辯進師尋陽軍人多夢周何二廟神云吾已助天子討賊自稱征討大將軍並乘朱航俄而反曰已殺景同夢者數十百焉元帝加僧辯侍中尚書令征東大將軍僧辯頻表勸進並蒙優答於是發江州直指建鄴乃先命南兗州刺史侯瑱襲南陵鵲頭等戍並剋之先是陳武帝率衆五萬出自南江前軍五千行至盆口陳武名蓋僧辯僧辯憚之既至盆口與僧辯會于白茅洲爲盟於是升壇歃血共讀盟文辭氣慷慨皆淚下霑衿及發鵲頭中江而風浪師人咸懼僧辯再拜告天曰僧辯忠臣奉辭伐罪社稷中興當使風息若鼎命中淪請從此逝言訖風止自此遂泛安流有羣魚躍水飛空引導賊望官軍上有五色雲雙龍挾艦行甚迅疾景自出戰於石頭城北僧辯等大破之盧暉略聞景戰敗以石頭城降僧辯引軍入據之景走朱方僧辯命衆將入據臺城其夜軍人失火燒太極殿及東西堂

僧辯雖有滅賊之功而馭下無法軍人鹵掠驅逼居人都下百姓父子兄弟相哭自石頭至于東城被執縛者男女裸露袒衣不免緣淮號叫翻思景焉僧辯命侯瑱裴之橫東追景僞行臺趙伯超自吳松江降侯瑱瑱送至僧辯僧辯謂曰卿荷國重恩遂復同逆今日之事將欲如何因命送江陵伯超既出僧辯顧坐客曰朝廷昔唯知有趙伯超豈識王僧辯乎社稷既傾爲我所復人之興廢亦復何常賓客皆前稱歎功德僧辯憫然乃謬答曰此乃聖上威德羣帥用命老夫雖濫居戎首何力之有焉於是逆寇悉平元帝即位授鎮衛將軍司徒加班劍二十人改封永寧郡公侍中尚書令如故先是天監中沙門釋寶誌爲讖云太歲龍將無理蕭經霜草應死餘人散十八子時言蕭氏當滅李氏代興及湘州賊陸納等攻破衡州刺史丁道貴而李洪雅又自零陵稱助討納既而朝廷未達其心詔徵僧辯就宜豐侯循南征爲都督東上諸軍事以陳武帝爲都督西下諸軍事先是陳武讓都督於僧辯僧辯不受故元帝分爲東西都督而俱南討焉尋而洪雅降納納以爲應符於是共議拜洪雅爲大將軍尊事爲主

洪雅乘平肩大輿繖蓋鼓吹羽儀悉備翼從入長沙城時納等據車輪夾岸爲
城士卒皆百戰之餘器甲精嚴徒黨勇銳蒙衝鬭艦亘水陵山時天日清明初
無雲霧軍發之際忽然風雨時人謂爲泣軍百姓竊言知其敗也三月庚寅有
兩龍自城西江中騰躍升天五色分明遙映江水百姓咸仰面目之父老咸聚
而悲竊相謂曰地龍已去國其亡乎初納造大艦一名曰三王艦者邵陵王河
東王桂陽嗣王三人並爲元帝所害故立其像於艦祭以大牢加其節蓋羽儀
鼓吹每戰輒祭之以求福又造二艦一曰青龍艦一曰白虎艦皆衣以牛皮並
高十五丈選其中尤勇健者乘之僧辯憚之稍作連城以逼焉賊不敢交鋒並
懷懈怠僧辯因其無備親執旗鼓以誡進止羣賊大敗歸保長沙僧辯乃命築
壘圍之而自出臨視賊知不設備其黨吳藏李賢明等蒙楯直進僧辯尚據胡
牀不爲之動指麾勇敢遂斬賢明賊乃退歸初陸納作逆以王琳爲辭云若放
琳則自服時衆軍未之許而武陵王紀擁衆上流內外駭懼元帝乃遣琳和解
之湘州乃平因被詔會衆軍西討尋而武陵敗績是時齊遣郭元建謀襲建鄴

又遣其大將東方老等繼之陳武帝聞之馳報江陵元年即詔僧辯急下赴援僧辯次姑孰即留鎮焉先命豫州刺史侯瑱築壘於東關以拒北軍徵吳郡太守張彪吳興太守裴之橫會瑱而大敗之僧辯振旅歸建鄴承聖三年二月詔以僧辯爲太尉車騎大將軍頃之丁母憂母姓魏氏性甚安和善於綏接家門內外莫不懷之初僧辯下獄母流淚徒行將入謝罪元帝不與相見時貞惠世子有寵母詣閤自陳無訓涕泗嗚咽衆並矜之及僧辯罪免母深相責厲辭色俱嚴雖剋復舊都功蓋宇宙母恆自謙損不以富貴驕物朝野稱之謂爲明哲婦人及亡甚見愍悼且以僧辯勳重故喪禮加焉命侍中謁者監護喪事諡曰貞敬太夫人靈柩將歸建康又遣謁者至舟渚弔祭其年十月魏遣兵及梁王詧合衆將襲江陵元帝徵僧辯於建鄴爲大都督荆州刺史未至而荆州已滅及敬帝初即梁王位僧辯預援立功承制進驃騎大將軍中書監都督中外諸軍事錄尚書與陳武帝參謀討伐時齊文宣又納貞陽侯明以爲梁嗣與僧辯書幷貞陽亦頻與僧辯書論還國繼統之事僧辯不納及貞陽與齊上黨王高

渙至東關散騎常侍裴之橫軍敗僧辯遂謀納貞陽仍書定君臣之禮因遣第七子顯顯所生劉并弟子珍往充質遣左戶尚書周弘正至歷陽迎明又遣吏部尚書王通送啓因求以敬帝爲皇太子明報書許之僧辯遣使送質于鄴貞陽求度衞士三千僧辯慮其爲變止受散卒千人而已并遣龍舟法駕往迎貞陽濟江之日僧辯擁檝中流不敢就岸末乃同會于江寧浦明踐位授僧辯大司馬領太子太傅揚州牧餘如故陳武帝時爲司空南徐州刺史因自京口舉兵襲之僧辯常處石頭城是日視事軍人已踰城北而入南門又白有兵來僧辯與子頠遽走出閤計無所出乃據南門樓拜請求哀陳武縱火焚之方共頠下就執陳武謂曰我有何辜公欲與齊師賜討又曰何意全無防備僧辯曰委公北門何謂無備是夜及子頠俱被絞殺初僧辯平建鄴遣陳武守京口推以赤心結廉藺之分且爲第三子頠許娶陳武章后所生女未昏而僧辯母亡雖然情好甚密其長子顗屢諫不聽至是會江淮人報云齊兵大舉至壽春僧辯謂齊軍必出江表因遣記室參軍江旰以事報陳武仍使整舟艦器械陳武宿

有圖僧辯志及聞命留盱城中銜枚而進知謀者唯侯安都周文育而已外人但謂江盱徵兵扞北安都舟艦將趣石頭陳武控馬未進安都大懼乃追陳武罵曰今日作賊事勢已成生死須決在後欲何所望若敗俱死後期得免斫頭邪陳武曰安都嗔我乃敢進遂剋之時壽春竟無齊軍又非陳武之譎殆天授也顗承聖初位侍中魏剋江陵隨王琳入齊爲竟陵郡守齊遣王琳鎮壽春將圖江左及陳平淮南殺琳顗聞之乃出郡城南登高冢上號哭一慟而絶顗弟頒少有志節恆隨梁元帝及荊州覆滅入于魏僧辯既亡弟僧智得就任約敗走僧智肥不能行又遇害僧智弟僧愔位譙州刺史征蕭勃及聞兄死引軍還時吳州刺史羊亮隸在僧愔下與僧愔不平密召侯瑱見禽僧愔以名義責瑱瑱乃委罪於將羊鯤斬之僧愔復得奔齊與徐嗣徽等掖齊軍攻陳軍敗竄逸荒野莫知所之仰天嘆曰讐恥不雪未欲身膏野草若精誠有感當得道路誓不受辱人手拔刀將自刎聞空中催令急去僧愔異之勉力馳進行一里許顧向處已有陳人蹄越江山僅得歸齊徐嗣徽高平人父雲伯自青部南歸位

終新蔡太守侯景之亂嗣徽歸荆州元帝以爲羅州刺史及弟嗣宗並有武用
嗣徽從征巴丘以功爲太子右衛率監南荆州徐州之亡任秦州刺史嗣產先
在建鄴嗣宗自荆州滅亡中逃得至都從弟嗣先卽僧辯之甥復爲比丘慧暹
藏得脫俱還及僧辯見害兄弟抽刀裂眦志在立功俱逃就兄嗣徽密結南豫
州刺史任約與僧辯故舊圖陳武帝帝遣江旰說之嗣徽執旰送鄴乞師焉齊
文宣帝授爲儀同命將應赴及石頭敗退復請兵於齊與任約王琳席臯同心
度江及戰敗嗣徽墮馬嗣宗援兄見害嗣產爲陳武軍所禽辭色不撓而死任
約王琳得北歸
羊侃字祖忻泰山梁父人也父祉北史有傳侃少而瓌偉身長七尺八寸雅愛
文史弱冠隨父在梁州立功初爲尚書郎以力聞魏帝常謂曰郎官謂卿爲虎
豈羊質虎皮乎試作虎狀侃因伏以手抉殿沒指魏帝壯之賜以殊劒正光中
秦州羌莫折念生據州反仍遣其弟天生攻陷岐州寇雍州侃爲偏將隸蕭寶
夤往討之射殺天生其衆卽潰以功爲征東大將軍東道行臺領泰山太守進

爵鉅平侯初其父祉恆使侃南歸侃至是將舉濟河以成先志其從兄兗州刺史敦密知之據州拒侃侃乃率精兵三萬襲之不剋仍築十餘城以守之梁朝賞授一與元法僧同魏帝聞之使授侃驃騎大將軍司徒泰山郡公長爲兗州刺史侃斬其使魏人大駭令僕射于暉率衆十萬及高歡尒朱陽都等相繼而至柵中矢盡南軍不進乃夜潰圍而出一日一夜乃出魏境至渣口衆尚萬餘人馬二千匹將入南士卒竟夜悲歌侃乃謝曰卿等懷土幸適去留各拜辭而去侃以大通三年至建鄴授徐州刺史并其兄默及三弟忱給元皆拜刺史侃封高昌縣侯累遷太子左衞率侍中車駕幸樂游苑侃預宴時少府奏新造兩刃矟成長二丈四尺圍一尺三寸帝因賜侃河南國紫騮令試之侃執矟上馬左右擊刺特盡其妙觀者登樹帝曰此樹必爲侍中折矣俄而果折因號此矟爲折樹矟北人降者唯侃是衣冠餘緒帝寵之踰於他者謂曰朕少時捉矟形勢似卿今失其舊體殊覺不奇上又製武宴詩三十韻示侃侃卽席上應詔帝覽曰吾聞仁者有勇今見勇者有仁可謂鄒魯遺風英賢不絕是日詔入直殿

省啓尚方仗不堪用上大怒坐者非一及侯景作逆果弊於仗飂後遷都官尚
書尚書令何敬容用事與之並省未嘗游造左衞蘭欽同侍宮宴詞色少交侃
於坐折之曰小子汝以銅鼓買朱异作父韋粲作兄何敢無宜適朱時在席後
華林法會欽拜謝於省中王銓謂欽曰卿能屈膝廉公彌見盡美然羊公意猶
未釋容能更置一拜欽從之宦者張僧胤嘗候侃侃曰我牀非閹人所坐竟不
前之時論美其貞正太清元年爲侍中會大舉北侵以侃爲冠軍將軍監作寒
山堰事堰立侃勸元帥貞陽侯明乘水攻彭城不見納旣而魏援大至侃頻言
乘其遠來可擊旦日又勸出戰並不從侃乃率所領頓堰上及衆軍敗侃結陣
徐還二年復爲都官尚書侯景反攻陷歷陽帝問侃討景之策侃求以二千人
急據采石令邵陵王襲取壽春使景進不得前退失巢窟烏合之衆自然瓦解
議者謂景未敢便逼都遂寢其策令王質往侃曰今茲敗矣乃令侃率千餘騎
頓望國門景至新林追侃入副宣城王都督城內諸軍事時景旣卒至百姓競
入公私混亂無復次序侃乃區分防擬皆以宗室間之軍人爭入武庫自取器

甲所司不能禁侃命斬數人方得止是時梁興四十七年境內無事公卿在位及閭里士大夫莫見兵甲賊至卒迫公私駭震時宿將已盡後進少年並出在外城中唯有侃及柳津韋黯津年老且疾黯懦而無謀軍旅指撝一決於侃膽力俱壯簡文深仗之及賊逼城衆皆兇懼侃僞稱得外射書云邵陵西昌侯已至近路衆皆少安賊攻東掖門縱火甚盛侃以水沃滅火射殺數人賊乃退加侍中軍師將軍有詔送金五千兩銀萬兩絹萬匹賜戰士侃辭不受部曲千餘人並私加賞賚賊爲尖項木驢攻城矢石所不能制侃作雉尾炬施鐵鏃以油灌之擲驢上焚之俄盡賊又東西起二土山以臨城城中震駭侃命爲地道潛引其土山不能立賊又作登城樓高十餘丈欲臨射城中侃曰車高塹虛彼來必倒可臥而觀之及車動果倒衆皆服焉賊既頻攻不捷乃築長圍朱异張綰議出擊之帝以問侃侃曰不可賊多日攻城既不能下故立長圍欲引城中降者耳今擊之出人若少不足破賊若多則一旦失利門隘橋小必大致挫衂不從遂使千餘人出戰未及交鋒望風退走果以爭橋赴水死者大半初侃長子

鸞爲景所獲執來城下示侃侃謂曰我傾宗報主猶恨不足豈復計此一子幸早殺之數日復持來侃謂鸞曰久以汝爲死猶在邪吾以身許國誓死行陣終不以爾而生進退因引弓射之賊以其忠義亦弗之害景遣儀同傅士哲呼侃與語曰侯王遠來問訊天子何爲閉拒不時進納尙書國家大臣宜啓朝廷侃曰侯將軍奔亡之後歸命國家重鎭方城懸相任寄何所患苦忽致稱兵豈有人臣而至於此吾不能妄受浮說開門揖盜士哲曰在北之日久挹風猷願去戎服得一相見侃爲免胄士哲瞻望久之而去其爲北人所欽慕如此後大雨城內土山崩賊乘之垂入苦戰不能禁侃乃令多擲火爲火城以斷其路徐於城內築城賊不能進尋以疾卒於城內贈侍中護軍將軍子球嗣侃少雄勇膂力絶人所用弓至二十石馬上用六石弓嘗於兗州堯廟蹋壁直上至五尋橫行得七跡泗橋有數石人長八尺大十圍侃執以相擊悉皆破碎性豪侈善音律自造采蓮棹歌兩曲甚有新致姬妾列侍窮極奢靡有彈箏人陸大喜著鹿角爪長七寸儛人張淨琬腰圍一尺六寸時人咸推能掌上儛又有孫荊玉能

反腰帖地銜得席上玉簪敕賚歌人王娥兒東宮亦賚歌者屈偶之並妙盡奇曲一時無對初赴衡州於兩艖䑶起三間通梁水齋飾以珠玉加之錦繢盛設帷屏列女樂乘潮解纜臨波置酒緣塘傍水觀者填咽大同中魏使陽斐與侃在北嘗同學有詔命侃延斐同宴賓客三百餘人食器皆金玉雜寶奏三部女樂至夕侍婢百餘人俱執金花燭侃不飲酒而好賓游終日獻酬同其醉醒性寬厚有器局嘗南還至漣口置酒有客張孺才者醉於船中失火延燒七十餘艘所燔金帛不可勝數侃聞聊不挂意命酒不輟孺才慙懼自逃侃慰喻使還待之如舊第三子鵾字子鵬隨侃臺內城陷竄於陽平侯景以其妹爲小妻呼還待之甚厚以爲庫真都督及景敗鵾密圖之乃隨其東走景於松江戰敗惟餘三舸下海欲向蒙山會景晝寢鵾語海師此中何處有蒙山汝但聽我處分遂直向京口至胡豆洲景覺大驚問岸上云郭元建猶在廣陵景大喜將依之鵾拔刀叱海師使向京口鵾與王元禮謝答仁弟葳蕤並景之昵也三人謂景曰我等爲王百戰百勝自謂無敵卒至於此豈非天乎今就王乞頭以取富貴

景欲透水鵾抽刀斫之景乃走入船中以小刀抉船鵾以稍入刺殺之景僕射
索超世在別船葳蕤以景命召之斬于京口元帝以鵾爲青州刺史封昌國縣
侯又領東陽太守征陸納加散騎常侍除西晉州刺史破郭元建於東關還東
晉州刺史承聖三年西魏圍江陵鵾赴援不及從王僧愔征蕭勃於嶺表聞僧
辯敗乃還爲侯瑱所破遇害年二十八
羊鴉仁字孝穆太山鉅平人也少驍勇仕郡爲主簿普通中率兄弟自魏歸梁
封廣晉侯征伐青齊閒累有功績位至都督北司州刺史及侯景降詔鴉仁督
土州刺史桓和之仁州刺史湛海珍等趣縣瓠應接景至仍爲都督司豫二州
刺史鎭縣瓠會侯景敗於渦陽魏軍漸逼鴉仁恐糧運不繼遂還北司上表陳
謝帝大怒鴉仁鴉仁懼頓軍入淮上及侯景反鴉仁率所部入援太清二年景
旣背盟鴉仁乃與趙伯超及南康王會理共攻賊於東府城反爲賊敗臺城陷
景以爲五兵尚書鴉仁常思奮發謂所親曰吾以凡流受寵朝廷竟無報效以
答重恩今若以此終沒有餘責因泣下見者傷焉三年出奔江西將赴江陵至

東莞爲故北徐州刺史荀伯道子晷所害臨死以報效不終因而泣下後䳒仁兄子海珍知之掘晷父伯并祖及所生母合五喪各分其半骨共棺焚之半骨雜他骨作五袋盛之銘袋上曰荀晷祖父母某之骨䳒仁子亮侯景亂後移至吳州刺史隨王琳以名將子見禮甚隆爲人多酒無賴酒醉爲閹豎所殺

論曰王神念羊侃羊䳒仁等自北徂南咸受寵任既而侃及䳒仁晚遇屯剝則臨危不撓䳒仁則守義以殞古人所謂心同鐵石此之謂乎僧辯風格秀舉有文武奇才而逢玆酷濫幾致隕覆幸全首領卒樹奇功事人之道於斯爲得及時鍾交喪地居元宰內有奧主而外求君遂使尊卑易位親踈貿序既同兒戲且類奕棊延敵開釁實基於此喪國傾宗爲天下笑豈天將啓陳何斯人而斯謬也哀哉

南史卷六十三

南史卷六十三考證

王僧辯傳旣至湓口與僧辯會於白茅洲爲盟○陳書湓作溢洲作灣

自石頭至于東城○監本缺于字今從閣本增入

南史卷六十三考證

南史卷六十四

唐 李延壽撰

列傳第五十四

江子一 胡僧祐 徐文盛 陰子春 子鏗

杜崱 兄岸 弟幼安 兄子龕 王琳 張彪

江子一字元亮濟陽考城人晉散騎常侍統之七世孫也父法成奉朝請子一少慷慨有大志家貧以孝聞苦侍養多闕因終身蔬食仕梁起家爲王國侍郎奉朝請上書言事爲當軸所排乃拜表求入北爲刺客武帝異之又啓求觀書祕閣武帝許之有敕直華林省其姑夫左衞將軍朱异權要當朝休下之日賓客輻湊异不爲物議所歸欲引子一爲助子一未嘗造門其高潔如此爲遂昌曲阿令皆著美績後爲南津校尉弟子四歷尚書金部郎大同初遷右丞兄弟性並剛烈子四自右丞上封事極言得失武帝甚善之詔曰屋漏在上知之在下其令尚書詳擇施於時政左戶郎沈炯少府丞顧璵嘗奏事不允帝厲色呵

責之子四乃趨前代炯等對對甚激切帝怒呼縛之子四乃據地不受帝怒亦
歇乃釋之猶坐免職及侯景攻陷歷陽自横江將度子一帥舟師千餘人於下
流欲邀之其副董桃生走子一乃退還南洲收餘衆步赴建鄴見於文德殿帝
怒之具以事對且曰臣以身許國常恐不得其死今日之事何所復惜不死闕
前終死闕後耳及城被圍開承明門出戰子一及弟尚書左丞子四東宮直殿
主帥子五並力戰直前賊坐甲不起子一引矟撞之賊縱突騎衆並縮子一刺
其騎騎倒矟折賊解其肩時年六十二弟曰與兄俱出何面獨旋乃免冑赴敵
子四矟洞胸死子五傷脰還至塹一慟而絕賊義子一之勇歸之面如生詔贈
子一給事黄門侍郎子四中書侍郎子五散騎侍郎侯景平元帝又追贈子一
侍中謚義子子四黄門侍郎謚毅子子五中書侍郎謚烈子子一續黄圖及班
固九品幷辭賦文章數十篇行於世
胡僧祐字願果南陽冠軍人也少勇決有武幹仕魏位銀青光祿大夫以大通
三年避介朱氏之難歸梁頻上封事武帝器之拜文德主帥歸使戍項城魏剋

項城因入北中大通元年陳慶之送魏北海王元顥入洛陽僧祐又歸梁除南
天水天門二郡太守有善政性好讀書愛緝綴然文辭鄙野多被謿謔而自謂
實工矜伐彌甚晚事梁元帝侯景之亂西沮蠻反元帝令僧祐討之使盡誅其
渠帥僧祐諫忤旨下獄大寶二年景圍王僧辯於巴陵元帝乃引僧祐於獄拜
爲假節武猛將軍封新市縣侯令援僧辯將發泣下謂其子珂曰汝可開朱白
二門吾不捷則死吉則由朱凶則由白也元帝聞而壯之前至赤沙亭會陸法
和至乃與幷軍大敗景將任約軍禽約送江陵侯景聞之遂遁後拜領軍將軍
厚自封殖以所加鼓吹恆置齋中對之自娛人曰此是羽儀公名望隆重不宜
若此答曰我性愛之恆須見耳或出游亦以自隨人士笑之承聖二年爲車騎
將軍開府儀同三司及魏軍至以僧祐爲都督城東諸軍俄中流矢卒城遂潰
徐文盛字道茂彭城人也家本魏將父慶之梁天監初自北歸南未至道卒文
盛仍統其衆稍立功績大同末爲寧州刺史州在僻遠羣蠻劫竊相尋前後刺
史莫能制文盛推心撫慰夷人感之風俗遂改太清二年聞國難乃召募得數

萬人來赴元帝以爲秦州刺史加都督授以東討之略東下至武昌遇侯景將任約遂與相持元帝又命護軍將軍尹悅平東將軍杜幼安巴州刺史王珣等會之並受文盛節度大敗約於貝磯約退保西陽文盛進據蘆洲又與相持景聞之率大衆西上援約至西陽諸將咸曰景水軍輕進又甚飢疲擊之必大捷文盛不許文盛妻石氏先在建鄴至是景載以還之文盛深德景遂私通信使都無戰心衆咸憤怨杜幼安宋簉等乃率所領獨進大破景獲其舟艦以歸會景密遣騎間道襲陷郢州軍中懼遂大潰文盛奔還荊州元帝仍以爲城北面大都督又聚斂贓汙甚多元帝大怒下令數其十罪除其官爵文盛私懷怨望帝聞之乃以下獄時任約被禽與文盛同禁文盛謂約曰何不早降令我至此約曰門外不見卿馬跡使我何處得降文盛無以答遂死獄中

陰子春字幼文武威姑臧人也晉義熙末曾祖襲隨宋武帝南還至南平因家焉父智伯與梁武帝鄰居少相善嘗入帝臥內見有異光成五色因握帝手曰公後必大貴非人臣也天下方亂安蒼生者其在君乎帝曰幸勿多言於是情

好轉密帝每有求如外府焉及帝踐阼官至梁秦二州刺史子春仕歷位朐山
戍主東莞太守時青州石鹿山臨海先有神廟刺史王神念以百姓祈禱糜費
毀神影壞屋舍當坐棟上有一大蛇長丈餘役夫打撲不禽得入海水爾夜子
春夢見人通名詣子春云有人見苦破壞宅舍既無所託欽君厚德欲憩此境
子春心密記之經二日而知之甚驚以爲前所夢神因辦牲醑請召安置一處
數日復夢一朱衣人相聞辭謝云得君厚惠當以一州相報子春心喜供事彌
勤經月餘魏欲襲朐山間諜前知子春設伏摧破之詔授南青州刺史鎭朐山
又還都督梁秦二州刺史子春雖無佗才行臨人以廉潔稱閨門混雜而身服
垢汙腳數年一洗言每洗則失財敗事云在梁州以洗足致梁州敗太清二年
徵爲左衞將軍遷侍中屬侯景亂元帝令子春隨王僧辯攻平邵陵王又與左
衞將軍徐文盛東討景至貝磯與景遇子春力戰恆冠諸軍會郢州陷沒軍遂
退卒於江陵子鏗
鏗字子堅博涉史傳尤善五言詩被當時所重爲梁湘東王法曹行參軍初鏗

嘗與賓友宴飲見行觴者因回酒炙以授之衆坐皆笑鏗曰吾儕終日酣酒而
執爵者不知其味非人情也及侯景之亂鏗嘗爲賊禽或救之獲免鏗問之乃
前所行觴者陳天嘉中爲始興王中錄事參軍文帝嘗宴羣臣賦詩徐陵言之
帝即日召鏗預宴使賦新成安樂宮鏗援筆便就帝甚歎賞之累遷晉陵太守
員外散騎常侍頃之卒有文集三卷行於世

杜崱京兆杜陵人也其先自北歸南居於雍州之襄陽子孫因家焉父懷瑤少
有志節梁天監中累有軍功後又立功南鄭位梁秦二州刺史大同初魏軍復
圍南鄭懷瑤命第三子嶷帥二百人與魏前鋒戰於光道寺溪矢中其目失馬
敵人交矟將至嶷斬其一騎而上馳以歸嶷旅力絶人便馬善射一日中戰七
八合所佩霜明朱弓四石餘力斑絲纏矟長二丈五同心敢死士百七十人每
出殺傷數百人敵人憚之號爲杜虎懷瑤卒於州謚曰桓侯嶷位西荆州刺史
時讖言獨梁之下有瞎天子元帝以嶷其人也會嶷改葬父祖帝敕圖墓者惡
爲之逾年而嶷卒崱嶷弟也幼有志氣居鄉里以膽勇稱後爲新興太守太清

三年隨岳陽王來襲荆州元帝與鄘兄岸舊密書邀之鄘乃與岸弟幼安兄子龕等夜歸元帝以爲武州刺史封枝江縣侯令隨領軍王僧辯東討侯景至巴陵景遁加侍中進爵爲公仍隨僧辯追景至石頭景敗鄘入據臺城景平加散騎常侍江州刺史是月齊將郭元建攻秦州刺史嚴超達於秦郡王僧辯令鄘赴援陳武帝亦自歐陽來會元建衆却鄘因縱兵大破之元建遁時元帝執王琳於江陵琳長史陸納等於長沙反元帝徵鄘與王僧辯討之及納等戰于車輪大敗之後納等降鄘又與王僧辯西討平武陵王於硤石旋鎮遘疾卒諡曰武鄘兄弟九人兄嵩岑嶷岌巚岸及弟巃幼安並知名

岸字公衡太清中與鄘隨岳陽王督攻荆州同歸元帝帝以爲北梁州刺史封江陵縣侯岸請以五百騎襲襄陽去城三十里城中覺之督夜知其師掩襄陽以岸等襄陽豪帥於是夜遁歸襄陽岸等知督至遂奔其兄南陽太守巚於廣平督遣將尹正薛暉等攻拔之獲巚岸等幷其母妻子女並斬於襄陽北門督母龔保林數岸於衆岸曰老婢教汝兒殺汝叔乃枉殺忠良督命拔其舌臠殺

而烹之盡誅諸杜宗族親者幼弱下蠶室又發其墳墓燒其骸骨灰而揚之矦以爲湊髖及建鄴平蒯兄弟發安寧陵焚之以報湊髖之酷元帝亦不責也幼安性至孝寬厚雄勇過人與兄蒯同歸元帝帝以爲西荆州刺史封華容縣矦與王僧辯討河東王譽於長沙平之又令助徐文盛東討矦景至貝磯大破景將任約斬其儀同叱羅子通湘州刺史趙威方等仍進軍大舉漢口別攻拔武昌景度蘆洲上流以壓文盛幼安與衆軍大敗之會景密遣騎襲陷郢州執刺史方諸人情大駭文盛由漢口遁歸衆軍大敗幼安降景景以其多反覆殺之

龕岑之子也少驍勇善用兵與諸父歸元帝帝以爲鄖州刺史封中盧縣矦與王僧辯討平河東王譽又隨僧辯下繼徐文盛軍至巴陵聞矦景陷郢州西上將至乃與僧辯等守巴陵景至圍之數旬不剋而遁遷太府卿定州刺史及衆軍至姑孰景將矦子鑒逆戰龕與陳武帝王琳等擊之大敗子鑒遂至石頭景親會戰龕與衆軍大破之論功爲最授東揚州刺史又與王僧辯降陸納平武

陵王及魏平江陵後齊納貞陽侯明以紹梁嗣以龕爲震州刺史吳興太守還南豫州刺史封溧陽縣侯又加散騎常侍鎮南大將軍龕僧辯壻也始爲吳興太守以陳武帝既非素貴及爲之本郡以法繩其宗門無所縱捨武帝銜之切齒及僧辯敗龕乃據吳興以拒之頻敗陳文帝軍龕好飲酒終日恆醉勇而無略部將杜泰私通於文帝說龕降文帝龕然之其妻王氏曰霸先讎隙如此何可求和因出私財賞募復大敗文帝軍後杜泰降文帝龕尚醉不覺文帝遣人負出項王寺前斬之王氏因截髮出家杜氏一門覆矣

王琳字子珩會稽山陰人也本兵家元帝居藩琳姊妹並入後庭見幸琳由此未弱冠得在左右少好武遂爲將帥太清二年帝遣琳獻米萬石未至都城陷乃中江沉米輕舸還荆稍遷岳陽內史以軍功封建寧縣侯侯景遣將宋子仙據郢州琳攻剋之禽子仙又隨王僧辯破景後拜湘州刺史琳果勁絕人又能傾身下士所得賞物不以入家麾下萬人多是江淮羣盜平景之勳與杜龕俱爲第一恃寵縱暴於建鄴王僧辯禁之不可懼將爲亂啓請誅之琳亦疑禍令

長史陸納率部曲前赴湘州身徑上江陵陳謝將行謂納等曰吾若不反子將
安之咸曰請死相泣而別及至帝以下吏而使廷尉卿黃羅漢太舟卿張載宣
喻琳軍陸納等及軍人並哭對使者莫肯受命乃縶黃羅漢殺張載載性刻爲
帝所信荊州疾之如讐故納等因人之欲抽其腸繫馬腳使繞而走腸盡氣絶
又臠割被五刑而斬之元帝遣王僧辯討納納等敗走長沙是時湘州未平武
陵王兵下又甚盛江陵公私恐懼人有異圖納啓申琳無罪請復本位求爲奴
婢元帝乃鎖琳送時納出兵方戰會琳至僧辯升諸樓車以示之納等投戈俱
拜舉軍皆哭曰乞王郎入城卽出及放琳入納等乃降湘州平仍復琳本位使
拒武陵王紀紀平授衡州刺史元帝性多忌以琳所部甚盛又得衆心故出之
嶺外又授都督廣州刺史其友人主書李膺帝所任遇琳告之曰琳蒙拔擢常
欲畢命以報國恩今天下未平遷琳嶺外如有萬一不虞安得琳力忖官正疑
琳耳琳分望有限可得與官爭爲帝乎何不以琳爲雍州刺史使鎮武寧琳自
放兵作田爲國禦捍若警急動靜相知孰若遠棄嶺南相去萬里一日有變將

欲如何琳非願長坐荊南政以國計如此耳儕然其言而不敢啓故遂率其衆
鎭嶺南元帝爲魏圍逼乃徵琳赴援除湘州刺史琳師次長沙知魏平江陵已
立梁王督乃爲元帝舉哀三軍縞素遣別將侯平率舟師攻梁琳屯兵長沙傳
檄諸方爲進趣之計時長沙蕃王蕭韶及上游諸將推琳主盟侯平雖不能度
江頻破梁軍又以琳兵威不接翻更不受指麾琳遣將討之不剋又師老兵疲
不能進乃遣使奉表詣齊幷獻馴象又使獻款于魏求其妻子亦稱臣于梁陳
武帝既殺王僧辯推立敬帝以侍中司空徵琳不從命乃大營樓艦將圖義舉
琳將張平宅乘一艦每將戰勝艦則有聲如野猪故琳戰艦以千數以野猪爲
名陳武帝遣將侯安都周文育等討琳仍受梁禪安都歎曰我其敗乎師無名
矣逆戰於沌口琳乘平輿執鉞而麾之禽安都文育其餘無所漏唯以周鐵武
一人背恩斬之鎖安都文育置琳所坐艦中令一閹豎監守之琳乃移湘州軍
府就郢城帶甲十萬練兵於白水浦琳巡軍而言曰可以爲勤王之師矣温太
眞何人哉南江渠帥熊曇朗周迪懷貳琳遣李孝欽樊猛與余孝頃同討之三

將軍敗並爲迪所囚安都文育等盡逃還建鄴初魏剋江陵之時永嘉王莊年甫七歲逃匿人家後琳迎還湘中衞送東下及敬帝立出質于齊請納莊爲梁主齊文宣遣兵援送仍遣兼中書令李騊駼冊拜琳爲梁丞相都督中外諸軍錄尙書事又遣中書舍人辛慤游詮之等齎璽書江表宣勞自琳以下皆有頒賜琳乃遣兄子叔寶率所部十州刺史子弟赴鄴奉莊纂梁祚於郢州莊授琳侍中使持節大將軍中書監改封安成郡公其餘並依齊朝前命及陳文帝立琳乃輔莊次于濡須口齊遣揚州道行臺慕容儼率衆臨江爲其聲援陳遣安州刺史吳明徹江中夜上將襲盆城琳遣巴陵太守任忠大敗之明徹僅以身免琳兵因東下陳遣太尉侯瑱司空侯安都等拒之瑱等以琳軍方盛引軍入蕪湖避之時西南風至急琳謂得天道將直取揚州侯瑱等徐出蕪湖躡其後比及兵交西南風翻爲瑱用琳兵放火燧以擲瑱船者皆反燒其船琳船艦潰亂兵士投水死者十二三其餘皆棄船上岸爲陳軍所殺殆盡初琳命左長史袁泌御史中丞劉仲威同典兵侍衞莊及軍敗泌遂降陳仲威以莊投歷陽又

送壽陽琳尋與莊同入齊齊孝昭帝遣琳出合肥鳩集義故更圖進取琳乃繕艦分遣招募淮南傖楚皆願戮力陳合州刺史裴景暉琳兄珉之壻也請以私屬導引齊師孝昭委琳與行臺左丞盧潛率兵應赴沉吟不決景暉懼事泄挺身歸齊齊孝昭賜琳璽書令鎮壽陽其部下將帥悉聽以從乃除琳驃騎大將軍開府儀同三司揚州刺史封會稽郡公又增兵秩兼給鐃吹琳水陸戒嚴將觀釁而動屬陳氏結好於齊使琳更聽後圖琳在壽陽與行臺尙書盧潛不協更相是非被召還鄴齊武成置而不問除滄州刺史後以琳爲特進侍中所居屋脊無故剝破出赤蛆數升汁落地化爲血蠕動有龍出於門外之地雲霧起晝晦會陳將吳明徹寇齊齊帝敕領軍將軍尉破胡等出援秦州令琳共爲經略琳謂所親曰今太歲在東南歲星居牛斗分太白已高皆利爲客我將有喪又謂破胡曰吳兵甚銳宜長策制之愼勿輕鬬破胡不從戰軍大敗琳單馬突圍僅而獲免還至彭城齊令便赴壽陽幷許召募又進封琳巴陵郡王陳將吳明徹進兵圍之堰肥水灌城而齊將皮景和等屯於淮西竟不赴救明徹晝夜

攻擊城內水氣轉侵人皆患腫死病相枕從七月至十月城陷被執百姓泣而從之吳明徹恐其爲變殺之城東北二十里時年四十八哭者聲如雷有一叟以酒脯來至號酹盡哀收其血懷之而去傳首建康懸之於市琳故吏梁驃騎府倉曹參軍朱瑒致書陳尚書僕射徐陵求琳首曰竊以朝市遷貿時傳骨鯁之風曆運推移聞表忠貞之迹故典午將滅徐廣爲晉家遺老當塗已謝馬孚稱魏室忠臣用能播美於前書垂名於後世梁故建寧公琳洛濱餘胄沂川舊族立功代邸効績中朝當離亂之辰總藩伯之任爾乃輕躬殉主以身許國實追蹤於往彥信踵武於前脩而天厭梁德尚思匡繼徒蘊包胥之念終遘萇弘之眚洎王業光啓鼎祚有歸於是遠跡山東寄命河北雖輕旅臣之歎猶懷客卿之禮感茲知己忘此捐軀至使身沒九泉頭行萬里誠復馬革裹屍遂其生平之志原野暴骸會彼人臣之節然身首異處有足悲者封樹靡卜良可愴焉瑒早造末僚預參下席降薛君之吐握荷魏公之知遇是用霑巾雨袂痛可識之顏回腸疾首切猶生之面伏惟聖恩博厚明詔爰發赦王經之哭許田橫之

葬瑒雖芻賤竊亦有心琳經莅壽陽頗存遺愛曾游江右非無舊德比肩東閣之吏繼踵西園之賓願歸彼境還修窀穸庶孤墳既築或飛銜土之鷰豐碑式樹時留墮淚之人近故舊王綰等已有論牒仰蒙制議不遂所陳昔廉公告逝即肥川而建營域叔孫云亡仍芍陂而植楸檟由此言之抑有其例不使壽春城下唯傳報葛之人滄洲島上獨有悲田之客昧死陳祈伏待刑憲陵嘉其志節又明徹亦數夢琳求首並爲啓陳主而許之仍與開府主簿劉韶慧等持其首還于淮南權瘞八公山側義故會葬者數千人瑒等乃間道北歸別議迎接尋有揚州人茅智勝等五人密送喪柩達于鄴贈十五州諸軍事揚州刺史侍中特進開府錄尚書事謚曰忠武王葬給轀輬車琳體貌閑雅立髮委地喜怒不形於色雖無學業而強記內敏軍府佐史千數皆識其姓名刑罰不濫輕財愛士得將卒之心少爲將帥屢經喪亂雅有忠義之節雖本圖不遂齊人亦以此重之待遇甚厚及敗爲陳軍所執吳明徹欲全之而其下將領多琳故吏爭來致請幷相資給明徹由此忌之故及於難當時田夫野老知與不知莫不爲

之歔欷流泣觀其誠信感物雖李將軍之恂恂善誘殆無以加焉琳十七子長子敬在齊襲王爵武平末通直常侍第九子衍隋開皇中開府儀同三司大業初卒於渝州刺史

張彪不知何許人自云家本襄陽或云左衞將軍衡州刺史蘭欽外弟也少亡命在若邪山爲盜頗有部曲臨城公大連出牧東揚州彪率所領客焉始爲防閤後爲中兵參軍禮遇甚厚及侯景將宋子仙攻下東揚州復爲子仙所知後去子仙還入若邪義舉征子仙不捷仍走向剡趙伯超兄子稜爲侯景山陰令去職從彪後懷異心僞就彪計請酒爲盟引刀子披心出血自歃彪信之亦取刀刺血報之刀始至心稜便以手案之望入彪心刀斜傷得不深稜重取刀刺彪頭面被傷頓絕稜謂已死因出外告彪諸將言已殺訖欲與求富貴彪左右韓武入視彪已蘇細聲謂曰我尚活可與手於是武遂誅稜彪不死復奉表元帝帝甚嘉之及侯景平王僧辯遇之甚厚引爲爪牙與杜龕相似世謂之張杜貞陽侯踐位爲東揚州刺史幷給鼓吹室富於財晝夜樂聲不息剡令王懷之

不從彪自征之留長史謝岐居守會僧辯見害彪不自展拔時陳文帝已據震澤將及會稽彪乃遣沈泰吳寶真還州助岐保城彪後至泰等反與岐迎陳文帝入城彪因其未定踰城而入陳文帝遂走出彪復城守沈泰說陳文帝曰彪部曲家口並在香巖寺可往收取遂往盡獲之彪將申進密與泰相知因又叛彪彪復敗走不敢還城據城之西山樓子及暗得與弟崐崘妻楊氏去猶左右數人追隨彪疑之皆發遣唯常所養一犬名黃蒼在彪前後未曾捨離乃還入若邪山中沈泰說陳文帝遣章昭達領千兵重購之幷圖其妻彪眠未覺黃蒼驚吠劫來便嚙一人中喉卽死彪拔刀逐之映火識之曰何忍舉惡卿須我者但可取頭誓不生見陳蒨劫曰官不肯去請就平地彪知不免謂妻楊呼爲鄉里曰我不忍令鄉里落佗處今當先殺鄉里然後就死楊引頸受刀曾不辭憚彪不下刀便相隨下嶺到平處謂劫曰卿須我頭我身不去也呼妻與訣曰生死從此而別若見沈泰申進等爲語曰功名未立猶望鬼道相逢劫不能生得遂殺彪幷弟致二首於昭達黃蒼號叫彪屍側宛轉血中若有哀狀昭達進軍

迎彪妻便拜稱陳文帝教迎爲家主楊便改啼爲笑欣然意悅請昭達殯彪喪壙冢既畢黃蒼又俯伏冢間號叫不肯離楊還經彪宅謂昭達曰婦人本在容貌辛苦日久請暫過宅莊飾昭達許之楊入屋便以刀割髮毀面哀哭慟絕誓不更行陳文帝聞之歎息不已遂許爲尼後陳武帝軍人求取之楊投井決命時寒比出之垂死積火溫燎乃蘇復起投於火彪始起於若邪興於若邪終於若邪及妻犬皆爲時所重異楊氏天水人散騎常侍暾之女也有容貌先爲河東裴仁林妻因亂爲彪所納彪友人吳中陸山才嗟泰等翻背刊吳昌門爲詩一絕曰田橫感義士韓王報主臣若爲留意氣持寄禹川人

論曰忠義之道安有常哉曾言者不必能行蹈之者恆在所忽江子一胡僧祐太清之季名宦蓋微江則自致亡軀胡亦期之殞命然則貞勁之節歲寒自有性也文盛克終有鮮詩人得所誡焉子春戰乃先鳴幽通有助及乎梁州之敗而以濯足爲尤杜氏終致覆亡亦云圖墓之咎吉凶之兆二者豈易知乎王琳亂朝忠節志雪仇恥然天方相陳義難弘濟斯則大廈落構豈一木所能支也

張彪一遇何懷死而後已唯妻及犬義悉感人記傳所陳何以加此異乎

南史卷六十四

南史卷六十四考證

江子一傳字元亮○亮梁書作貞

帝怒亦歇○歇一本作止

胡僧祐傳以大通三年避尒朱氏之難歸梁○梁書作以大通二年歸國

徐文盛傳文盛深德景遂私通信使都無戰心○私閣本作密

門外不見卿馬跡使我何處得降○處梁書作遽

杜崱傳太清三年○三梁書作二

王琳傳有龍出於門外之地○地一本作池

張彪傳彪後至泰等反與岐迎陳文帝入城○迎監本誤後今改從陳書

南史卷六十四考證

南史卷六十五

唐　李　延　壽　撰

列傳第五十五

陳宗室諸王

永修侯擬　遂興侯詳　宜黃侯慧紀

衡陽獻王昌子伯信　南康愍王曇朗子方泰方慶　文帝諸子

宣帝諸子　後主諸子

永修侯擬字公正，陳武帝之疎屬也。少孤貧，質直強記。武帝南征交阯，擬從焉。梁紹泰二年，除員外散騎常侍、明威將軍，以雍州刺史資監南徐州事。武帝踐祚，廣封宗室，詔從子監南徐州擬封永修縣侯，北徐州刺史褒封鍾陵縣侯，晃封建城縣侯，炅封上饒縣侯，從孫明威將軍訬封虔化縣侯，吉陽縣侯詛仍前封，信威將軍祏封豫寧縣侯，青州刺史詳封遂興縣侯，貞威將軍慧紀封宜黃縣侯，敬雅封寧都縣侯，敬泰封平固縣侯。文帝嗣位，擬除丹陽尹，坐事以白衣

知郡尋復本職卒謚曰定天嘉二年配享武帝廟庭子黨嗣
遂興侯詳字文幾少出家爲沙門善書記談論清雅武帝討侯景召令還俗配
以兵馬從定建鄴永定二年封遂興縣侯天嘉三年累遷吳州刺史五年討周
迪戰敗死之以所統失律無贈謚子正理嗣
宜黄侯慧紀字元方武帝之從孫也涉獵書史負材任氣從武帝平侯景及帝
踐阼封宜黄縣侯除黄門侍郎太建十年吳明徹北侵敗績以慧紀爲緣江都
督兗州刺史至德二年爲都督荆州刺史及梁安平王蕭巖晉熙王蕭瓛等詣
慧紀請降慧紀以兵迎之以應接功位開府儀同三司禎明三年隋師濟江慧
紀率將士三萬人船艦千餘乘沿江而下欲趣臺城遣南康太守呂肅將兵據
巫峽以五條鐵鎖横江肅竭其私財以充軍用隋將楊素奮兵擊之四十餘戰
爭馬鞍山及磨刀澗守險隋軍死者五千餘人陳人盡取其鼻以求功賞既而
隋軍屢捷獲陳之士三縱之肅乃遁保延洲别帥廖世寵領大舫詐降欲燒隋
艦更決一死戰於是有五黄龍備衆色各長十餘丈驤首連接順流而東風浪

大起雲霧晦冥陳人震駭不覺火自焚隋軍乘高艦張大弩以射之陳軍大敗
風浪應時頓息肅收餘衆東走慧紀時至漢口爲隋秦王俊拒不得進聞肅敗
盡燒公安之儲僞引兵東下因推湘州刺史晉熙王叔文爲盟主水軍都督周
羅睺與郢州刺史荀法尚守江夏及建鄴平隋晉王廣遣一使以慧紀子正業
來喻又使樊毅喻羅睺其上流城戍悉解甲於是慧紀及巴州刺史畢寶並慟
哭俱降慧紀入隋依例授儀同三司卒子正平頗有文學
衡陽獻王昌字敬業武帝第六子也梁太清末武帝南征李賁命昌與宣后隨
沈恪還吳興及武帝東討侯景昌與宣后文帝並爲景因景平拜長城國世子
吳興太守時年十六昌容貌偉麗神情秀朗雅性聰辯明習政事武帝遣陳郡
謝哲濟陽蔡景歷輔昌臨郡又遣吳郡杜之偉授昌以經昌讀書一覽便誦明
於義理剖析如流尋與宣帝俱往荆州魏尅荆州又與宣帝俱還長安武帝即
位頻遣使請宣帝及昌周人許而未遣及武帝崩乃遣之時王琳作梗中流昌
不得還居于安陸王琳平後天嘉元年二月昌發自安陸由魯山濟江而巴陵

王蕭沆等率百僚上表請以昌爲湘州牧封衡陽郡王詔曰可三月甲戌入境
詔令主書舍人緣道迎接丙子濟江於中流殞之使以溺告四月庚寅喪柩至
都上親臨哭乃下詔贈假黃鉞都督中外諸軍事太宰揚州牧葬送之儀一依
漢東平憲王齊豫章文獻王故事謚曰獻無子文帝以第七皇子伯信嗣伯信
字孚之位西衡州刺史及隋師濟江與臨汝侯方慶並爲東衡州刺史王勇所
害
南康愍王曇朗武帝母弟忠壯王休先之子也休先少倜儻有大志梁簡文之
在東宮深被知遇爲文德主帥頃之卒敬帝卽位追贈南徐州刺史封武康縣
公武帝受禪贈司徒封南康郡王謚曰忠壯曇朗少孤尤爲武帝所愛有膽力
善綏御侯景平後起家著作郎武帝誅王僧辯留曇朗鎮京口知留府事紹泰
元年除中書侍郎監南徐州二年齊兵攻逼建鄴因請和求武帝子姪爲質時
四方州郡並多未賓本根虛弱糧運不繼在朝文武咸願與齊和親武帝難之
而重違衆議乃決遣曇朗恐曇朗憚行或當奔竄乃自率步騎京口迎之使質

於齊齊背約遣蕭軌等隨徐嗣徽度江武帝大破之虜蕭軌東方老等誅之齊人亦害曇朗于晉陽時陳與齊絕弗之知武帝踐阼猶以曇朗襲封南康郡王奉忠壯王祀禮秩一同皇子天嘉二年齊人結好始知其亡文帝詔贈開府儀同三司南徐州刺史諡曰愍乃遣兼中郎令隨聘使江德藻迎曇朗喪柩三年春至都初曇朗未質於齊生子方泰方慶及將適齊以二妾自隨在北又生二子方華方曠亦同得還

方泰少麤獷與諸惡少年羣聚游逸無度文帝以南康王故特寬宥之天嘉二年以爲南康王世子及聞曇朗薨於是襲爵南康王太建四年爲都督廣州刺史爲政殘暴爲有司奏免六年授豫章內史在郡不修政事秩滿之際屢放部曲爲劫又縱火延燒邑居因行暴掠驅錄富人徵求財賄代至又淹留不還至都以爲宗正卿未拜爲御史中丞宗元饒所劾免官以王還第十一年起爲寧遠將軍直殿省尋加散騎常侍其年八月宣帝幸大壯觀因大閱武命都督任忠領步騎十萬陣於玄武湖都督陳景領樓艦五百出於瓜步江上登玄武門

親宴羣臣以觀之因幸樂游苑設絲竹會仍重幸大壯觀集衆軍振旅而還時方泰當從啓稱所生母疾不行因與亡命楊鍾期等二十人微行往人間淫淳于岑妻爲州長流所錄又率人仗抗拒傷損禁司爲有司所奏上大怒下方泰獄方泰初承行淫不承拒格禁司上曰不承則上測方泰乃投列承引於是兼御史中丞徐君整奏請解方泰所居官下宗正削爵土上可其奏禎明初爲侍中陳亡與後主俱入長安隋大業中爲掖縣令

方慶少清警涉獵書傳及長有幹略天嘉中封臨汝縣侯至德二年累遷智武將軍武州刺史初廣州刺史馬靖久居嶺表大得人心士馬強盛朝廷疑之以方慶爲廣州刺史以兵襲靖靖誅進號宣毅將軍方慶性清謹甚得人和禎明三年隋師濟江都督東衡州刺史王勇徵兵於方慶欲與赴援臺城時隋行軍總管韋洸帥兵度嶺宣隋文帝敕云若嶺南平定留勇與豐州刺史鄭萬頃且依舊職方慶聞之恐勇賣己且欲觀變乃不從勇使高州刺史戴智烈斬方慶於廣州而收其兵鄭萬頃滎陽人梁司州刺史紹叔之始族子也父昊梁末入

魏萬頃通達有材幹周武帝時爲司城大夫出爲温州刺史至德中與司馬消難奔陳拜散騎常侍昭武將軍豐州刺史在州甚有惠政吏人表請立碑詔許焉初萬頃在周甚被隋文帝知遇及隋文帝踐阼常思還北及王勇殺方慶萬頃乃率州兵拒勇降隋隋授上儀同尋卒

文帝十三男沈皇后生廢帝始興王伯茂嚴淑媛生鄱陽王伯山晉安王伯恭潘容華生新安王伯固劉昭華生衡陽王伯信王充華生廬陵王伯仁張修容生江夏王伯義韓修華生武陵王伯禮江貴妃生永陽王伯智孔貴妃生桂陽王伯謀二男早卒無名伯信出繼衡陽王昌

始興王伯茂字鬱之文帝第二子也初武帝兄始興昭烈王道談仕梁爲東宮直閤將軍侯景之亂援臺中流矢卒紹泰二年贈南兗州刺史封義興郡公諡曰昭烈武帝受禪重贈太傅改封始興郡王道談生文帝及宣帝宣帝以梁承聖末還於長安至是武帝遙以宣帝襲封始興嗣王以奉昭烈王祀武帝崩文帝入纂帝位時宣帝在周未還文帝以本宗乏饗徙封宣帝爲安成王封伯茂

爲始與王以奉昭烈王祀賜天下爲父後者爵一級舊制諸王受封未加戎號者不置佐使於是尙書八坐奏加伯茂寧遠將軍置佐使除揚州刺史伯茂性聰敏好學謙恭下士又以太子母弟文帝深愛重之時軍人於丹徒盜發晉郗曇墓大獲晉右將軍王羲之書及諸名賢遺跡事覺其書並沒縣官藏于祕府文帝以伯茂好古多以賜之由是伯茂大工草隸書甚得右軍法還東揚州刺史鎭東將軍開府儀同三司廢帝時伯茂在都劉師知等矯詔出宣帝伯茂勸成之師知等誅後宣帝恐伯茂扇動朝廷乃進號中衞將軍令入居禁中專與廢帝游處時四海之望咸歸宣帝伯茂深不平數肆惡言宣帝以其無能不以爲意及建安人蔣裕與韓子高等謀反伯茂並陰豫其事光大二年皇太后令黜廢帝爲臨海王其日又下令降伯茂爲溫麻侯時六門之外有別館以爲諸王冠昏之所名爲昏第至是命伯茂出居之宣帝遣盜殞之於車中年十八

鄱陽王伯山字靜之文帝第三子也偉容儀舉止閑雅喜愠不形於色武帝時天下草創諸王受封儀注多闕及伯山受封文帝欲重其事天嘉元年七月丙

辰尚書八坐奏封鄱陽郡王乃遣度支尚書蕭睿持節兼太宰告于太廟又遣五兵尚書王質持節兼太宰告于太社其年十月上臨軒策命策訖令王公以下並宴於王第六年爲緣江都督平北將軍南徐州刺史宣帝輔政不欲令伯山處邊光大元年徙爲東揚州刺史累遷征南將軍護軍將軍加開府儀同三司給鼓吹幷扶伯山性寬厚美風儀又於諸王最長後主深敬重之每朝廷有冠昏饗宴恆使爲主及遭所生憂居喪以孝聞後主嘗幸吏部尚書蔡徵宅因往弔之伯山號慟殆絕因起爲鎮衞將軍乃謂羣臣曰鄱陽王至性可嘉又是西第之長豫章已兼司空其亦須遷太尉未及發詔禎明三年薨尋屬陳亡遂無贈謚長子君範未襲爵而隋師至時宗室王侯在都者百餘人後主恐其爲變乃並召入屯朝堂使豫章王叔英總督之又陰爲之備六軍敗績相率出降因從後主入長安隋文帝並配隴右及河西諸州各給田業以處之大業二年隋煬帝以後主第六女媯爲貴人絕愛幸因召陳氏子弟盡還京師隨才敘用由是並爲守宰徧於天下君範位溫縣令

新安王伯固字牢之文帝第五子也生而龜胸目通睛揚白形狀眇小而俊辯
善言論天嘉六年立爲新安郡王太建七年累遷都督南徐州刺史伯固性嗜
酒不好積聚所得祿奉用度無節酣醉以後多所乞丐於諸王中最爲貧窶宣
帝每矜之特加賞賜性輕率好行鞭捶在州不知政事日出田獵或乘眠輿至
於草閒輒呼人從游動至旬日所捕麞鹿多使生致宣帝頗知之遣使責讓者
數矣十年爲國子祭酒頗知玄理而墮業無所通至於摘句問難往往有奇意
爲政嚴苛國學有墮游不修習者重加檟楚生徒懼焉由是學業頗進十三年
爲都督揚州刺史後主初在東宮與伯固甚親狎伯固又善謿謔宣帝每宴集
多引之叔陵在江州心害其寵陰求瑕疵將中以法及叔陵入朝伯固懼罪諂
求其意乃共訕毀朝賢歷詆文武雖耆年高位皆面折無所畏忌伯固性好射
雉叔陵又好開發冢墓出游田野必與偕行於是情好大協遂謀不軌伯固侍
禁中每有密語必報叔陵及叔陵奔東府遣使告之伯固單馬馳赴助叔陵指
麾知事不捷便欲走會四門已閉不得出因趣白楊道臺馬容至爲亂兵所殺

尸於昌館門時年二十八詔特許以庶人禮葬子及所生王氏並特宥爲庶人

國除

晉安王伯恭字肅之文帝第六子天嘉六年封尋爲吳郡太守時年十餘歲便

留心政事官曹緝理歷位尚書左僕射後爲中衞將軍右光祿大夫陳亡入長

安大業初爲成州刺史太常少卿

廬陵王伯仁字壽之文帝第八子天嘉六年立爲侍中國子祭酒領太子左庶

子陳亡卒于長安

江夏王伯義字堅之文帝第九子天嘉六年封位金紫光祿大夫陳亡入長安

遷於瓜州道卒

武陵王伯禮字用之文帝第十子天嘉六年立太建初爲吳興太守在郡恣行

暴掠後爲有司所劾十一年被代徵還遂遷延不發爲御史中丞徐君整所劾

免陳亡入長安大業中爲臨洮太守

永陽王伯智字策之文帝第十二子少敦厚有器局博涉經史太建中立累遷

尚書左僕射後為特進陳亡入長安大業中為國子司業

桂陽王伯謀字深之文帝第十三子太建中立位散騎常侍薨子鄼大業中為

番禾令

宣帝四十二男柳皇后生後主彭貴人生始興王叔陵曹淑華生豫章王叔英

何淑儀生長沙王叔堅宜都王叔明魏昭華生建安王叔卿錢貴妃生河東王

叔獻劉昭儀生新蔡王叔齊袁昭容生晉熙王叔文義陽王叔達新會王叔坦

王姬生淮南王叔彪巴山王叔雄吳姬生始興王叔重徐姬生尋陽王叔儼淳

于姬生岳陽王叔慎王修華生武昌王叔虞韋修容生湘東王叔平施姬生臨

賀王叔敖沅陵王叔興曾姬生陽山王叔宣楊姬生西陽王叔穆申婕妤生南

安王叔儉南郡王叔澄岳山王叔韶太原王叔匡袁姬生新興王叔純吳姬生

巴東王叔謨劉姬生臨海王叔顯秦姬生新寧王叔隆新昌王叔榮其皇子叔

叡叔忠叔泓叔毅叔訓叔武叔處叔封八人並未及封三子早卒無名

始興王叔陵字子嵩宣帝之第二子也梁承聖中生於江陵魏剋江陵宣帝遷

闕右叔陵留穰城宣帝之還以後主及叔陵爲質天嘉三年隨後主還朝封康樂縣侯叔陵少機辯徇聲名強梁無所推屈太建元年封始興王奉昭烈王祀位都督江州刺史時年十六政自己出僚佐莫預焉性嚴刻部下懾憚諸公子姪及罷縣令長皆逼令事己豫章內史錢法成詣府進謁即配其子季卿將領馬仗季卿慙耻不時至叔陵大怒侵辱法成法成憤怨自縊而死州縣非其部內亦徵攝案之朝貴及下吏有乖忤者輒誣奏其罪陷以重辟四年遷都督湘州刺史諸州鎮聞其至皆震恐股慄叔陵日益橫征伐夷獠所得皆入己絲毫不以賞賜徵求役使無有紀極夜常不臥執燭達曉呼召賓客說人間細事戲謔無所不爲性不飲酒唯多置餚胾晝夜食噉而已自旦至中方始寢寐曹局文案非呼不得輒白笞罪者皆繫獄動數年不省視瀟湘以南皆逼爲左右廛里殆無遺者其中脫有逃竄輒殺其妻子州縣無敢上言宣帝弗之知九年除都督揚州刺史十年至都加扶給油幢車叔陵居東府事務多關涉省閣執事之司承意順旨即諷上進用之微致違忤必抵大罪重者至殊死道路藉藉皆

言其有非常志叔陵修飾虛名每入朝常於車中馬上執卷讀書高聲長誦陽
陽自若歸坐齋中或自執斧斤爲沐猴百戲又好游冢墓間遇有塋表主名可
知者輒命左右發掘取其石誌古器幷骸骨肘脛持爲翫弄藏之府庫人間少
妻處女微有色貌者並即逼納十一年丁所生母彭氏憂去職頃之起爲本職
晉世王公貴人多葬梅嶺及彭氏卒叔陵啓求梅嶺葬之乃發故太傅謝安舊
墓棄去安柩以葬其母初喪日僞爲哀毀自稱刺血寫涅槃經未及十旬乃日
進甘膳又私召左右妻女與之姦合所作尤不軌浸淫上聞宣帝責御史中丞
王政以不舉奏免政官又黜其典籤親事仍加鞭捶宣帝素愛叔陵不繩以法
但責讓而已服闋又爲侍中中軍大將軍及宣帝不豫後主諸王並入侍疾叔
陵陰有異志命典藥吏礪切藥刀及倉卒之際又命左右取劍左右不悟乃取
朝服所佩木劍以進叔陵怒及翌日小斂後主哀頓俯伏叔陵以剉藥刀斫後
主中項太后馳來救焉叔陵又斫太后數下後主乳媪樂安君吳氏時在太后
側自後掣肘後主因得起叔陵仍持後主衣後主自奮得免長沙王叔堅以手

搤叔陵奪去其刀仍牽就柱以其褶袖縛之棄池水中將殺之問後主曰卽盡
之爲待也時吳媪已扶後主避賊叔堅求後主所在將受命叔陵多力因奮得
脫突出雲龍門馳車還東府呼其甲士斷清溪橋道放東城因以充戰士又遣
人往新林追所部兵馬仍自被甲著白帽登城西門招募百姓散金銀以賞賜
外召諸王將帥無有應者唯新安王伯固聞而赴之叔陵聚兵僅得千人欲據
城保守時衆軍並緣江防守臺內空虛叔堅白太后使太子舍人司馬申急召
右衞將軍蕭摩訶將兵至府西門叔陵事急遣記室韋諒送鼓吹與摩訶謂曰
事捷以公爲台鼎摩訶紿報曰須王心膂節將自來方敢從命叔陵卽遣戴溫
譚騏驎二人詣摩訶摩訶執以送臺斬於閣道下持其首徇東城仍懸於朱雀
門叔陵自知不濟遂入沉其妃張氏及寵妾七人于井中叔陵有部下兵先在
新林於是率人馬數百自小航度欲趣新林以舟艦入北行至白楊路爲臺軍
所邀伯固見兵至旋避入巷叔陵拔刀追之伯固復還叔陵部下多棄甲潰散
摩訶馬容陳智深迎刺叔陵闍豎王飛禽斫之數十下馬容陳仲華就斬首送

臺自寅至巳乃定尙書八坐奏請依宋世故事流尸江中汙瀦其室并毁其所生彭氏墳廟還謝氏之塋後主從所奏叔陵諸子卽日並賜死

豫章王叔英字子烈宣帝第三子也寬厚仁愛太建元年封後位司空隋大業中位涪陵太守卒

長沙王叔堅字子成宣帝第四子也母本吳中酒家婢相者言當生貴子宣帝微時因飲通焉生叔堅及貴召拜淑儀叔堅少而嚴整又頗使酒兄弟憚之好數術卜筮風角鎔金琢玉並究其妙初封豐城侯太建元年封長沙王初叔堅與始興王叔陵並招聚賓客各爭權寵甚不平每朝會鹵簿不肯爲先後必分道而趨左右或爭道而鬭至有死者及宣帝不豫叔堅與叔陵等並從後主侍疾叔陵陰有異志叔堅疑之微伺其所爲及行逆賴叔堅以免以功進驃騎將軍開府儀同三司揚州刺史尋遷司空將軍刺史如故時後主患創不能視事政無大小悉決于叔堅權傾朝廷後主由是疎忌之孔範管斌施文慶等並東宮舊臣日夕陰持其短至德元年乃詔令卽本號用三司之儀出爲江州

刺史未發尋以爲司空實欲奪其權又陰令人造其厭魅刻木爲偶人衣以道士服施機關能拜跪晝夜於星月下醮之祝詛於上又令人上書告其事案驗令實後主召叔堅囚于西省將黜之令近侍宣敕數之叔堅自陳爲佞人所構死且慙見叔陵後主感其前功乃赦之免所居官以王還第後位中軍大將軍開府儀同三司荆州刺史秩滿還都陳亡入隋遷于瓜州叔堅素貴不知家人生產至是與妃沈氏酤酒不以耕種爲事大業中爲遂寧郡太守卒

建安王叔卿字子弼宣帝第五子也性質直有材器容貌甚偉太建四年立位中書監陳亡入隋大業中爲都官郎上黨通守

宜都王叔明字子昭宣帝第六子也儀容美麗舉止和柔狀似婦人太建五年立位侍中陳亡入隋大業中爲鴻臚少卿

河東王叔獻字子恭宣帝第九子也性恭謹聰敏好學太建五年立位南徐州刺史薨贈司空謚康簡子孝寬嗣隋大業中爲汶城令

新蔡王叔齊字子肅宣帝第十一子也風采明贍博涉經史善屬文太建七年

立位侍中陳亡入隋大業中爲尚書主客郎

晉熙王叔文字子才宣帝第十二子也性輕險好虛譽頗涉書史太建七年立位都督湘州刺史徵爲侍中未還而隋軍濟江隋秦王至漢口時叔文自湘州還朝至巴州乃率巴州刺史畢寶等請降致書於秦王王遣使往巴州迎勞叔文叔文與畢寶荊州刺史陳慧紀及文武將吏赴漢口秦王並厚待之及至京隋文帝坐于廣陽門觀叔文從後主至朝堂文帝使內史令李德林宣旨責其君臣不能相弼以致喪亡後主與其羣臣並愧懼拜伏莫能仰視叔文獨欣然有自得志後上表陳在巴州先送款望異常例文帝嫌其不忠而方懷柔江表遂授開府宜州刺史

淮南王叔彪字子華宣帝第十三子也少聰慧善屬文太建八年立位侍中入隋卒于長安

始興王叔重字子厚宣帝第十四子也性質朴無伎藝宣帝崩始興王叔陵爲逆誅其年立叔重爲始興王以奉昭烈王後位江州刺史隋大業中爲太府少

卿

尋陽王叔儼字子思宣帝第十五子也性凝重舉止方正後主即位立位侍中入隋卒

岳陽王叔愼字子敬宣帝第十六子也少聰敏十歲能屬文太建十四年立至德中爲丹陽尹時後主尤愛文章叔愼與衡陽王伯信新蔡王叔齊等日夕陪侍賦詩恆被嗟賞禎明元年出爲湘州刺史加都督及隋師濟江清和公楊素兵下荊州遣將龐暉略地至湘州州內將士剋日請降叔愼置酒會文武酒酣歎曰君臣之義盡於此乎長史謝基伏而流涕湘州助防遂興侯正理在坐起曰主辱臣死諸君獨非陳國臣乎縱其無成猶見臣節青門之外有死不能今日後應者斬衆咸許諾乃刑牲結盟遣人詐奉降書於龐暉叔愼伏甲待之暉入伏兵發縛暉等以徇皆斬之叔愼招士衆數日中兵至五千人隋遣內陽公薛胄爲湘州刺史聞龐暉死乃益請兵隋又遣行軍總管劉仁恩救之未至薛胄禽叔愼秦王斬之漢口

義陽王叔達字子聰宣帝第十七子也太建十四年立位丹陽尹入隋大業中爲內史舍人絳郡通守武德中位侍中封江國公歷禮部尚書卒
巴山王叔雄字子猛宣帝第十八子也太建十四年立入隋卒于長安
武昌王叔虞字子安宣帝第十九子也太建十四年立入隋大業中爲高苑令
湘東王叔平字子康宣帝第二十子也至德元年立入隋大業中爲胡蘇令
臨賀王叔敖字子仁宣帝第二十一子也至德元年立入隋大業中位儀同三司
陽山王叔宣字子通宣帝第二十二子也至德元年立入隋大業中爲涇城令
西陽王叔穆字子和宣帝第二十三子也至德元年立入隋卒于長安
南安王叔儉字子約宣帝第二十四子也至德元年立入隋卒于長安
南郡王叔澄字子泉宣帝第二十五子也至德元年立入隋大業中爲靈武令
沅陵王叔興字子推宣帝第二十六子也至德元年立入隋大業中爲給事郎
岳山王叔韶字子欽宣帝第二十七子也至德元年立位丹陽尹入隋卒于長

安

新興王叔純字子洪宣帝第二十八子也至德元年立入隋大業中爲河北令

巴東王叔謨字子軌宣帝第二十九子也至德四年立入隋大業中爲汧陽令

臨海王叔顯字子亮宣帝第三十子也至德四年立入隋大業中爲鶉觚令

新會王叔坦字子開宣帝第三十一子也至德四年立入隋大業中爲涉縣令

新寧王叔隆字子遠宣帝第三十二子也至德四年立入隋卒于長安

新昌王叔榮字子徹宣帝第三十三子也禎明三年立入隋大業中爲內黃令

太原王叔匡字子佐宣帝第三十四子也禎明二年立入隋大業中爲壽光令

後主二十二男張貴妃生太子深會稽王莊孫姬生吳興王胤高昭儀生南平王嶷呂淑媛生永嘉王彥邵陵王兢龔貴嬪生南海王虔錢塘王恬張淑華生信義王祗徐淑儀生東陽王恮孔貴人生吳郡王藩其皇子總觀明綱統沖洽縚綽威辯十一人並未及封

太子深字承源後主第四子也少聰慧有志操容止儼然左右近侍未嘗見其

喜愠以母張貴妃故特爲後主所愛至德元年封始安王位揚州刺史禎明二年皇太子胤廢後主乃立深爲皇太子隋師濟江隋將韓擒虎自南掖門入百寮奔散深時年十餘歲閉閤而坐舍人孔伯魚侍隋軍排閤入深使宣令勞之曰軍旅在道不乃勞也軍人咸致敬焉隋大業中爲枹罕太守武德初爲祕書丞卒官

吳興王胤字承業後主長子也太建五年二月乙丑生於東宮母孫姬因產卒沈皇后哀而養之以爲己子後主年長未有嗣宣帝命以爲嫡孫詔爲父後者賜爵一級十年封永康公後主卽位爲皇太子胤性聰敏好學執經肄業終日不倦博通大義兼善屬文時張貴妃孔貴嬪並愛幸沈皇后無寵日夜構成后及太子之短孔範之徒又於外合成其事禎明二年廢爲吳興王加侍中衞將軍入隋卒于長安

南平王嶷字承岳後主第二子也方正有器局年數歲風采舉動有若成人至德元年立位揚州刺史遷都督郢州刺史入隋卒于長安

永嘉王彥字承懿後主第三子也至德元年立位都督江州刺史入隋大業中爲襄武令

南海王虔字承恪後主第五子也至德元年立位南徐州刺史入隋大業中爲涿令

信義王祗字承敬後主第六子也至德元年立位瑯邪彭城二郡太守入隋大業中爲通議郎

邵陵王兢字承檢後主第七子也禎明元年立入隋大業中爲國子監丞

會稽王莊字承肅後主第八子也容貌蕞陋性嚴酷數歲時左右有不如意輒劚刺其面或加燒爇性嗜酒愛博以母張貴妃寵後主甚愛之至德元年立位揚州刺史入隋大業中爲昌隆令

東陽王恮字承厚後主第九子也禎明二年立入隋大業中爲通議郎

吳郡王藩字承廣後主第十子也禎明二年封隋大業中爲任城令

錢唐王恬字承惔後主第十一子也禎明二年封入隋卒于長安

江左承西晉諸王開國並以戶數相差爲大小三品大國置上中下三將軍又置司馬一人次國置中下二將軍小國置將軍一人餘官亦準此爲差武帝受命自永定訖于禎明唯衡陽王昌特加禮命至五千戶自餘大國不過二千小國則千戶云

論曰有陳受命雖疆土日蹙然封建之典無革先王永修等並以疎屬列居蕃屏慧紀始終之迹其殆優乎衡陽南康地皆懿戚提攜以殞惟命也夫文宣二帝諸子不一鄱陽岳陽風迹可紀古所謂維城盤石叔慎其近之乎

南史卷六十五

南史卷六十五考證

遂興侯詳傳少出家爲沙門○沙陳書作桑

衡陽獻王昌傳並爲東衡州刺史王勇所害○監本脫王字今從陳書增入

南康愍王曇朗傳武帝母弟忠壯王休先之子也○先監本訛光今改從陳書

子方泰傳上登玄武門親宴羣臣以觀之○親監本訛觀今改正

上曰不承則上測○測陳書作刑

始興王伯茂傳舊制諸王受封未加戎號者不置佐使○使据陳書應作史今各本俱同仍之

新安王伯固傳目通睛揚白○睛陳書作精

因趣白楊道臺馬容至爲亂兵所殺尸於昌館門○陳書容作客應改從之又昌館門上有東字

晉安王伯恭傳年十餘歲便留心政事官曹緝理○官閣本作宮今從陳書以監本爲是

始興王叔陵傳命典藥吏礪切藥刀○刀監本訛乃今改從閣本

叔陵有部下兵生在新林○林監本作安殆因新安王伯固而訛也上文云放

東城因以充戰士又遣人往新林追所部兵馬則爲林字之誤無疑矣

湘東王叔平傳大業中爲胡蘇令○胡應從陳書作湖

會稽王莊傳隋大業中爲昌隆令○昌隆陳書作會昌

吳郡王藩傳爲任城令○任陳書作涪

南史卷六十五考證

南史卷六十六

唐　李　延　壽　撰

列傳第五十六

杜僧明　周文育子寶安　侯瑱
侯安都　歐陽頠子紇　黃法𣰋
淳于量　章昭達　吳明徹裴子烈

杜僧明字弘照廣陵臨澤人也形貌眇小而有膽氣善騎射梁大同中盧安興爲廣州刺史南江督護僧明與兄天合及周文育竝爲安興所啓請與俱行頻征俚獠有功爲新州助防天合亦有材幹預在征伐安興死僧明復副其子子雄及交州豪士李賁反逐刺史蕭諮諮奔廣州臺遣子雄與高州刺史孫冏討賁時春草已生瘴癘方起子雄請待秋討之廣州刺史新渝侯蕭映不聽蕭諮又促之子雄等不得已遂行至合浦死者十六七衆竝憚役潰散禁之不可乃引其餘兵退還蕭諮啓子雄及冏與賊交通逗遛不進梁武帝敕於廣州賜死

子雄弟子略子烈並豪俠家屬在南江天合謀於衆曰盧公累葉待遇我等亦甚厚矣今見枉死而不能爲報非丈夫也我弟僧明萬人之敵若圍州城召百姓誰敢不從城破斬二侯然後待臺使至束手詣廷尉死猶勝生縱其不捷亦無恨矣衆咸忼慨曰是所願也唯足下命之乃與周文育等率衆結盟奉子雄弟子略爲主以攻刺史蕭映子略頓城南天合頓城北僧明文育分據東西吏人並應之一日之中衆至數萬陳武帝時在高要聞事起率衆來討大破之殺天合禽僧明及文育等並釋之引爲主帥武帝征交阯及討元景仲僧明文育並有功侯景之亂俱隨武帝入援建鄴武帝於始興破蘭裕僧明爲前鋒斬裕又與蔡路養戰於南野僧明馬被傷武帝馳救之以所乘馬授僧明僧明上馬復進殺數十人因而乘之大敗路養高州刺史李遷仕又據大皐入灨石以逼武帝武帝遣周文育爲前軍與僧明擊走之遷仕與寧都人劉孝尚并力將襲南康陳武又令僧明與文育等拒之相持連戰百餘日卒禽遷仕送于武帝及帝下南康留僧明頓西昌督安城廬陵二郡軍事梁元帝承制授新州刺史臨

江縣子侯景遣于慶等寇南江武帝頓豫章命僧明爲前驅所向剋捷武帝表僧明爲長史仍隨東討軍至蔡洲僧明率麾下燒賊水門大艦及景平除南兗州刺史進爵爲侯仍領晉陵太守及荆州覆亡武帝使僧明率吳明徹等隨侯瑱西援於江州病卒贈散騎常侍謚曰威陳文帝卽位追贈開府儀同三司配享武帝廟庭子晉嗣

周文育字景德義興陽羨人也少孤貧本居新安壽昌縣姓項氏名猛奴年十一能反覆游水中數里跳高六尺與羣兒聚戲衆莫能及義與人周薈爲壽昌浦口戍主見而奇之因召與語文育對曰母老家貧兄弟姊並長大困於賦役薈哀之乃隨文育至家就其母請文育養爲己子母遂與之及薈秩滿與文育還都見太子詹事周捨請制名字捨因爲立名爲文育字景德命兄子弘讓教之書計弘讓善隸書寫蔡邕勸學及古詩以遺之文育不之省謂弘讓曰誰能學此取富貴但有大槊耳弘讓壯之教之騎射文育大悅司州刺史陳慶之與薈同郡素相善啓薈爲前軍主慶之使薈將五百人往新蔡懸瓠慰勞白水蠻

纘謀執奮以入魏事覺奮與文育拒之時賊徒甚盛一日中戰數十合文育前
鋒陷陣勇冠軍中奮於陣戰死文育馳取其尸賊不敢逼及夕各引去文育身
被九創創愈辭請還葬慶之壯其節厚加賵遺而遣之葬訖會盧安興為南江
督護啓文育同行累征有功除南海令安興死後文育與杜僧明攻廣州為陳
武帝所敗帝赦之後監州王勱以文育為長流深被委任勱被代文育欲與勱
俱下至大庾嶺詣卜者卜者曰君北下不過作令長南入則為公侯文育曰足
錢便可誰望公侯卜人又曰君須臾當暴得銀至二千兩若不見信以此為驗
其夕宿逆旅有賈人求與文育博文育勝之得銀二千兩旦辭勱勱問其故文
育以告勱乃遣之武帝聞其還大喜分麾下配焉武帝之討侯景文育與杜僧
明為前軍剋蘭裕援歐陽頠皆有功武帝破蔡路養於南野文育為路養所圍
四面數重矢石雨下所乘馬死文育右手搏戰左手解鞍潰圍而出與杜僧明
等相得并力復進遂大敗之武帝乃表文育為府司馬李遷仕之據大皐遣其
將軍杜平虜入灨石魚梁作城武帝命文育擊之平虜棄城走文育據其城遷

仕聞平虜敗留老弱於大皐悉選精兵自將以攻文育文育與戰遷仕稍却相持未解會武帝遣杜僧明來援別破遷仕水軍遷仕衆潰不敢過大皐直走新淦梁元帝授文育義州刺史遷仕又與劉孝尚謀拒義軍武帝遣文育與侯安都杜僧明徐度杜稜築城於白口拒之文育頻出與戰遂禽遷仕武帝發自南康遣文育將兵五千開通江路侯景將王伯醜據豫章文育擊走之遂據其城累功封東遷縣侯武帝軍至白茅灣命文育與杜僧明常爲軍鋒及至姑熟與侯景將侯子鑒戰破之景平改封南移縣侯累遷散騎常侍武帝誅王僧辯令文育督衆軍會文帝於吳興圍剋杜龕又濟江襲會稽太守張彪得其郡城及文帝爲彪所襲文育時頓城北香巖寺文帝夜往趨之彪又來攻文育苦戰遂破平彪武帝以侯瑱擁據江州命文育討之仍除南豫州刺史率兵襲盆城未剋徐嗣徽引齊人度江據蕪湖詔徵文育還都嗣徽等乃列艦於青墩至于七磯以斷文育歸路及夕文育鼓譟而發嗣徽等不能制至旦反攻嗣徽嗣徽驍將鮑砰獨以小艦殿文育乘單舴艋跳入砰艦斬砰仍牽其艦而還賊衆大駭

因留船蕪湖自丹陽步上時武帝拒嗣徽於白城適與文育會將戰風急武帝曰矢不逆風文育曰事急矣當決之何用古法抽槊上馬而進衆軍隨之風亦尋轉殺傷數百人嗣徽等移營莫府山文育徙頓對之頻戰有功最進爵壽昌縣公給鼓吹一部及廣州刺史蕭勃舉兵踰嶺詔文育督衆軍討之時新吳洞主余孝頃舉兵應勃遣其弟孝勱守郡城自出豫章據于石頭勃使其子孜將兵與孝頃相會又遣其別將歐陽頠頓軍苦竹灘傅泰據墌口城以拒官軍官軍船少孝頃有舴艋三百艘艦百餘乘在上牢文育遣軍主焦僧度羊柬潛軍襲之悉取而歸仍於豫章立柵時官軍食盡欲退還文育不許乃使人閒行遺周迪書約爲兄弟幷陳利害迪得書甚喜許饋以糧於是文育分遣老小乘故船舫沿流俱下燒豫章所立柵僞退孝頃望之大喜因不設備文育由閒道信宿達芊韶芊韶上流則歐陽頠蕭勃下流則傅泰余孝頃文育據其中間築城饗士賊徒大駭歐陽頠乃退入泥溪作城自守文育遣嚴威將軍周鐵虎與長史陸山才襲頠禽之於是盛陳兵甲與頠乘舟而宴以巡傅泰城下因攻泰尅

之蕭勃在南康聞之衆皆股慄其將譚世遠斬勃欲降爲人所害世遠軍主夏侯明徹持勃首以降蕭孜余孝頃猶據石頭武帝遣侯安都助文育攻之孜降文育孝頃退走新吳廣州平文育還頓豫章以功授開府儀同三司王琳擁據上流詔侯安都爲西道都督文育爲南道都督同會武昌與琳戰於沌口爲琳所執後得逃歸請罪詔不問復其官爵及周迪破余孝頃孝頃子公颺弟孝勱猶據舊柵擾動南土武帝復遣文育及周迪黃法𣰰等討之豫章內史熊曇朗亦率衆來會文育遣吳明徹爲水軍配周迪運糧自率衆軍入象牙江築城於金口公颺僞降謀執文育事覺文育因之送都以其部曲分隸衆軍乃捨舟爲步軍進據三陂王琳遣將曹慶救孝勱分遣主帥常衆愛與文育相拒自帥所領攻周迪吳明徹軍迪等敗文育退據金口熊曇朗因其失利謀害文育以應衆愛文育監軍孫白象頗知其事勸令先之文育曰不可我舊兵少客軍多若取曇朗人皆驚懼亡立至矣不如推心撫之初周迪之敗棄船走莫知所在及得迪書文育喜齎示曇朗曇朗害之於坐武帝聞之即日舉哀贈侍中司空諡

曰忠愍初文育之據三陂有流星墜地其聲如雷地陷方一丈中有碎炭數斗
又軍市中忽聞小兒啼一市並驚聽之在土下軍人掘焉得棺長三尺文育惡
之俄而迪敗文育見殺天嘉二年有詔配享武帝廟庭子寶安嗣文育本族兄
景曜因文育官至新安太守
寶安字安民年十餘歲便習騎射以貴公子驕蹇游逸好狗馬樂驅馳靡衣媮
食文育之爲晉陵以征討不遑之郡令寶安監知郡事尤聚惡少年武帝患之
及文育西征敗績縶於王琳寶安便折節讀書與士君子游綏御文育士卒甚
有威惠文育歸復除吳興太守文育爲熊曇朗所害徵寶安還起爲猛烈將軍
領其舊兵仍令南討文帝卽位深器重之寄以心膂精卒多配焉及平王琳頗
有功周迪之破熊曇朗寶安南入窮其餘燼天嘉二年重拜吳興太守襲封壽
昌縣公三年征留異爲侯安都前軍異平除給事黃門侍郎衞尉卿再遷左衞
將軍領衞尉卿卒諡曰成子詔嗣位晉陵定遠二郡
侯瑱字伯玉巴西充國人也父弘遠累世爲西蜀酋豪蜀賊張文蕚據白崖山

有衆萬人梁益州刺史鄱陽王蕭範命弘遠討之弘遠戰死瑱固請復讎每戰先鋒遂斬文蕚由是知名因事範範委以將節之任山谷夷獠不附者並遣瑱征之累功授輕車府中兵參軍晉康太守範爲雍州刺史瑱除馮翊太守範還鎮合肥瑱又隨之侯景圍臺城範乃遣瑱輔其世子嗣入援都及城陷瑱嗣同退還合肥仍隨範徙鎮盆城俄而範及嗣皆卒瑱領其衆依于豫章太守莊鐵鐵疑之瑱懼不自安詐引鐵謀事因刃之據豫章之地後降於侯景景將于慶慶送瑱於景景以瑱與己同姓託爲宗族待之甚厚留其妻子及弟爲質遣瑱隨慶平蠡南諸郡及景敗巴陵景將宋子仙任約等並爲西軍所獲瑱乃誅景黨與以應義師景亦誅其弟及妻子梁元帝授瑱南兗州刺史鄖縣侯仍隨都督王僧辯討景恆爲前鋒既復臺城景奔吳郡僧辯使瑱追景大敗之於吳松江以功除南豫州刺史鎮姑熟及齊遣郭元建出濡須僧辯遣瑱扞之大敗元建魏攻荆州王僧辯以瑱爲前軍赴援未至而魏剋荆州瑱頓九江因衞晉安王還都承制以瑱爲侍中江州刺史加都督改封康樂縣公及司徒陸法和據郢

州引齊兵來寇乃使瑱西討未至而法和入齊齊遣慕容恃德鎮夏首瑱攻之
恃德食盡請和瑱還鎮豫章僧辯使其弟僧愔與瑱共討蕭勃及陳武帝誅僧
辯僧愔陰欲圖瑱而奪其軍瑱知之盡收僧愔徒黨僧愔奔齊是時瑱據中流
甚強又以本事王僧辯雖外示臣節未肯入朝初余孝頃爲豫章太守及瑱鎮
豫章乃於新吳縣別立城柵與瑱相拒瑱留軍人妻子於豫章令從弟奫知後
事悉衆以攻孝頃自夏迄冬弗能剋奫與其部下侯方兒不協方兒下攻奫虜
瑱軍府妓妾金玉歸于武帝瑱既失根本輕歸豫章豫章人拒之乃趨盆城就
其將焦僧度僧度勸瑱投齊瑱以武帝有大量必能容己乃詣闕請罪武帝復
其爵位永定二年進位司空文帝即位進授太尉王琳至柵口又以瑱爲都督
侯安都等並隷焉天嘉元年二月王琳引合肥漅湖之衆舳艫相次而下瑱率
軍進獸檻洲明日合戰琳軍少却及夕東西風吹其舟艦並壞夜中有流星墜
于賊營及旦風靜琳入浦以鹿角繞岸不敢復出時西魏將史寧躡其上流瑱
聞之知琳不能持久收軍却據湖浦以待其弊及史寧至圍郢州琳恐衆潰乃

率船來下去蕪湖十里而泊明日齊人遣兵助琳瑱令軍中晨炊蓐食頓蕪湖洲尾以待之將戰有微風至自東南衆軍施拍縱火定州刺史章昭達乘平虜大艦中江而進琳軍大敗脫走以免者十二三琳因此入齊其年詔以瑱爲都督五州諸軍事鎮盆城周將賀若敦獨孤盛等來攻巴湘又以瑱爲西討都督大敗盛軍以功授湘州刺史改封零陵郡公二年薨贈大司馬諡曰壯肅配享武帝廟庭子淨藏嗣尚文帝女富陽公主

侯安都字成師始興曲江人也爲郡著姓父捍少仕州郡以忠謹稱安都貴後官至光祿大夫始興內史安都工隸書能鼓琴涉獵書傳爲五言詩頗清靡兼善騎射爲邑里雄豪侯景之亂招集兵甲至三千人陳武帝入援臺城安都引兵從武帝攻蔡路養破李遷仕剋平侯景並力戰有功封富川縣子隨武帝鎮京口除蘭陵太守武帝謀襲王僧辯唯與安都定計仍使安都率水軍自京口趣石頭武帝自從江乘羅落會之安都至石頭北棄舟登岸僧辯弗之覺石頭城北接岡阜不甚危峻安都被甲帶長刀軍人捧之投於女垣內衆隨而入進

逼僧辯臥室武帝大軍亦至與僧辯戰于聽事前安都自內閤出腹背擊之遂禽僧辯以功授南徐州刺史武帝東討杜龕安都留臺居守徐嗣徽任約等引齊寇入據石頭游騎至于闕下安都閉門示弱令城中登陴看賊者斬及夕賊收軍還石頭安都夜令士卒密營禦敵之具將旦賊騎至安都與戰大敗之賊乃退還石頭不敢逼臺城及武帝至以安都爲水軍於中流斷賊糧運又襲秦郡破嗣徽柵收其家口得嗣徽所彈琵琶及所養鷹遣信餉之曰昨至弟住處得此今以相還嗣徽等見之大懼尋求和武帝聽其還北及嗣徽等濟江齊之餘軍猶據採石守備甚嚴又遣安都攻之多所俘獲明年春詔安都率兵鎮梁山以備齊徐嗣徽等復入至湖熟武帝追安都還拒之戰於耕壇南安都率十二騎突其陣破之禽齊儀同乞伏無芳又刺齊將東方老墮馬會賊騎至救老獲免賊北度蔣山安都又與齊將王敬寶戰於龍尾使從弟曉軍主張纂前犯其陣曉被創墜馬張纂死之安都馳往救曉斬其騎士十二人取纂尸而還齊軍不敢逼武帝與齊軍戰於幕府山命安都自白下橫擊其後大敗之以功進

爵爲侯又進號平南將軍改封西江縣公仍督水軍出豫章助豫州刺史周文育討蕭勃安都未至文育已斬勃并禽其將歐陽頠傅泰等唯余孝頃與勃子孜猶於豫章之石頭作兩城孝頃與孜各據其一又多設船艦夾水而陣安都至乃銜枚夜燒其艦文育率水軍安都領步騎登岸結陣孝頃俄斷後路安都乃令軍士豎柵引營漸進頻致尅獲孜乃降孝頃奔歸新吳請入子爲質許之以功加開府儀同三司仍率衆會武昌與周文育西討王琳將發王公以下餞於新林安都躍馬度橋人馬俱墜水中又坐䑽內墜於櫓井時以爲不祥至武昌琳將樊猛棄城走文育亦自豫章至時兩將俱行不相統攝因部下交爭稍不平軍至郢州琳將潘純於城中遙射官軍安都怒圍之未尅而王琳至弇口安都乃釋郢州悉衆往沌口以禦之遇風不得進琳據東岸官軍據西岸相持數日乃合戰安都等敗與周文育徐敬成並爲琳囚總以一長鏁繫之置于䑽下令所親宦者王子晉掌視之琳下至盆城白水浦安都等甘言許賂子晉子晉乃僞以小船佳䑽而釣夜載安都文育敬成上岸入深草步投官軍還都自

勑詔並赦之復其官爵尋爲丹陽尹出爲南豫州刺史令繼周文育攻余孝勱
及王琳將曹慶常衆愛等安都自宮亭湖出松門躡衆愛後文育爲熊曇朗所
害安都回取大艦遇琳將周炅周協南歸與戰破之禽炅協孝勱弟孝猷率部
下四千家欲就王琳遇炅敗乃詣安都降安都又進軍於禽奇洲破曹慶常衆
愛等焚其船艦衆愛奔廬山爲村人所殺餘衆悉平還軍至南皖而武帝崩安
都隨文帝還朝乃與羣臣議翼奉文帝時帝謙讓弗敢當太后又以衡陽王故
未肯下令羣臣不能決安都曰今四方未定何暇及遠臨川王有功天下須共
立之今日之事後應者斬便按劍上殿白太后出璽又手解文帝髮推就喪次
文帝卽位遷司空仍授南徐州刺史給扶王琳下至柵口大軍出頓蕪湖時侯
瑱爲大都督而指麾經略多出安都及王琳入齊安都進軍湓城討琳餘黨所
向皆下仍別奉中旨迎衡陽獻王昌初昌之將入致書於文帝辭甚不遜帝不
懌召安都從容而言曰太子將至須別求一蕃吾其老焉安都對曰自古豈有
被代天子愚臣不敢奉詔因自迎昌中流而殺之以功進爵清遠郡公自是威

名甚重羣臣無出其右安都父捍爲始興內史卒於官文帝徵安都爲發喪尋起復本官贈其父散騎常侍金紫光祿大夫拜其母爲清遠國太夫人仍迎赴都母固求停鄉里上乃下詔改桂陽郡之汝城縣爲盧陽郡分衡州之始興安遠二郡合三郡爲東衡州以安都從弟曉爲刺史安都第三子祕年九歲上以爲始興內史並令在鄉侍養改封安都桂陽郡公王琳敗後周兵入據巴湘安都奉詔西捍及留異擁據東陽又奉詔東討異本謂臺軍自錢唐江上安都乃步由會稽之諸暨出永康異大恐奔桃枝嶺處巖谷間豎柵以拒守安都躬自接戰爲流矢所中血流至踝安都乘輿麾軍容止不變因其山隴爲堰屬夏潦水漲安都引船入堰樓船與異城等放拍碎其樓異與第二子忠臣脫身奔晉安虜其妻子振旅而歸加侍中征北大將軍仍還本鎮吏人詣闕表請立碑頌美安都功績詔許之自王琳平後安都勳庸轉大又自以功安社稷漸驕矜招聚文武士騎馭馳騁或命以詩筆第其高下以差次賞賜之文士則褚玠馬樞陰鏗張正見徐伯陽劉珊祖孫登武士則蕭摩訶裴子烈等並爲之賓齋內動

至千人部官將帥多不遵法度檢問收攝則奔歸安都文帝性嚴察深銜之安
都日益驕慢表啓封訖有事未盡乃開封自書之云又啓某事及侍宴酒酣或
箕踞傾倚嘗陪樂游禊飲乃白帝曰何如作臨川王時帝不應安都再三言之
帝曰此雖天命抑亦明公之力宴訖又啓便借供張水飾將載妻妾於御堂歡
會帝雖許其請甚不懌明日安都坐於御坐賓客居羣臣位稱觴上壽初重雲
殿災安都率將士帶甲入殿帝甚惡之自是陰爲之備又周迪之反朝望當使
安都討之帝乃使吳明徹討迪又頻遣臺使案問安都部下檢括亡叛安都內
不自安天嘉三年冬遣其別駕周弘實自託於舍人蔡景歷并問省中事景歷
錄其狀奏之稱安都謀反帝慮其不受召明年春乃除安都爲征南大將軍江
州刺史自京口還都部伍入於石頭帝引安都宴於嘉德殿又集其部下將帥
會于尚書朝堂於坐收安都因于西省又收其將帥盡奪馬仗而釋之因出景
歷表於朝乃下詔暴其罪明日於西省賜死尋有詔宥其妻子家口葬以士禮
初武帝嘗與諸將宴杜僧明周文育侯安都爲壽各稱功伐帝曰卿等悉良將

也而並有所短杜公志大而識暗狎於下而驕於尊矜其功不收其拙周侯交不擇人而推心過差居危履嶮猜防不設侯郎傲誕而無厭輕佻而肆志並非全身之道卒皆如言太建三年宣帝追封安都陳集縣侯子亶爲嗣

歐陽頠字靖世長沙臨湘人也爲郡豪族少質直有思理以言行著於嶺表父喪哀毀甚至家產累積悉讓諸兄廬於麓山寺傍專精習業博通經史年三十其兄逼令從宦梁左衞將軍蘭欽少與頠善故頠常隨欽征討欽南征夷獠禽陳文徹所獲不可勝計大獻銅鼓累代所無頠預其功還爲直閣將軍欽征交州復啓頠同行欽度嶺而卒頠除臨賀內史啓乞送欽喪還都然後之任時湘衡界五十餘洞不賓敕衡州刺史韋粲討之粲委頠爲都督悉皆平殄侯景構逆粲自解還都征景以頠監衡州臺城陷後嶺南互相吞併蘭欽弟前高州刺史裕攻始興內史蕭昭基奪其郡以兄欽與頠舊遣招之頠不從謂使曰高州昆季隆顯莫非國恩今應赴難援都豈可自爲跋扈及陳武帝入援都將至始興頠乃深自結託裕遣兵攻頠武帝援之裕敗武帝以王懷明爲衡州刺史遷

頠為始興內史武帝之討蔡路養李遷仕也頠助討平之梁元帝承制以始興
郡為東衡州以頠為刺史封新豐縣伯侯景平元帝徧問朝宰使各舉所知羣
臣未對元帝曰吾已得一人矣歐陽頠甚公正本有匡濟才恐蕭廣州不肯致
之乃授武州刺史尋授郢州欲令出嶺蕭勃留之不獲拜命尋授衡州刺史進
封始興縣侯時蕭勃在廣州兵強位重元帝深患之遣王琳代為刺史琳已至
小桂嶺勃遣其將孫瑒監州盡率部下至始興避琳兵鋒頠別據一城不往謁
勃閉門高壘亦不相戰勃怒遣兵襲頠盡收其貲財馬仗尋赦之還復其所復
與結盟魏平荊州頠委質於勃及勃度嶺出南康以頠為前軍都督周文育破
禽之送于武帝帝釋而禮之蕭勃死後嶺南亂頠有聲南土且與武帝有舊乃
授安南將軍衡州刺史封始興縣侯未至嶺頠子紇已剋始興及頠至嶺南皆
慴伏仍進廣州盡有越地改授都督交廣等十九州諸軍事平越中郎將廣州
刺史王琳據有中流頠自海道及東嶺奉使不絕永定三年卽本號開府儀同
三司文帝卽位進號征南將軍改封陽山郡公初交州刺史袁曇緩密以金五

百兩寄頠令以百兩還合浦太守龔蔿四百兩付兒智矩餘人弗之知頠尋爲
蕭勃所破貲財並盡唯所寄金獨存曇緩亦尋卒至是頠並依信還之時人莫
不歎伏之時頠合門顯貴威振南土又多致銅鼓生口獻奉珍異前後委積頗
有助軍國天嘉四年薨贈司空諡曰穆子紇嗣紇字奉聖頗有幹略襲父官爵
在州十餘年威惠著於百姓宣帝以紇久在南服頗疑之太建元年徵爲左衞
將軍其部下多勸之反遂舉兵攻衡州刺史錢道戢詔儀同章昭達討禽之送
至都伏誅子詢以年幼免
黃法𣰰字仲昭巴山新建人也少勁捷有膽力日步行二百里能距躍三丈頗
便書疏閑明簿領出入州郡中爲鄉閭所憚侯景之亂於鄉里合徒衆太守賀
詡下江州法𣰰監知郡事陳武帝將踰嶺入援建鄴李遷仕作梗中途武帝命
周文育屯西昌法𣰰遣兵助文育時法𣰰出頓新淦縣景遣行臺于慶來襲新
淦法𣰰敗之梁元帝承制授交州刺史資領新淦縣令封巴山縣子敬帝即位
改封新建縣侯太平元年割江西四郡置高州以法𣰰爲刺史鎭巴山蕭勃歐

陽頠來攻法㲈破之永定三年王琳遣李孝欽樊猛余孝頃攻周迪且謀取法㲈法㲈援迪禽孝頃等三將以功授平南將軍開府儀同三司熊曇朗於金口害周文育法㲈共周迪討平之天嘉三年周迪反法㲈與吳明徹討平迪法㲈功居多廢帝卽位進爵爲公太建五年大舉北侵法㲈爲都督出歷陽於是爲拋車及步艦豎拍以逼之砲加其樓堞尅之盡誅其戍卒進兵合肥望旗降款法㲈禁侵掠躬自勞撫而與之盟並放還北以功加侍中改封義陽郡公七年爲豫州刺史鎮壽陽薨贈司空諡曰威子玩嗣

淳于量字思明其先濟北人也世居建鄴父文成仕梁爲將帥位梁州刺史量少善自居處偉姿容有幹略便弓馬梁元帝爲荊州刺史文成分量人馬令往事焉以軍功封廣晉縣男侯景之亂梁元帝凡遣五軍入援臺量預其一臺城陷量還荊州元帝承制以爲巴州刺史侯景西上攻巴州元帝使都督王僧辯入據巴陵量與僧辯并力拒景大敗之禽其將任約進攻郢州獲宋子仙仍隨僧辯平侯景封謝沐縣侯尋出爲都督桂陽刺史及魏尅荊州量保桂州王琳

擁割湘郢累遣召量量外雖與琳往來而別遣使歸陳武帝武帝受禪進位鎭西大將軍開府儀同三司天嘉五年徵爲中撫軍大將軍量所部將率多戀本土並欲逃入山谷不願入朝文帝使湘州刺史華晈征衡州且以兵迎量天康元年至都以在道淹留爲有司奏免儀同餘如故華晈構逆以量爲征南大將軍西討大都督總率大艦自郢州樊浦拒之晈平幷降周將長湖公元定等以功授侍中中軍大將軍開府儀同三司進封醴陵縣公未拜出爲南徐州刺史太建元年進號征北大將軍給扶三年就江陰王蕭季卿買梁陵中樹季卿坐免量免侍中尋復侍中吳明徹之北侵也量讚成其事又遣第六子岑率所領從軍淮南剋定量改封始安郡公及周獲吳明徹乃以吳爲都督水陸諸軍事車騎將軍都督南兗州刺史十四年薨贈司空

章昭達字伯通吳興武康人也性倜儻輕財尙氣少時遇相者謂曰卿容貌甚善須小虧則當富貴梁大同中昭達爲東宮直後因醉墮馬鬢角小傷昭達喜之相者曰未也侯景之亂昭達率鄉人援臺爲流矢所中眇其一目相者見之

曰卿相善矣不久當富貴臺城陷昭達還鄉里與陳文帝游因結君臣分侯景平文帝爲吳興太守昭達杖策來謁文帝見之大喜因委以將帥恩寵超於儕等陳武帝謀討王僧辯令文帝還長城招聚兵衆以備杜龕頻使昭達往京口稟承計畫僧辯誅後杜龕遣其將杜泰來攻長城昭達因從文帝進軍吳興以討龕龕平又從討張彪於會稽剋之累功除定州刺史時留異擁據東陽武帝患之乃使昭達爲長山令居其心腹天嘉元年追論長城功封欣樂縣侯尋隨侯安都拒王琳昭達乘平虜大艦中流而進先鋒發拍中賊艦王琳平昭達策勳第一二年除都督郢州刺史周迪據臨川反詔昭達便道征之迪敗走徵爲護軍將軍改封邵武縣侯四年陳寶應納周迪共寇臨川又以昭達爲都督討迪迪走昭達乃踰嶺討陳寶應與戰不利因據上流爲筏施拍其上壞其水柵又出兵攻其步軍方大合戰會文帝遣余孝頃出自海道適至因幷力乘之遂定閩中盡禽留異寶應以功授鎮軍將軍開府儀同三司初文帝嘗夢昭達升台鉉及旦以夢告之至是侍宴酒酣顧昭達曰卿憶夢否何以償夢昭達對曰

當劾犬馬之用以盡臣節自餘無以奉償尋出爲都督江州刺史廢帝卽位改封邵陵郡公華皎之反其移文並假以昭達爲辭又頻遣使招之昭達盡執其使送都秩滿徵爲中撫大將軍宣帝卽位進號車騎大將軍以還朝遲留爲有司所劾降號車騎將軍歐陽紇據嶺南反詔昭達都督衆軍征之紇聞昭達奄至乃出頓洭口聚沙石盛以竹籠置於水柵之外用遏舟艦昭達居其上流裝艦造拍以臨賊柵又令人銜刀潛行水中以斫竹籠籠篾皆解因縱大艦突之大敗紇禽之送都廣州平進位司空太建二年征江陵時梁明帝與周軍大蓄舟艦於青泥中昭達分遣偏將錢道戢程文季乘輕舟焚之周又於峽口南岸築壘名安蜀城於江上橫引大索編葦爲橋以度軍糧昭達乃命軍士爲長戟施樓船上仰割其索索斷糧絕因縱兵攻其城降之三年於軍中病薨贈大將軍昭達性嚴刻每奉命出征必晝夜倍道然其所剋必推功將帥廚膳飲食並同羣下將士亦以此附之每飲食必盛設女伎雜樂備羌胡之聲音律姿容並一時之妙雖臨敵弗之廢也四年配享文帝廟庭子大寶襲邵陵郡公位豐州

刺史在州貪縱百姓怨酷後主以太僕卿李暈代之乃襲殺暈而反尋被禽梟首朱雀航夷三族

吳明徹字通炤秦郡人也父樹梁右軍將軍明徹幼孤性至孝年十四感墳塋未修家貧無以取給乃勤力耕種時天下亢旱苗稼焦枯明徹哀憤每之田中號哭仰天自訴居數日有自田還者云苗已更生明徹疑其紿己及往如言秋而大獲足充葬用時有伊氏者善占墓謂其兄曰君葬日必有乘白馬逐鹿者經墳此是最小孝子大貴之徵至時果有應明徹卽樹之小子也及侯景寇都明徹有粟麥三千餘斛而鄰里飢餒乃白諸兄曰今人不圖久奈何不與鄉里共此於是計口平分同其豐儉羣盜聞而避焉賴以存者甚衆陳武帝鎮京口深相要結明徹乃詣武帝帝爲之降堦執手卽席明徹亦微涉書史經傳就汝南周弘正學天文孤虛遁甲略通其術頗以英雄自許武帝亦深奇之及受禪授安南將軍與侯安都周文育將兵討王琳及衆軍敗沒明徹自拔還都文帝卽位以本官加右衞將軍及周迪反詔以明徹爲江州刺史領豫章太守總衆

軍以討迪明徹雅性剛直統內不甚和文帝聞之遣安成王頊代明徹令以本號還朝天嘉五年遷吳興太守及引辭之郡帝謂曰吳興雖郡帝鄉之重故以相授廢帝即位授領軍將軍尋遷丹陽尹仍詔以甲仗四十人出入殿省到仲舉之矯令出宣帝也毛喜知其詐宣帝懼遣喜與明徹籌焉明徹曰嗣君諒闇萬機多闕殿下親實周召德冠伊霍願留中深計慎勿致疑及湘州刺史華皎陰有異志詔授明徹都督湘州刺史仍與征南大將軍淳于量等討皎皎平授開府儀同三司進爵爲公太建五年朝議北征公卿互有異同明徹決策請行詔加侍中都督征討諸軍事總衆軍十餘萬發都緣江城鎮相續降款軍至秦郡齊大將軍尉破胡將兵爲援破走之秦郡降宣帝以秦郡明徹舊邑詔具太牢令拜祠上冢文武羽儀甚盛鄉里榮之進剋仁州授征北大將軍進封南平郡公進逼壽陽齊遣王琳拒守明徹乘夜攻之中宵而潰齊兵退據相國城及金城明徹令軍中益修攻具又遏肥水灌城城中苦濕多腹疾手足皆腫死者十六七會齊遣大將皮景和率兵數十萬來援去壽春二十里頓軍不進諸將

咸曰討將安出明徹曰兵貴在速而彼結營不進自挫其鋒吾知其不敢戰明
矣於是躬擐甲冑四面疾攻城中震恐一鼓而禽王琳等送建鄴景和懼而遁
走詔以爲車騎大將軍豫州刺史增封幷前三千五百戶遣謁者蕭淳就壽陽
授策明徹於城南設壇士卒二十萬陳旗鼓戈甲登壇拜受成禮而退六年自
壽陽入朝輿駕幸其第賜鍾磬一部七年進攻彭城軍至呂梁又大破齊軍八
年進位司空給大都督鈇鉞龍麾尋授都督南兗州刺史及周滅齊宣帝將事
徐兗九年詔明徹北侵令其世子慧覺攝行州事軍至呂梁周徐州總管梁士
彥率衆拒戰明徹頻破之仍迮清水以灌其城攻之甚急環列舟艦於城下周
遣上大將軍王軌救之軌輕行自清水入灌口橫流豎木以鐵鎖貫車輪遏斷
船路諸將聞之甚恐議欲破堰拔軍以舫載馬馬明戍裴子烈曰君若決堰下
船船必傾倒豈可得乎不如前遣馬出適會明徹苦背疾甚篤知事不濟遂從
之乃遣蕭摩訶帥馬軍數千前還明徹仍自決其堰乘水力以退軍及至清口
水力微舟艦並不得度衆軍皆潰明徹窮蹙乃就執周封懷德郡公位大將軍

以憂遘疾卒於長安後故吏盜其柩歸至德元年詔追封邵陵侯以其息慧覺嗣

裴子烈字大士河東聞喜人梁員外散騎常侍猗之子少孤有志氣以驍勇聞位北譙太守岳陽內史封海安伯

論曰古人云知臣莫若君書曰知人則哲觀夫陳武論將而周侯遇禍有以知斯言之非妄矣若不然者亦何以驅駕雄傑而創基撥亂者乎故瑱頠並自奔囚翻同有亂蕭量望風景附自等誠臣良有以也昭達勤王之略遠符耿弇行己之方頗同吳漢旣眇而貴亦黥而王吉凶之算豈人事也明徹屬運否之期當閫士之任才非韓白識暗孫吳知進而不知止知得而不知喪犯斯不韙師亡國蹙宜矣哉

南史卷六十六

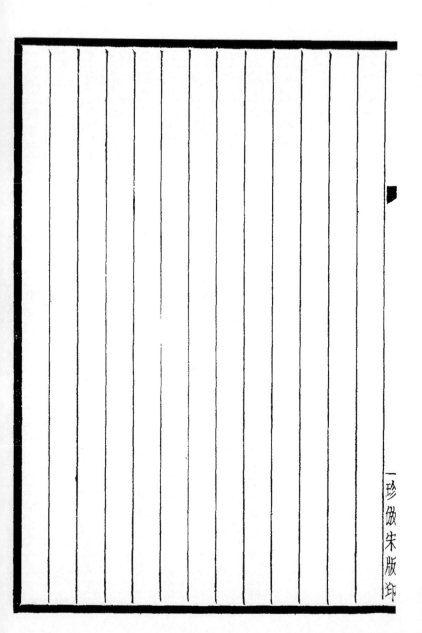

南史卷六十六考證

杜僧明傳武帝頓豫章命僧明爲前驅○命陳書作會誤

周文育傳文育對曰母老家貧兄弟姊並長大○陳書無弟字

後監州王勱以文育爲長流深被委任○長流下陳書有令字

侯瑱傳是時瑱據中流甚强○甚强陳書作兵甚强

侯安都傳父捍少仕州郡○捍陳書作文捍

胡齊儀同乞伏無芳○伏閣本作扶又芳陳書作勞

放拍碎其樓○陳書樓字下有雉字

歐陽頠傳蘭欽弟前高州刺史裕攻始興內史蕭昭基奪其郡○昭陳書作紹

黄法𣰰傳日步行二百里○陳書步行日三百里

於是爲拋車及步艦豎拍以逼之○拋陳書作拍

章昭達傳眇其一目○眇監本訛眇今改正

吳明徹傳字通炤○炤陳書作昭

年十四感墳塋未脩○脩陳書作備

到仲舉之矯令出宣帝也毛喜知其詐○詐一本作謀

又過肥水灌城○又監本訛尺陳書云又迮肥水以灌城今改正

南史卷六十六考證

南史卷六十七

唐　李延壽　撰

列傳第五十七

胡穎　徐度子敬成　杜稜

周鐵虎　程靈洗子文季　沈恪

陸子隆　錢道戢　駱文牙

孫瑒　徐世譜　周敷

荀朗　周炅　魯悉達弟廣達

蕭摩訶子世廉　任忠　樊毅弟猛

胡穎字方秀吳興人也偉姿容性寬厚梁末陳武帝在廣州穎深自結託從克元景仲平蔡路養李遷仕皆有功武帝進軍頓西昌以穎爲巴丘令鎮大皐督糧運下至豫章以穎監豫章郡武帝率衆與王僧辯會白茅灣同討侯景以穎知留府事梁承聖初元帝授穎羅州刺史封漢陽縣侯尋除豫章內史隨武帝

鎮京口齊遣郭元建出東關武帝令頵率府內驍勇隨侯瑱於東關大破之後
從武帝襲王僧辯又隨周文育於吳興討杜龕武帝受禪兼左衛將軍天嘉元
年除散騎常侍吳興太守卒官謚曰壯二年配享武帝廟庭子六同嗣
徐度字孝節安陸人也少倜儻不拘小節及長姿貌瓌偉嗜酒好博恆使僮僕
屠酤爲事初從梁始興內史蕭介征諸山洞以驍勇聞陳武帝在交阯乃委質
焉侯景之亂武帝剋廣州平蔡路養破李遷仕計畫多出於度侯景平後追錄
前後戰功封廣德縣侯武帝鎮朱方除蘭陵太守武帝遣衡陽獻王往荆州度
率所領從焉江陵覆亡間行東歸武帝東討杜龕奉敬帝幸京口以度領宿衛
幷知留府事徐嗣徽任約等來寇武帝與敬帝還都時賊已據石頭使度頓軍
於冶城寺明年嗣徽等又引齊寇濟江度隨衆軍破之於北郊壇以功除郢州
刺史兼領吳興太守文帝卽位累還侍中中撫將軍開府儀同三司進爵爲公
天嘉元年以平王琳功改封湘東郡公及太尉侯瑱薨于湘州以度代瑱爲都
督湘州刺史秩滿復爲侍中中軍大將軍文帝崩度預顧命許以甲仗五十人

入殿省疾帝即位進位司空薨贈太尉諡曰忠肅太建四年配享武帝廟庭子

敬成嗣

敬成幼聰慧好讀書起家著作佐郎永定元年領度所部士卒隨周文育侯安都征王琳於沌口敗績爲琳所縶二年隨文育安都得歸父度爲吳郡太守以敬成監郡光大元年爲巴州刺史尋領水軍隨吳明徹平華皎太建二年以父憂去職尋起爲南豫州刺史襲爵湘東郡公五年除吳興太守隨都督吳明徹北討出秦郡別遣敬成爲都督乘金翅自歐陽引埭泝江由廣陵齊人皆城守弗敢出自繁梁湖下淮剋淮陰山陽鹽城三郡仍進剋鬱州進號壯武將軍鎮朐山坐於軍中輒科訂幷誅新附者免官尋除安州刺史鎮宿豫卒諡曰思子

敞嗣

杜稜字雄威吳郡錢唐人也少落泊不爲時知頗涉書傳游嶺南事梁廣州刺史新渝侯蕭映映卒從陳武帝平蔡路養李遷仕皆有功梁元帝承制授石州刺史上陌縣侯侯景平後武帝鎮朱方以稜監義與琅邪二郡武帝謀誅王僧

辯引稜與侯安都等共議稜難之武帝懼其泄己乃以手巾絞稜稜悶絕於地
因閉於別室軍發召與同行及僧辯平後武帝東征杜龕等留稜與安都居守
徐嗣徽任約引齊師濟江攻臺城安都與稜隨方抗拒未嘗解帶賊平以功除
右衞將軍丹陽尹永定元年位侍中中領軍武帝崩文帝在南皖時內無嫡嗣
外有強敵侯瑱侯安都徐度等並在軍中朝廷宿將唯稜在都獨典禁兵乃與
蔡景歷等祕不發喪奉迎文帝文帝即位還領軍將軍以預建立功改封永城
縣侯位丹陽尹廢帝即位加特進侍中光大元年解尹量置佐史給扶太建元
年出爲吳興太守二年徵爲侍中尋加特進護軍將軍三年以公事免侍中護
軍四年復爲侍中右光祿大夫將軍佐史扶並如故稜歷事三帝並見恩寵末
年不預征役優游都下頃之卒于官贈開府儀同三司謚曰成配享武帝廟廷
子安世嗣
周鐵虎不知何許人也語音傖重膂力過人便馬槊事梁河東王蕭譽以勇敢
聞譽爲湘州以爲臨蒸令侯景之亂梁元帝遣世子方等伐譽譽拒戰大捷方

等死鐵虎功最及王僧辯討譽於陣獲之將烹焉鐵虎呼曰侯景未滅柰何殺壯士僧辯奇其言宥之還其麾下及侯景西上鐵虎從僧辯剋任約獲宋子仙每戰有功元帝承制授潼州刺史封沌陽縣子又從僧辯定建鄴降謝答仁平陸納於湘州錄前後功進爵為侯陳武帝誅僧辯鐵虎率所部降因復以本職徐嗣徽引齊寇度江鐵虎破其水軍嗣徽平遷太子左衛率尋隨周文育拒蕭勃文育命鐵虎偏軍襲勃禽勃前軍歐陽頠又隨文育西征王琳於沌口敗績與文育侯安都並為琳所禽琳見諸將與語唯鐵虎辭氣不屈故琳盡宥文育之徒獨鐵虎見害贈侍中護軍天嘉三年文帝又詔配食武帝廟庭子瑜嗣

程靈洗字玄滌新安海寧人也少以勇力聞步行日二百里便騎善游素為鄉里畏伏侯景之亂據黟歙聚徒以拒景景軍據有新安新安太守湘西鄉侯蕭隱奔依靈洗靈洗奉以主盟梁元帝授靈洗譙州刺史資領新安太守封巴丘縣侯後助王僧辯鎮防及武帝誅僧辯靈洗率所領來援其夜力戰於石頭西門武帝軍不利遣使招諭久之乃降帝深義之授蘭陵太守仍助防京口及平

徐嗣徽靈洗有功除南丹陽太守封遂安縣侯後隨周文育西討王琳軍敗爲
琳所拘𡬶與侯安都等逃歸累遷太子左衞率武帝崩王琳前軍東下靈洗於
南陵破之虜其兵士幷獲青龍十餘乘以功授都督南豫州刺史侯瑱等敗王
琳于柵口靈洗逐北據有魯山徵爲左衞將軍天嘉四年周迪重寇臨川以靈
洗爲都督自鄱陽別道擊之迪又走山谷閒還中護軍出爲都督郢州刺史廢
帝即位進號雲麾將軍華皎之反遣使招靈洗靈洗斬皎使以聞朝廷深嘉其
忠因推心待之使其子文季領水軍助防時周將元定率步騎二萬助皎圍靈
洗靈洗嬰城固守及皎敗乃出軍躡定定不獲濟江以其衆降因進攻剋周沔
州禽其刺史裴寬以功改封重安縣公靈洗性嚴急御下甚苛刻士卒有小罪
必以軍法誅之號令分明與士卒同甘苦衆亦以此德之性好播植躬勤耕稼
至於水陸所宜刈穫早晚雖老農不能及也妓妾無游手並督之紡績至於散
用貲財亦弗儉吝卒贈鎭西將軍開府儀同三司謚曰忠壯太建四年配享武
帝廟庭子文季嗣

文季字少卿幼習騎射多幹略果決有父風靈洗與周文育侯安都等敗於沌口爲王琳所執武帝召陷賊諸子弟厚遇之文季最有禮容深見賞文帝嗣位除宣惠始興王府限內中直兵參軍累遷臨海太守後乘金翅助父鎭郢城華皎平靈洗及文季並有扞禦之功及靈洗卒文季盡領其衆起爲超武將軍仍助防郢州文季性至孝雖軍旅奪禮而毀瘠甚至服闋襲封重安縣公隨都督章昭達率軍往荆州征梁梁人與周軍多造舟艦置于青泥水中昭達遣文季共錢道戢盡焚其舟艦既而周兵大出文季僅以身免以功加通直散騎常侍太建五年都督吳明徹北討至秦郡秦郡前江浦通涂水齊人並下大柱爲杙柵水中文季乃前領騎勇拔開其柵明徹率大軍自後而至攻剋秦郡又別遣文季攻涇州屠其城進拔盱眙仍隨明徹圍壽陽文季臨事謹飭御下嚴整前後所克城壘率皆迮水爲堰土木之功動踰數萬置陣役人文季必先於諸將夜則早起迄暮不休軍中莫不服其勤幹每戰爲前鋒齊軍深憚之謂爲程虎以功除散騎常侍帶新安內史累遷北徐州刺史加都督後隨明徹北侵軍敗

爲周所因仍授開府儀同三司十一年自周逃歸至渦陽爲邊吏執送長安死
于獄是時既與周絕不之知至德元年後主知之贈散騎常侍又詔傷其廢絕
降封重安縣侯以子響襲封
沈恪字子恭吳興武康人也深沉有幹局梁新渝侯蕭映之爲廣州兼映府中
兵參軍陳武帝與恪同郡情好甚昵蕭映卒後武帝南討李賁仍遣妻子附恪
還鄉尋補東宮直後以嶺南勳除員外散騎侍郎仍令總集宗從子弟侯景圍
臺城起東西二土山以逼城城內亦作土山應之恪爲東土山主晝夜拒戰以
功封東興侯及城陷間行歸鄉武帝討景遣使報恪恪於東起兵相應賊平後
授都軍副及武帝謀討王僧辯恪預兵事武帝使文帝還長城立柵備杜龕使
恪還武康招集兵衆及僧辯誅龕果遣副將杜泰襲文帝於長城恪時已出縣
誅龕黨與武帝尋遣周文育來援長城文育至泰乃走及龕平文帝襲東揚州
刺史張彪以恪監吳興郡武帝受禪時恪自吳興入朝武帝使中書舍人劉師
知引恪令勒兵入因衛敬帝如別宮恪排闥入見武帝叩頭謝曰恪身經事蕭

家來今日不忍見此事分受死耳決不奉命武帝嘉其意不復逼更以盪主王僧志代之帝踐阼除吳興太守永定三年除散騎常侍會稽太守歷事文帝及廢帝累遷護軍將軍至宣帝卽位除平越中郞將都督廣州刺史恪未至嶺前刺史歐陽紇舉兵拒嶮不得進朝廷遣司空章昭達討平紇乃得入州兵荒之後所在殘毀恪綏懷安輯被以恩惠嶺表賴之後主卽位爲特進金紫光祿大夫卒諡曰光子法興嗣

陸子隆字與世吳郡人也祖敞之梁嘉興令父悛封氏令子隆少慷慨有志功名侯景之亂於鄉里聚徒時張彪爲吳郡太守引爲將帥仍隨彪徙鎭會稽及文帝討彪彪將沈泰吳寶真申縉等皆降而子隆力戰敗績文帝義之復使領其部曲文帝嗣位子隆力戰領甲仗宿衞封益陽縣子累遷廬陵太守周迪據臨川反子隆隨章昭達討迪迪退走因隨昭達討陳寶應晉安平子隆功最遷武州刺史改封朝陽縣伯華皎據湘州反以子隆居其心腹皎深患之頻遣使招子隆不從攻又不剋及皎敗於郢州子隆出兵襲其後因與大軍相會進爵

爲侯尋遷都督荊州刺史荊州新置居公安城池未固子隆修立城郭綏集夷
夏甚得人和號爲稱職吏人詣闕求立碑頌美功績詔許之卒謚威子之武嗣
之武年十六領其舊軍後爲弘農太守乃隸吳明徹於呂梁軍敗逃歸爲人所
害子隆弟子才亦有幹略從子隆征討有功除始平太守封始康縣子卒於信
州刺史
錢道戢字子韜吳興長城人也父景深梁漢壽令道戢少以孝行著聞及長頗
有材幹陳武帝微時以從妹妻焉武帝輔政道戢隨文帝平張彪于會稽以功
拜東徐州刺史封永嘉縣侯天嘉元年爲臨海太守侯安都之討留異道戢帥
軍出松陽以斷其後異平以功拜都督衡州刺史領始興內史後與章昭達討
歐陽紇紇平除左衞將軍太建二年又隨昭達征江陵以功加散騎常侍後爲
都督郢州刺史與儀同黃法𣰰攻下歷陽因以道戢鎮之卒官謚曰肅子邈嗣
駱文牙字旗門吳興臨安人也父裕梁鄱陽嗣王中兵參軍事牙年十二宗人
有善相者云此郎容貌非常必將遠致梁太清末陳文帝避地臨安文牙母陳

覩帝儀表知非常人賓待甚厚及帝爲吳興太守引文牙爲將帥從平杜龕張彪勇冠衆軍文帝卽位封臨安縣侯位越州刺史初文牙母卒時兵荒至是始葬詔贈臨安國太夫人諡曰恭太建八年文牙累遷散騎常侍入直殿省十年授豐州刺史至德二年卒贈廣州刺史子義嗣

孫瑒字德璉吳郡吳人也父修道梁中散大夫以雅素知名瑒少倜儻好謀略博涉經史尤便書翰仕梁爲邵陵王中兵參軍事太清之難授假節宣猛將軍軍主王僧辯之討侯景也王琳爲前軍琳與瑒親婭乃表薦爲宜都太守後以軍功封富陽侯敬帝立累遷巴州刺史及陳武帝受禪王琳立梁永嘉王蕭莊於郢州徵瑒爲少府卿仍徙都督郢州刺史總留府之任周遣大將軍史寧乘虛攻之瑒兵不滿千人乘城拒守周兵不能剋及王琳乘勝而進周兵乃解瑒於是盡有中流之地既而遣使奉表歸陳天嘉元年授湘州刺史封定襄縣侯瑒懷不自安乃固請入朝徵爲侍中領軍將軍未拜文帝謂曰昔朱買臣願爲本郡卿豈有意授乎改授吳郡太守給鼓吹一部秩滿徵拜散騎常侍中護軍

及留異反據東陽詔瑒督舟師進討異平還鎮右將軍頃之出爲建安太守太建四年爲都督荆州刺史出鎮公安爲鄰境所憚居職六年以公事免及吳明徹軍敗呂梁詔授都督緣江水陸諸軍事尋授都督郢州刺史十二年坐疆埸交通抵罪後主嗣位復爵邑歷位度支尚書侍中祠部尚書後主頻幸其宅賦詩述勳德之美遷五兵尚書領左軍將軍侍中如故禎明元年卒官謚曰桓瑒事親以孝聞於諸弟甚篤睦性通泰有財散之親友居家頗失於侈家庭穿築極林泉之致歌鍾舞女當世罕儔賓客填門軒蓋不絶及出鎮郢州乃合十餘船爲大舫於中立亭池植荷芰每良辰美景賓僚並集泛長江而置酒亦一時之勝賞焉嘗於山齋設講肆集玄儒之士冬夏資奉爲學者所稱而處己率易不以名位驕物時與皇寺朗法師該通釋典瑒每造講筵時有抗論法侶莫不傾心又巧思過人爲起部尚書軍國器械多所創立有鑒識男女婚姻皆擇素貴及卒尚書令江總爲之銘誌後主又題銘後四十字遣左戶尚書蔡徵就宅宣勅鐫之其詞曰秋風動竹煙水驚波幾人樵徑何處山阿今時日月宿昔綺

羅天長路遠地久靈多功臣未勒此意如何時論以爲榮瑒二十一子第二子訓頗知名位高唐太守陳亡入隋

徐世譜字興宗巴東魚復人也世居荊州爲主帥征伐蠻蜒至世譜尤勇敢有膂力善水戰梁元帝之爲荊州刺史世譜將領鄉人事焉侯景之亂因預征討累遷至員外散騎常侍尋領水軍從司徒陸法和與景戰於赤亭湖時景軍甚盛世譜乃別造樓船拍艦火舫水車以益軍勢將戰又乘大艦居前大敗景軍禽景將任約景退走因隨王僧辯攻郢州世譜復乘大艦臨其倉門賊將宋子仙據城降以功除信州刺史封魚復縣侯仍隨僧辯東下恆爲軍鋒景平以衡州刺史資領河東太守西魏攻荊門世譜鎮馬頭岸據有龍洲元帝授侍中都督江南諸軍事鎮南將軍護軍將軍魏剋江陵世譜東下依侯瑱紹泰元年徵爲侍中左衞將軍陳武帝之拒王琳其水戰之具悉委世譜世譜性機巧諳解舊法所造器械並隨機損益妙思出人永定二年遷護軍將軍文帝即位歷特進右光祿大夫以疾失明謝病不朝卒謚曰桓

周敷字仲遠臨川人也爲郡豪族敷形貌眇小如不勝衣膽力勁果超出時輩性豪俠輕財重士鄉黨少年任氣者咸歸之侯景之亂鄉人周續合衆以討賊爲事梁內史始興蕃王蕭毅以郡讓續續所部有欲侵掠毅者敷擁護之親率其黨捍送至豫章時梁觀寧侯蕭永長樂侯蕭基豐城侯蕭泰避難流寓聞敷信義皆往依之敷愍其危懼屈體崇敬厚加給卹送之西上俄而續部下將帥爭權殺續以降周迪迪素無簿閥又失衆心倚敷族望深求交結敷未能自固事迪甚恭迪大憑杖之迪據臨川之工塘敷鎭臨川故郡侯景平梁元帝授敷寧州刺史封西豐縣侯陳武帝受禪王琳據有上流余孝頃與琳黨李孝欽等共圍周迪敷助於迪迪禽孝頃等敷功最多熊曇朗之殺周文育據豫章將兵襲敷敷大破之曇朗走巴山郡敷因與周迪黃法𣰰等進兵屠之王琳平授散騎常侍豫章太守時南江酋帥並顧戀巢窟唯敷獨先入朝天嘉二年詣闕進號安西將軍令還鎭豫章周迪以敷素出己下超致顯達深不平乃舉兵反遣弟方興襲敷敷大破之仍從都督吳明徹攻破迪禽方興再還都督南豫州刺

史迪又收餘衆襲東興文帝遣都督章昭達征迪斅又從軍至定川縣與迪相對迪紿斅求還朝欲立盟斅許之方登壇爲迪所害謚曰脫子智安嗣位至太僕卿

荀朗字深明潁川潁陰人也祖延祖梁潁川太守父伯通衛尉卿朗少慷慨有將帥大略侯景之亂據巢湖無所屬臺城陷沒後梁簡文帝密詔授朗豫州刺史令與外蕃討景景使儀同宋子仙任約等頻征之不能剋時都下饑朗更招致部曲衆至數萬侯景敗於巴陵朗截破其後軍景平後又別破齊將郭元建於蹤躝山及魏剋荊州陳武帝入輔齊遣蕭軌東方老等來寇據石頭朗自宣城來赴與侯安都等大破之武帝受禪賜爵興寧縣侯以朗兄昂爲左衛將軍弟晷爲太子右衛率武帝崩宣太后與舍人蔡景歷祕不發喪朗弟曉在都微知之謀率其家兵襲臺事覺景歷殺曉仍繫其兄弟文帝即位並釋之因厚撫朗令與侯安都等拒王琳琳平遷都督合州刺史卒謚曰壯子法尚嗣法尚少倜儻有文武幹略禎明中爲都督郢州刺史及隋軍濟江法尚降入隋歷邵觀

綿豐四州刺史巴東敦煌二郡太守
周炅字文昭汝南安成人也祖強齊梁州刺史父靈起梁廬桂二州刺史保城
縣侯炅少豪俠任氣有將帥才梁太清元年爲弋陽太守侯景之亂元帝承制
改授西陽太守封西陽縣伯以軍功累遷都督江州刺史進爲侯陳武帝踐阼
王琳擁據上流炅以州從之後爲侯安都所禽送都文帝釋之授定州刺史帶
西陽武昌二郡太守太建五年爲都督安州刺史改封龍源縣侯其年隨都督
吳明徹北討所向剋捷一月之中獲十二城敗齊尚書左丞陸騫軍進攻巴州
剋之於是江北諸城及穀陽士人並誅其渠帥以城降進號和戎將軍仍敕追
炅入朝後梁定州刺史田龍昇以城降詔以爲定州刺史封赤亭王及炅入朝
龍昇以江北六州七鎮叛入于齊齊遣歷陽王高景安應之於是令炅爲江北
道大都督總統衆軍以討龍昇斬之盡復江北之地進號平北將軍卒於官贈
司州刺史改封武昌郡公謚曰壯
魯悉達字志通扶風郿人也祖斐齊衡州刺史陽塘侯父益之梁雲麾將軍新

蔡義陽二郡太守悉達幼以孝聞侯景之亂糾合鄉人保新蔡力田蓄穀時兵荒都下及上川餓死者十八九有得存者皆攜老幼以歸焉悉達所濟活者甚衆招集晉熙等五部盡有其地使其弟廣達領兵隨王僧辯討平侯景梁元帝授北江州刺史敬帝即位王琳據有上流留異余孝頃周迪等所在蠭起悉達撫綏五郡甚得人和琳授悉達鎮北將軍陳武帝亦遣趙知禮授征西將軍江州刺史悉達兩受之遷延顧望武帝遣安西將軍沈泰潛師襲之不能剋齊遣行臺慕容紹宗來攻鬱口諸鎮悉達與戰大敗齊軍紹宗僅以身免王琳欲圖東下以悉達制其中流遣使招誘悉達終不從琳不得下乃連結於齊齊遣清河王高岳助之會裨將梅天養等懼罪乃引齊軍入城悉達勒麾下數千人濟江而歸武帝帝見之喜曰來何遲也授北江州刺史彭澤縣侯悉達雖杖氣任俠不以富貴驕人雅好詞賦招禮賢才與之賞會文帝即位遷吳州刺史遭母憂哀毀過禮因遘疾卒諡孝侯子覽嗣弟廣達

廣達字徧覽少慷慨志立功名虛心愛士賓客自遠而至時江表將帥各領部

曲動以千數而魯氏尤爲多仕梁爲平南當陽公府中兵參軍侯景之亂與兄
悉達聚衆保新蔡梁元帝承制授晉州刺史王僧辯之討侯景廣達出境候接
資奉軍儲僧辯謂沈炯曰魯晉州亦是王師東道主人仍率衆隨僧辯景平加
員外散騎常侍陳武受禪授東海太守後代兄悉達爲吳州刺史封中宿縣侯
光大元年遷南豫州刺史華皎稱兵上流詔司空淳于量進討軍至夏口見皎
舟師強盛莫敢進廣達首率驍勇直衝賊軍廣達墮水沉溺久之因救獲免皎
平授巴州刺史太建初與儀同章昭達入峽口招定安蜀等諸州鎮時周圖江
左大造舟艦於蜀幷運糧青泥廣達與錢道戢等將兵掩襲縱火焚之仍還本
鎮廣達爲政簡要推誠任下吏人便之及秩滿皆詣闕表請於是詔申二年衆
軍北伐略淮南舊地廣達與齊軍會於大峴大破之斬其敷城主張元範進剋
北徐州仍授北徐州刺史十年授都督合州刺史十一年周將梁士彥圍壽春
詔遣中領軍樊毅左衞將軍任忠等分部趣陽平秦郡廣達率衆入淮爲掎角
以擊之周軍攻陷豫霍二州南北兗晉等各自拔諸將並無功盡失淮南之地

廣達因免官以侯還第十二年與南豫州刺史樊毅北討剋郭默城尋授平西將軍都督郢州以上七州諸軍事頓兵江夏周安州總管元景征江外廣達命偏師擊走之至德二年爲侍中改封綏越郡公尋爲中領軍及賀若弼進軍鍾山廣達於白土岡置陣與弼旗鼓相對廣達躬擐甲冑手執桴鼓率勵敢死而進隋軍退走如是者數四及弼乘勝至宮城燒北掖門廣達猶督餘兵苦戰不息會日暮乃解甲面臺再拜慟哭謂衆曰我身不能救國負罪深矣士卒皆涕泣歔欷於是就執禎明三年依例入隋廣達追愴本朝淪覆遘疾不療尋以憤慨卒尚書令江總撫柩慟哭乃命筆題其棺頭爲詩曰黃泉雖抱恨白日自留名悲君感義死不作負恩生又製廣達墓銘述其忠槩初隋將韓擒虎濟江廣達長子世真在新蔡乃與其弟世雄及所部奔擒虎遣使致書招廣達廣達時屯兵都下乃自劾廷尉請罪後主謂曰世真雖異路中大夫公國之重臣吾所恃賴豈得自同嫌疑之間乎加賜黃金卽日還營廣達有隊主楊孝辯時從廣達在軍中力戰陷陣其子亦隨孝辯揮刀殺隋兵十餘人力窮父子俱死

蕭摩訶字元胤蘭陵人也父諒梁始興郡丞摩訶隨父之郡年數歲而父卒其姊夫蔡路養時在南康乃收養之稍長果毅有勇力侯景之亂陳武帝赴援建鄴路養起兵拒武帝摩訶時年十三單騎出戰軍中莫有當者及路養敗摩訶歸侯安都常從征討安都遇之甚厚及任約徐嗣徽引齊兵爲寇武帝遣安都北拒齊軍於鍾山龍尾及北郊壇安都謂摩訶曰卿驍勇有名千聞不如一見摩訶對曰今日令公見之及戰安都墜馬被圍摩訶獨騎大呼直衝齊軍齊軍稍解去安都乃免以平留異歐陽紇功累遷巴山太守太建五年衆軍北伐摩訶隨都督吳明徹濟江攻秦郡時齊遣大將尉破胡等率衆十萬來援其前隊有蒼頭犀角大力之號皆身長八尺膂力絶倫其鋒甚銳又有西域胡妙於弓矢弦無虛發衆軍尤憚之及將戰明徹謂摩訶曰若殪此胡則彼軍奪氣君有關張之名可斬顏良矣摩訶曰願得識其形狀明徹乃召降人有識胡者云胡絳衣樺皮裝弓兩端骨弭明徹遣人覘伺知胡在陣仍自酌酒飲摩訶摩訶飲訖馳馬衝齊軍胡挺身出陣前十餘步彀弓未發摩訶遥擲銑鋧正中其額應

手而仆齊軍大力十餘人出戰摩訶又斬之於是齊師退走以功封廉平縣伯尋進爲侯位太僕卿又隨明徹進圍宿豫擊走齊將王康德以功除晉熙太守九年明徹進軍呂梁與齊大戰摩訶率七騎先入手奪齊軍大旗齊衆大潰以功授譙州刺史及周武帝滅齊遣其將宇文忻爭呂梁忻時有精騎數千摩訶領十二騎深入周軍從橫奮擊斬馘甚衆及周遣大將王軌來赴結長圍連鏁於呂梁下流斷大軍還路摩訶謂明徹曰聞軌始鏁下流其兩頭築城今尙未立公若見遣擊之彼必不敢相拒彼城若立則吾屬虜矣明徹奮髯曰搴旗陷陣將軍事也長算遠略老夫事也摩訶失色而退一旬之中水路遂斷周兵益至摩訶又請曰今求戰不得進退無路若潛軍突圍未足爲恥願公率步卒乘馬輿徐行摩訶驅馳前後必使公安達京邑明徹曰弟計乃良圖也然老夫受脤專征今被圍逼慚寘無地且步軍既多吾爲總督必須身居其後相率兼行弟馬軍宜須在前摩訶因夜發選精騎八千率先衝突自後衆騎繼焉比旦達淮南宣帝徵還授右衞將軍及宣帝崩始興王叔陵於殿內手刃後主遂奔東

府城摩訶入受敕乃率馬步數百趣東府城斬之以功授車騎大將軍封綏建郡公叔陵素所蓄聚金帛累巨萬後主悉以賜之改授侍中驃騎大將軍左光祿大夫舊制三公黃閤聽事置鴟尾後主特詔摩訶開黃閤門施行馬聽事寢堂並置鴟尾仍以其女爲皇太子妃會隋總管賀若弼鎮廣陵後主委摩訶禦之授南徐州刺史禎明三年元會徵摩訶還朝弼乘虛濟江襲京口摩訶請率兵逆戰後主不許及弼進鍾山摩訶又曰弼懸軍深入壘壍未堅出兵掩襲必剋又不許及將出戰後主謂曰公可爲我一決摩訶曰從來行陣爲國爲身今日之事兼爲妻子後主多出金帛賦諸軍以充賞賜令中領軍魯廣達陳兵白土岡居衆軍南鎮東大將軍任忠次之護軍將軍樊毅都官尚書孔範又次之摩訶軍最居北衆軍南北亘二十里首尾進退不相知弼初謂未戰將輕騎登山望見衆軍因馳下置陣後主通於摩訶之妻故摩訶雖領勁兵八千初無戰意唯魯廣達田端以其徒力戰賀若弼及所部行軍七總管楊牙韓洪員明黃昕張默言達奚隆張辯等甲士凡八千人各勒陣以待之弼躬當魯廣達麾下

戰死者二百七十三人弼縱煙以自隱窘而復振陳兵得人頭皆走獻後主求賞金銀弼更趣孔範範兵暫交便敗走陳軍盡潰死者五千人諸門衞皆走黃昕馳燒北掖門而入員明禽摩訶以送弼弼以刀臨頸詞色不撓乃釋而禮之及城平弼置後主於德教殿令兵衞守摩訶請弼曰今爲囚虜命在斯須願一見舊主死無所恨弼哀而許之入見後主俯伏號泣仍於舊廚取食進之辭訣而出守衞者皆不能仰視隋文帝聞摩訶抗答賀若弼曰壯士也此亦人之所難入隋授開府儀同三司尋從漢王諒詣并州同諒作逆伏誅年七十三摩訶訥於言恂恂長者至於臨戎對寇志氣奮發所向無前年未弱冠隨侯安都在京口性好獵無日不畋游及安都征伐摩訶功居多

子世廉有父風性至孝及摩訶凶終服闋後追慕彌切其父時賓故脫有所言及世廉對之哀慟不自勝言者爲之歔欷終身不執刀斧時人嘉焉摩訶有騎士陳智深者勇力過人以平叔陵功爲巴陵內史摩訶之戮也其子先已籍沒智深收摩訶屍手自殯斂哀感行路君子義之頴川陳禹亦隨摩訶征討聰敏

有識量涉獵經史解風角兵書頗能屬文便騎射官至王府諮議
任忠字奉誠小名蠻奴汝陰人也少孤微不爲鄉黨所齒及長譎詭多計略膂
力過人尤善騎射州里少年皆附之梁鄱陽王蕭範爲合州刺史聞其名引置
左右侯景之亂忠率鄉黨數百人隨晉熙太守梅伯龍討景將王貴顯於壽春
每戰却敵會土人胡通聚衆寇抄範命忠與主帥梅思立并軍討平之仍隨範
世子嗣率衆入援會京城陷旋戍晉熙侯景平授蕩寇將軍王琳立蕭莊署忠
爲巴陵太守琳敗還朝授明毅將軍安湘太守仍隨侯瑱進討巴湘累遷豫寧
太守衡陽內史華皎之舉兵也忠預其謀及皎平宣帝以忠先有密啓於朝廷
釋而不問太建初隨章昭達討歐陽紇於廣州以功授直閤將軍遷武毅將軍
廬陵內史秩滿入爲右軍將軍五年衆軍北伐忠將出西道擊走齊歷陽王高
景安於大峴逐北至東關仍剋其東西二城進軍蘄譙並拔之徑襲合肥入其
郛進剋霍州以功授員外散騎常侍封安復縣侯邑梁之喪師也忠全軍而還
尋授忠都督壽陽新蔡霍州緣淮衆軍霍州刺史入爲左衛將軍還平南將軍

南豫州刺史加都督率步騎趣歷陽周遣王延貴率衆爲援忠大破之生禽延
貴後主嗣位進號鎮南將軍給鼓吹一部入爲領軍將軍加侍中改封梁信郡
公出爲吳興內史及隋兵濟江忠自吳興入赴屯軍朱雀門後主召蕭摩訶以
下於內殿定議忠曰兵法客貴速戰主貴持重今國家足食足兵宜固守臺城
緣淮立柵北軍雖來勿與交戰分兵斷江路無令彼信得通給臣精兵一萬金
翅三百艘下江徑掩六合彼大軍必言其度江將士已被獲自然挫氣淮南土
人與臣舊相知悉今聞臣往必皆景從臣復揚聲欲往徐州斷彼歸路則諸軍
不擊而自去待春水長上江周羅睺等衆軍必沿流赴援此良計矣後主不能
從明日欻然曰腹煩殺人喚蕭郎作一打忠叩頭苦請勿戰後主從孔範言乃
戰於是據白土岡陣及軍敗忠馳入臺見後主言敗狀曰官好住無所用力後
主與之金兩縢爲我南岸收募人猶可一戰忠曰陛下唯當具舟檝就上流衆
軍臣以死奉衞後主信之敕忠出部分忠辭云臣處分訖即奉迎後主令官人
裝束以待忠久望不至時隋將韓擒虎自新林進軍忠率數騎往石子岡降之

仍引擒虎軍共入南掖門臺城平入長安隋授開府儀同三司卒年七十七隋
文帝後以散騎常侍袁元友能直言於後主嘉之擢拜主爵侍郎謂羣臣曰平
陳之初我悔不殺任蠻奴受人榮祿兼當重寄不能橫屍云無所用力與弘演
納肝何其遠也子幼武位儀同三司
樊毅字智烈南陽湖陽人也祖方興梁散騎常侍司州刺史魚復縣侯父文熾
梁散騎常侍東益州刺史新蔡縣侯毅家本將門少習武善騎射侯景之亂率
部曲隨叔父文皎援臺城文皎於青溪戰歿毅赴江陵仍隸王僧辯討河東王
蕭譽以功除右中郎將代兄俊爲梁興太守領三州游軍隨宜豐侯蕭循討陸
納於湘州軍次巴陵營頓未立納潛軍夜至薄營大譟軍中將士皆驚擾毅獨
與左右數十人當營門力戰斬十餘級擊鼓申令衆乃定焉以功封夷道縣伯
尋除天門太守進爵爲侯及西魏圍江陵毅率郡兵赴援會魏剋江陵爲後梁
所俘久之遁歸陳武帝受禪毅與弟猛舉兵應王琳琳敗奔齊太尉侯瑱遣使
招毅毅率子弟部曲還朝太建初爲豐州刺史封高昌縣侯入爲左衛將軍五

年衆軍北伐毅攻廣陵楚子城拔之擊走齊軍及呂梁喪師詔以毅爲大都督率衆度淮對清口築城與周人相拒霖雨城壞毅全軍自拔尋遷中領軍十一年周將梁士彥圍壽陽詔以毅爲都督北討前軍事十三年爲荊州刺史後主卽位改封逍遙郡公入爲侍中護軍將軍及隋軍濟江毅謂僕射袁憲曰京口采石俱是要所各須銳卒數千金翅二百都下江中上下防捍如其不然大事去矣諸將咸從其議會施文慶等寢隋兵消息毅計不行臺城平隨例入關卒

毅弟猛字智武幼倜儻有幹略及長便弓馬膽氣過人青溪之戰猛自旦訖暮與侯景軍短兵接戰殺傷甚衆臺城平隨兄毅西上梁南安侯方矩爲湘州刺史以猛爲司馬會武陵王紀舉兵自漢江東下方矩遣猛隨都督陸法和進軍拒之猛手禽紀父子三人斬於艑中盡收其船艦器械以功封安山縣伯進軍撫定梁益還遷司州刺史進爵爲侯陳永定元年周文育等敗於沌口爲王琳所獲琳乘勝將事南中諸郡遣猛與李孝欽等將兵攻豫章進逼周迪軍敗爲迪所執尋遁歸王琳琳敗還朝天嘉二年授永陽太守太建中以軍功封富川

縣侯歷散騎常侍荊州刺史入爲左衛將軍後主卽位爲南豫州刺史隋將韓
擒虎之濟江猛在都下第六子巡攝行州事擒虎進軍攻陷之巡及家口並見
執時猛與左衛將軍蔣元遜領青龍八十艘爲水軍於白下游奕以禦隋六合
兵後主知猛妻子在隋懼有異志欲使任忠代之令蕭摩訶徐喻毅毅不悅摩
訶以聞後主重傷其意乃止禎明三年入隋
論曰梁氏云季運屬雲雷陳武帝杖旗掃難經綸伊始胡頴徐度杜稜周鐵虎
程靈洗等或感會風雲畢力驅馳之日或擢自降附乃贊興王之始咸得配享
清廟豈徒然哉沈恪行己之方不踐非義之迹子隆持身之節無失事人之道
仁矣乎錢道戢駱文牙孫瑒徐世譜周敷荀朗周炅魯悉達廣達蕭摩訶任忠
樊毅等所以獲用當年其道雖異至於功名自立亦各因時當金陵覆沒抑惟
天數然任忠與亡之義無乃致虧與夫蕭魯所行固不同日持此百心而事二
主欲求取信不亦難乎首領獲全亦爲幸也
南史卷六十七

南史卷六十七考證

胡穎傳吳興人也○一本吳興東遷人也

徐敬成傳起家著作佐郎永定元年○陳書無佐字又元誤爲九

程靈洗傳遣使招諭久之乃降○諭監本訛愈今改從陳書

子文季傳秦郡前江浦通涂水○涂陳書作塗

齊軍深憚之謂爲程彪○彪一本作虎

駱文牙傳駱文牙字旗門○陳書無文字

文牙母陳覩帝儀表知非常人○陳監本訛陵今改從閣本

魯廣達傳太建初與儀同章昭達入峽口招定安蜀等諸州鎮○招陳書作拓

時周圖江左○一本周字下有氏將二字

初隋將韓擒虎濟江廣達長子世真在新蔡乃與其弟世雄及所部奔擒擒遣使致書招廣達○各卷或稱擒或稱擒虎此則兩行內亦有異同皆後人或加或删而未盡者也

蕭摩訶傳一旬之中水路遂斷周兵益至○陳書無水路遂斷四字

南史卷六十七考證

南史卷六十八

唐　李　延　壽　撰

列傳第五十八

趙知禮　蔡景歷子徵　宗元饒　韓子高

華皎　劉師知　謝岐　毛喜

沈君理　陸山才

趙知禮字齊旦天水隴西人也父孝穆梁候官令知禮涉獵文史善書翰陳武帝之討元景仲也或薦之引爲書記知禮爲文贍速每占授軍書下筆便就率皆稱旨由是恆侍左右深被委任當時計畫莫不預焉武帝征侯景至白茅灣上表於梁元帝及與王僧辯論軍事其文並知禮所製及景平授中書侍郎封始平縣子陳受命位散騎常侍太府卿權知領軍事天嘉元年進爵爲伯王琳平授吳州刺史知禮沉靜有謀謨每軍國大事文帝輒令璽書問之再遷右將軍領前軍卒贈侍中謚曰忠子元恭嗣

蔡景歷字茂世濟陽考城人也祖點梁尚書左戶侍郎父大同輕車岳陽王記室參軍景歷少俊爽有孝行家貧好學善尺牘工草隸爲海陽令政有能名在侯景中與南康嗣王會理通謀匡復事泄被執賊黨王偉保護之獲免因客游京口侯景平陳武帝鎮朱方素聞其名以書要之景歷對使人答書筆不停輟文無所改帝得書甚加欽賞卽日授征北府中記室參軍仍領記室衡陽獻王昌爲吳興太守帝以鄉里父老尊卑有數恐昌年少接對乖禮乃遣景歷輔之承聖中還掌記室武帝將討王僧辯獨與侯安都等數人謀之景歷弗之知部分既畢召令草檄景歷援筆立成辭義感激事皆稱旨及受禪遷祕書監中書通事舍人掌詔誥永定二年坐妻弟受周寶安餉馬爲御史中丞沈炯所劾降爲中書侍郎舍人如故三年武帝崩時外有強寇文帝鎮南皖朝無重臣宣后呼景歷及江大權杜稜定議祕不發喪疾召文帝景歷躬共宦者及內人密營斂服時既暑熱須營梓宮恐斤斧之聲聞外乃以蠟爲祕器文詔依舊宣行文帝卽位復爲祕書監舍人如故以定策功封新豐縣子累遷散騎常侍文帝誅

侯安都景歷勸成其事以功遷太子左衞率進爵爲侯常侍舍人如故坐妻兄劉裕依倚景歷權前後姦詭幷受歐陽威餉絹百匹免官華皎反以景歷爲武勝將軍吳明徹軍司皎平明徹於軍中輒戮安成內史楊文通又受降人馬仗有不分明景歷又坐不能匡正被收久之獲宥宣帝卽位累遷通直散騎常侍中書通事舍人掌詔誥仍復封邑太建五年都督吳明徹北侵所向剋捷大破周梁士彥於呂梁方進圍彭城時宣帝銳意河南以爲指麾可定景歷稱師老將驕不宜過窮遠略帝惡其沮衆大怒猶以朝廷舊臣不加深罪出爲豫章內史未行爲飛章所劾以在省之日贓污狼籍帝令有司案問景歷但承其半於是御史中丞宗元饒奏免景歷所居官徙居會稽及吳明徹敗帝追憶景歷前言卽日追還以爲征南鄱陽王諮議數日遷員外散騎常侍兼御史中丞復本爵封入守度支尚書舊式拜官在午後景歷拜日適逢輿駕幸玄武觀在位皆侍宴帝恐景歷不預特令早拜其見重如此卒官贈太常卿諡曰敬十三年改葬重贈中領軍禎明元年配享武帝廟庭二年車駕親幸其宅重贈景歷侍中

中撫軍將軍謚曰忠敬給鼓吹一部於墓所立碑景歷屬文不尚雕靡而長於敘事應機敏速爲當時所稱有文集三十卷子徵嗣江大權字伯謀濟陽考城人位少府封四會縣伯太建二年卒於通直散騎常侍

徵字希祥幼聰敏精識強記年六歲詣梁吏部尚書河南褚翔嗟其穎悟七歲丁母憂居喪如成人禮繼母劉氏性悍忌視之不以道徵供侍益謹初無怨色徵本名覽景歷以其有王祥之性更名字焉陳武帝爲南徐州召補迎主簿尋授太學博士太建中累遷太子中舍人兼東宮領直襲封新豐侯至德中位太子中庶子中書舍人掌詔誥尋授左戶尚書與僕射江總知撰五禮事後主器其才幹任寄日重遷吏部尚書每十日一往東宮於皇太子前論述古今得喪及當時政務又敕以廷尉寺獄事無大小取徵議決俄敕遣徵收募兵士自爲部曲徵善撫卹得物情旬月之間衆近一萬位望既重兼聲位熏灼物議咸忌憚之尋徙中書令中書清簡無事或云徵有怨言後主聞之大怒收奪人馬將誅之左右致諫獲免禎明二年隋軍濟江後主以徵有幹用令權知中領軍事

徵曰夜勤苦備盡心力後主嘉焉謂曰事寧有以相報及決戰於鍾山南岡敕徵守宮城西北大營尋令督衆軍戰事陳亡隨例入長安徵美容儀有口辯多所詳究至於士流官宦陳宗戚屬及當朝制度憲章儀軌戶口風俗山川土地問無不對然性頗便佞進取不能以退素自業初拜吏部尚書啓後主借鼓吹後主謂所司曰鼓吹軍樂有功乃授蔡徵不自量揆紊我朝章然其父景歷既有締構之功宜且如啓拜訖即追還徵不修廉隅皆此類也隋文帝聞其敏贍召見顧問言輒會旨然累年不調久之除太常丞歷尚書戶部儀曹郎轉給事郎卒子翼位司徒屬入隋爲東宮學士

宗元饒南郡江陵人也少好學以孝聞仕梁爲征南府外兵參軍及司徒王僧辯幕府初建元饒與沛國劉師知同爲主簿陳武帝受禪稍遷廷尉卿尚書左丞宣帝初軍國務廣事無巨細一以貫之臺省號爲稱職還御史中丞知五禮事時合州刺史陳裒贓污狠籍遣使就渚斂魚又令人於六郡乞米百姓甚苦之元饒劾奏免之吳興太守武陵王伯禮豫章內史南康嗣王方泰等驕蹇放

橫元饒案奏皆見削黜元饒性公平善持法諳曉故事明練政體吏有犯法政
不便時及於名教不足者隨事糾正多所裨益還南康內史以秩米三千餘斛
助人租課存問高年拯救乏絶百姓甚賴焉以課最入朝詔加散騎常侍後爲
吏部尚書卒
韓子高會稽山陰人也家本微賤侯景之亂寓都下景平陳文帝出守吳興子
高年十六爲總角容貌美麗狀似婦人於淮渚附部伍寄載欲還鄉里文帝見
而問曰能事我乎子高許諾子高本名蠻子帝改名之性恭謹恆執備身刀及
傳酒炙帝性急子高恆會意旨稍長習騎射頗有膽決願爲將帥及平杜龕配
以士卒文帝甚愛之未嘗離左右帝嘗夢騎馬登山路危欲墮子高推捧而升
文帝之討張彪也沈泰等先降帝據有州城周文育鎭北郭香巖寺張彪自剡
縣夜還襲城文帝自北門出倉卒闇夕軍人擾亂唯子高在側文帝乃遣子高
自亂兵中往見文育反命酬答於闇中又往慰勞衆軍文帝散兵稍集子高引
入文育營因共立柵明日敗彪彪奔松山浙東平文帝乃分麾下多配子高子

高亦輕財禮士歸之者甚衆文帝嗣位除右軍將軍封文招縣子及王琳平子
高所統益多將士依附之其有所論進帝皆任使焉天嘉六年爲右衞將軍文
帝不豫入侍醫藥廢帝卽位加散騎常侍宣帝入輔子高兵權過重深不自安
好參訪臺閣又求出爲衡廣諸鎭光大元年八月前上虞縣令陸昉及子高軍
主告其謀反宣帝在尙書省因召文武在位議立皇太子子高預焉執送廷尉
其夕與到仲舉同賜死父延慶及子弟並原宥
華皎晉陵旣陽人也世爲小吏皎梁代爲尙書比部令史侯景之亂事景之黨
王偉陳武帝南下文帝爲景所囚皎遇文帝甚厚及景平文帝爲吳興太守以
皎爲都錄事深見委任及文帝平杜龕仍配以甲兵御下分明善於撫接解衣
推食多少必均天嘉元年封懷仁縣伯王琳東下皎隨侯瑱拒之琳平知江州
事後隨都督吳明徹征周迪迪平以功進爵爲侯仍授都督湘州刺史皎起自
下吏善營產業又征川洞多致銅鼓及生口並送都下廢帝卽位改封重安縣
公韓子高誅後皎內不自安光大元年密啓求廣州以觀時主意宣帝僞許之

而詔書未出皎亦遣使引周兵又崇奉梁明帝士馬甚盛詔乃以吳明徹爲湘州刺史實欲以輕兵襲之慮皎先發乃前遣明徹率衆三萬乘金翅直趣郢州又遣撫軍大將軍淳于量率衆五萬乘大艦繼之時梁明帝遣水軍爲皎聲援周武帝遣衞公宇文直頓魯山又遣柱國長湖公元定攻圍郢州梁明帝授皎司空巴州刺史戴僧朔衡陽內史任蠻奴巴陵內史潘智虔岳陽太守章昭裕桂陽太守曹宣湘東太守錢明並隸於皎又長沙太守曹慶等本隸皎下因爲之用帝恐上流宰守並爲皎扇惑乃下詔曲赦湘巴二州其賊主帥節將並許開恩出首皎以大艦載薪因風放火俄而風轉自焚皎大敗乃與戴僧朔奔江陵元定等無復船度步趣巴陵巴陵城已爲陳軍所據乃降送于建鄴皎遂終於江陵其黨並誅唯任蠻奴章昭裕曹宣劉廣業獲免

劉師知沛國相人也家本素族祖奚之齊淮南太守以善政聞父景彥梁司農卿師知本名師智以與敬帝諱同改焉好學有當務才博涉書傳工文筆善儀體臺閣故事多所詳悉紹泰初陳武帝入輔以師知爲中書舍人掌詔誥時兵

亂後朝儀多闕武帝爲丞相及加九錫并受禪其儀注多師知所定梁敬帝在
內殿師知常侍左右及將加害師知詐帝令出帝覺遶牀走曰師知賣我陳霸
先反我本不須作天子何意見殺師知執帝衣行事者加刃焉既而報陳武帝
曰事已了武帝曰卿乃忠於我後莫復爾師知不對武帝受命仍兼舍人性疎
簡與物多忤雖位宦不遷而任遇甚重其所獻替皆有弘益及武帝崩六日成
服時朝臣共議大行皇帝靈坐俠御人衣服吉凶之制博士沈文阿議宜服吉
師知議云既稱成服本備喪禮案梁昭明太子薨成服俠侍之官悉著衰斬唯
著鎧不異此即可擬愚謂六日成服俠靈坐須服衰絰中書舍人蔡景歷江德
藻謝岐等同師知議時以二議不同乃啓取左丞徐陵決斷陵云案山陵鹵簿
吉部伍中公卿以下導引者爰及武賁鼓吹執蓋奉車並是吉服豈容俠御獨
爲衰絰若言公卿胥吏並服衰絰此與梓宮部伍有何差別若言文物並吉司
事者凶豈容衽絰而奉華蓋衰衣而升玉路邪同博士議謝岐議曰靈筵祔宗
廟梓宮還山陵實如左丞議但山陵鹵簿備有吉凶從靈輿者儀服無變從梓

宮者皆服苴衰爰至士禮悉同此制此自是山陵之儀非關成服今謂梓宮靈
扆共在西階稱爲成服亦無鹵簿直是爰自胥吏上至王公四海之內必備衰
經案梁昭明太子薨略是成例豈容凡百士庶悉此日服重而侍中至於武衛
最是近官反鳴玉紆青與平吉不異左丞既推以山陵事愚意或謂與成服有
殊陵重答云老病屬纊不能多說古人爭議多成怨府傅玄見尤於晉代王商
取陷於漢朝謹自三緘敬同高命若萬一不死猶得展言庶與羣賢更申揚榷
文阿猶執所見衆議不能決乃具錄二議奏聞上從師知議遷鴻臚卿舍人如
故天嘉元年坐事免尋起爲中書舍人復掌詔誥天康元年文帝不豫師知與
尚書僕射到仲舉等入侍醫藥帝崩豫顧命宣帝入輔師知與仲舉等遣舍人
殷不佞矯詔令宣帝還府事覺於北獄賜死初文帝敕師知撰起居注自永定
二年秋至天嘉元年爲十卷
謝岐會稽山陰人也父達梁太學博士岐少機警好學仕梁爲山陰令侯景亂
流寓東陽景平依于張彪彪在吳郡及會稽庶事委之彪每征討恆留岐監郡

知後事彪敗陳武帝引參機密爲兼尚書右丞時軍旅屢興糧儲多闕岐所在
幹理深被知遇永定元年爲給事黄門侍郎中書舍人兼右丞如故天嘉二年
卒贈通直散騎常侍弟嶠篤學爲通儒
毛喜字伯武滎陽陽武人也祖稱梁散騎侍郎父栖忠中權司馬喜少好學善
草隸陳武帝素知之及鎭京口命喜與宣帝往江陵仍勅宣帝諮稟之及梁元
帝卽位以宣帝爲領直喜爲尚書功論侍郎及魏平江陵喜與宣帝俱遷長安
文帝卽位喜自周還進和好之策陳朝乃遣周弘正等通聘及宣帝反國又遣
喜入周以家屬爲請周冢宰宇文護執喜手曰能結二國之好者卿也仍迎柳
皇后及後主還天嘉三年至都宣帝時爲驃騎將軍仍以喜爲府諮議參軍領
中記室府朝文翰皆喜詞也文帝嘗謂宣帝曰我諸子皆以伯爲名汝諸子宜
用叔爲稱宣帝以訪喜喜卽條自古名賢杜叔英虞叔卿等二十餘人以啓之
文帝稱善文帝崩廢帝沖昧宣帝錄尚書輔政僕射到仲舉等矯太后令遣宣
帝還東府當時疑懼無敢厝言喜卽馳入謂宣帝曰今日之言必非太后之意

宗社至重願加三思竟如其策右衛將軍韓子高始與仲舉通謀其事未發喜
謂宣帝曰宜簡人馬配與子高幷賜鐵炭使修器甲宣帝曰子高卽欲收執何
更如是喜曰山陵始畢邊寇尚多而子高受委前朝名爲杖順宜推心安誘使
不自疑圖之一壯士之力耳宣帝卒行其計及帝卽位除給事黃門侍郞兼中
書舍人典軍國機密宣帝議北侵敕喜撰軍制十三條詔頒天下文多不載論
定策功封東昌縣侯以太子右衞率右將軍行江夏武陵桂陽三王府國事母
憂去職詔封喜母庾氏東昌國太夫人遣員外散騎常侍杜緬圖其墓田上親
與緬案圖指畫其見重如此歷位御史中丞五兵尚書參掌選事及得淮南之
地喜陳安邊之術宣帝納之卽日施行帝又欲進兵彭汴以問喜喜以爲淮左
新平邊人未輯周氏始吞齊國難與爭鋒未若安人保境斯久長之術也上不
從吳明徹卒俘于周喜後歷丹陽尹吏部尚書及宣帝崩叔陵構逆敕中庶子
陸瓊宣旨令南北諸軍皆取喜處分賊平加侍中初宣帝委政於喜喜數有諫
爭事並見從自明徹敗後帝深悔不用其言謂袁憲曰一不用喜計遂令至此

由是益見親重喜乃言無回避時皇太子好酒德每共親幸人爲長夜之宴喜嘗言之宣帝太子遂銜之卽位後稍見疏遠及被始興王傷創愈置酒引江總以下展樂賦詩醉酣而命喜于時山陵初畢未及踰年喜見之不懌欲諫而後主已醉喜言心疾仆于階下移出省中後主醒乃謂江總曰我悔召毛喜知其無病但欲阻我懽宴非我所爲耳乃與司馬申謀曰此人負氣吾欲將乞鄱陽兄弟聽其報讎可乎對曰終不爲官用願如聖旨傅縡爭之曰若許報讎欲置先皇何地後主曰當與一小郡勿令見人事耳至德元年授永嘉內史喜至郡不受奉秩政弘清靜人吏安之遇豐州刺史章大寶舉兵反郡與豐州接而素無備喜乃修城隍器械又遣兵援建安賊平授南安內史禎明元年徵爲光祿大夫領左驍騎將軍道卒有集十卷子處沖嗣

沈君理字仲倫吳興人也祖僧旻梁左戶尚書父巡元帝時位少府卿魏平荆州梁宣帝署金紫光祿大夫君理美風儀博涉有識鑒陳武帝鎭南徐州巡遣君理致謁深見器重命尚會稽長公主及帝受禪拜駙馬都尉封永安亭侯爲

吳郡太守時兵革未寧百姓荒弊君理總集士卒修飾器械深以幹理見稱文
帝嗣位累遷左戶尚書天嘉六年爲東陽太守天康元年以父憂去職自請往
荆州迎柩朝議以在位重臣難令出境乃遣長兄君嚴往焉及還將葬詔贈巡
侍中領軍將軍謚曰敬子太建中歷位太子詹事吏部尚書宣帝以君理女爲
皇太子妃賜爵望蔡縣侯位侍中尚書右僕射卒贈翊左將軍開府儀同三司
謚曰貞憲君理弟君高君公君高字季高少知名性剛直有吏能位衞尉卿平
越中郎將都督廣州刺史甚得人和卒謚祁子君公自梁元帝敗後常在江陵
禎明中與蕭瓛蕭巖叛隋歸陳後主擢爲太子詹事君公博學有才辯善談論
後主深器之陳亡入隋文帝以其叛亡命斬于建康君理弟叔邁亦方正有幹
局位通直散騎常侍侍東宮

陸山才字孔章吳郡吳人也祖翁寶梁尚書水部郎父汎中散大夫山才倜儻
好尚文史范陽張纘纘弟綰並欽重之紹泰中都督周文育出鎮南豫州不知
書疏以山才爲長史政事悉以委之文育南討剋蕭勃禽歐陽頠計畫多出山

才後文育重鎭豫章金口山才復爲鎭南長史豫章太守文育爲熊曇朗所害
曇朗囚山才等送于王琳未至而侯安都敗琳將常衆愛由是山才獲反累遷
度支尚書坐侍宴與蔡景歷言語過差爲有司所奏免官尋授散騎常侍遷西
陽武昌二郡太守卒諡曰簡子
論曰趙知禮蔡景歷屬陳武經綸之日居文房書記之任此乃宋齊之初傅亮
王儉之職若乃校其才用理不同年而卒能贊務濟時蓋其遇也希祥勞臣之
子才名自致迹涉便佞貞介所羞元饒始終任遇無虧公道名位自卒其殆優
乎子高權重爲戮亦其宜也華皎經綸云始旣蹈元功殷憂之辰自同勁草雖
致奔敗未足爲非師知送往多闕見忌新主謀人之義可無慎哉然晚遇誅夷
非其過也毛喜逢時遇主好謀而成見廢昏朝不致公輔惜矣沈陸所以見重
固亦雅望之所致焉

南史卷六十八

南史卷六十八考證

蔡景歷傳景歷對使人答書筆不停輟文無所改○筆監本誤等今改從陳書

前後姦詭幷受歐陽紇餉絹百匹○陳書詭作訛又歐陽下有武字今各本俱

同仍之

宗元饒傳事無巨細一以貫之○貫陳書作咨

劉師知傳好學有當務才○務陳書作世

毛喜傳宣帝曰子高卽欲收執何更如是○陳書高祖謂曰子高謀反卽欲收

執何爲更如是耶較詳

南史卷六十八考證

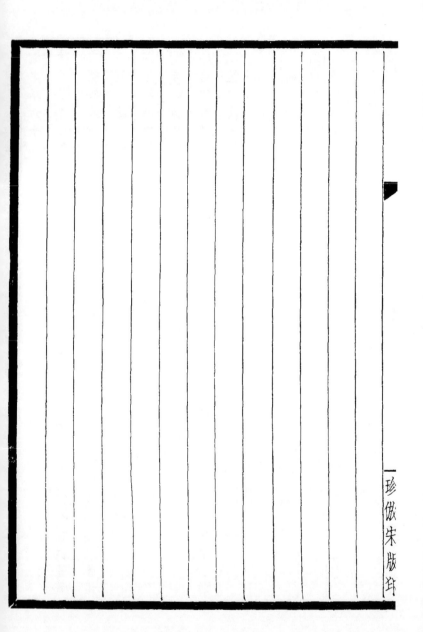

南史卷六十九

唐　李　延　壽　撰

列傳第五十九

沈炯　虞荔弟寄　傅縡章華

顧野王蕭濟　姚察

沈炯字初明吳興武康人也祖瑀梁尋陽太守父續王府記室參軍炯少有儁才爲當時所重仕梁爲尚書左戶侍郎吳令侯景之難吳郡太守袁君正入援建鄴以炯監郡臺城陷景將宋子仙據吳興使召炯方委以書記炯辭以疾子仙怒命斬之炯解衣將就戮礙於路閒桑樹乃更牽往他所或救之僅而獲免子仙愛其才終逼之令掌書記及子仙敗王僧辯素聞其名軍中購得之酬所獲者錢十萬自是羽檄軍書皆出於炯及簡文遇害四方岳牧上表勸進僧辯令炯制表當時莫有逮者陳武帝南下與僧辯會白茅灣登壇設盟炯爲其文及景東奔至吳郡獲炯妻虞氏及子行簡並殺之炯弟攜其母逃免侯景平梁

元帝愍其妻子嬰戮特封原鄉侯僧辯爲司徒以炯爲從事中郎梁元帝徵爲
給事黃門侍郎領尚書左丞魏剋荊州被虜甚見禮遇授儀同三司以母在東
恆思歸國恐以文才被留閉門却掃無所交接時有文章隨即棄毀不令流布
嘗獨行經漢武通天臺爲表奏之陳己思鄉之意曰臣聞橋山雖掩鼎湖之竈
可祠有魯遂荒大庭之跡無泯伏惟陛下降德猗蘭纂靈豐谷漢道既登神仙
可望射之罘於海浦禮日觀而稱功橫中流於汾河指柏梁而高宴何其甚樂
豈不然歟既而運屬上僊道窮晏駕甲帳珠簾一朝零落茂陵玉盌遂出人間
陵雲故基與原田而膴膴別風餘跡帶陵阜而芒芒羈旅縲臣豈不落淚昔承
明見厭嚴助東歸駟馬可乘長卿西反恭聞故實竊有愚心黍稷非馨敢望徵
福但雀臺之弔空愴魏君雍丘之祠未光夏后瞻仰煙霞伏增悽戀奏訖其夜
夢有宮禁之所兵衞甚嚴炯便以情事陳訴聞有人言甚不惜放卿還幾時可
至少日便與王克等並獲東歸歷司農卿御史中丞陳武帝受禪加通直散騎
常侍表求歸養詔不許文帝嗣位又表求去詔答曰當敕所由相迎尊累使卿

公私無廢也初武帝嘗稱烱宜居王佐軍國大政多預謀謨文帝又重其才欲寵貴之會王琳入寇大雷留異擁據東境帝欲使烱因是立功乃解中丞加明威將軍遣還鄉里收徒衆以疾卒於吳中贈侍中諡恭子有書二十卷行於世

虞荔字山披會稽餘姚人也祖權梁廷尉卿永嘉太守父檢平北始興王諮議參軍荔幼聰敏有志操年九歲隨從伯闡候太常陸倕倕問五經十事荔對無遺失倕甚異之又嘗詣徵士何胤時太守衡陽王亦造之胤言於王王欲見荔荔辭曰未有板刺無容拜謁王以荔有高尚之志雅相欽重還郡卽辟爲主簿荔又辭以年小不就及長美風儀博覽墳籍善屬文仕梁爲西中郎法曹外兵參軍兼丹陽詔獄正梁武帝於城西置士林館荔乃制碑奏上帝命勒之於館仍用荔爲士林學士尋爲司文郎還通直散騎侍郎兼中書舍人時左右之任多參權軸內外機務互有帶掌唯荔與顧協泊然靜退居於西省但以文史見知尋領大著作及侯景之亂荔率親屬入臺除鎮西諮議參軍如故臺城陷逃歸鄉里侯景平元帝徵爲中書侍郎貞陽侯僭位授揚州别駕並不就張彪之

據會稽荔時在焉及文帝平彪武帝及文帝並書招之追切不得已乃應命至都而武帝崩文帝嗣位除太子中庶子仍侍太子讀尋領大著作初荔母隨荔入臺卒於臺內尋而城陷情禮不申由是終身蔬食布衣不聽音樂雖任遇隆重而居止儉素淡然無營文帝深器之常引在左右朝夕顧訪荔性沉密少言論凡所獻替莫有見其際者第二弟寄寓於閩中依陳寶應荔每言之輒流涕文帝哀而謂曰我亦有弟在遠此情甚切他人豈知乃敕寶應求寄寶應終不遣荔因以感疾帝欲數往臨視令將家口入省荔以禁中非私居之所乞停城外帝不許乃令住蘭臺乘輿再三臨問手敕中使相望於道又以蔬食積久非羸疾所堪乃敕曰卿年事已多氣力稍減方欲杖委良須克壯今給卿魚肉不得固從所執荔終不從卒贈侍中謚曰德子及喪柩還鄉里上親出臨送當時榮之子世基世南並少知名

寄字次安少聰敏年數歲客有造其父遇寄於門嘲曰郎子姓虞必當無智寄應聲曰文字不辨豈得非愚客大慚入謂其父此子非常人文舉之對不是過

也及長好學善屬文性沖靜有栖遁志弱冠舉秀才對策高第起家梁宣城王國左常侍大同中嘗驟兩殿前往往有雜色寶珠梁武觀之甚有喜色寄因上瑞兩頌帝謂寄兄荔曰此頌典裁清拔卿之士龍也將如何擢用寄聞之歎曰美盛德之形容以申擊壤之情耳吾豈買名求仕者乎乃閉門稱疾唯以書籍自娛岳陽王督爲會稽太守寄爲中記室領郡五官掾在職簡略煩苛務存大體曹局之內終日寂然侯景之亂寄隨兄荔入臺及城陷遁還鄉里張彪往臨川強寄俱行寄與彪將鄭瑋同舟而載瑋嘗忤彪意乃劫寄奔晉安時陳寶應據有閩中得寄甚喜陳武帝平侯景寄勸令自結寶應從之乃遣使歸誠承聖元年除中書侍郎寶應愛其才託以道阻不遣每欲引寄爲僚屬委以文翰寄固辭獲免及寶應結昏留異潛有逆謀寄微知其意言說之際每陳逆順之理微以諷諫寶應輒引說他事以拒之又嘗令左右讀漢書臥而聽之至蒯通說韓信曰相君之背貴不可言寶應蹶然起曰可謂智士寄正色曰覆酈驕韓未足稱智豈若班彪王命識所歸乎寄知寶應不可諫慮禍及己乃爲居士服以

拒絕之常居東山寺僞稱脚疾不復起寶應以爲假託遣人燒寄所臥屋寄安
臥不動親近將扶寄出寄曰吾命有所懸避欲安往所縱火者旋自救之寶應
自此方信之及留異稱兵寶應資其部曲寄乃因書極諫曰東山居士虞寄致
書於明將軍使君節下寄流離艱故飄寓貴鄉將軍待以上賓之禮申以國士
之眷意氣所感何日忘之而寄沉痼彌留愒陰將盡常恐卒塡溝壑涓塵莫報
是以敢布腹心冒陳丹款願將軍留須臾之慮少思察之則冥目之日所懷畢
矣夫安危之兆禍福之機匪獨天時亦由人事失之毫釐差以千里是以明智
之士據重位而不傾執大節而不失豈惑於浮辭哉將軍文武兼資英威動俗
往因多難杖劍興師援旗誓衆抗威千里豈不以四郊多壘共謀王室匡時報
主寧國庇人乎此所以五尺童子皆願荷戟而隨將軍者也及高祖武皇帝肇
基草昧初濟艱難於時天下沸騰人無定主豺狼當道鯨鯢橫擊海內業業未
知所從將軍運動微之鑒折從衡之辯策名委質自託宗盟此將軍妙算遠圖
發於衷誠者也及主上繼業欽明睿聖選賢與能羣臣輯睦結將軍以維城之

重崇將軍以裂土之封豈非宏謨廟略推赤心於物者也屢申明詔款篤慇懃
君臣之分定矣骨肉之恩深矣不意將軍惑於邪說翻於異計寄所以疾首痛
心泣盡繼之以血萬全之策竊爲將軍惜之寄雖疾侵耄及言無足采千慮一
得請陳愚算願將軍少戢雷霆賒其晷刻使得盡狂瞽之說披肝膽之誠則雖
死之日猶生之年也自天厭梁德多難薦臻寰宇分崩英雄互起不可勝紀人
人自以爲得之然夷凶翦亂拯溺扶危四海樂推三靈眷命揖讓而居南面者
陳氏也豈非曆數有在惟天所授當璧應運其事甚明一也主上承基明德遠
被天綱再張地維重紐夫以王琳之彊侯瑱之力進足以搖蕩中原爭衡天下
退足以屈彊江外雄張偏隅然或命一旅之師或資一士之說琳即瓦解冰泮
投身異域瑱則厥角稽顙委命闕庭斯又天假之威而除其患其事甚明二也
今將軍以藩戚之重擁東南之衆盡忠奉上戮力勤王豈不勳高竇融寵過吳
芮析珪判野南面稱孤其事甚明三也且聖朝棄瑕忘過寬厚得人改過自新
咸加敍擢至如余孝頃潘純陁李孝欽歐陽頠等悉委以心腹任以爪牙胷中

豁然曾無纖芥況將軍豐非張繡罪異畢諶當何慮於危亡何失於富貴此又其事甚明四也方今周齊鄰睦境外無虞幷兵一向匪朝伊夕非有劉項競逐之機楚趙連從之事可得雍容高拱坐論西伯其事甚明五也且留將軍狼狽一隅亟經摧衂聲實虧喪膽氣衰沮高瓌向文政留瑜黃子玉此數人者將軍所知首鼠兩端唯利是視其餘將帥亦可見矣孰能被堅執銳長驅深入擊馬埋輪奮不顧命以先士卒者乎此又其事甚明六也且將軍之強孰如侯景將軍之衆孰如王琳武皇滅侯景於前今上摧王琳於後此乃天時非復人力且兵革已後人皆厭亂其孰能棄墳墓捐妻子出萬死不顧之計從將軍於白刃之間乎此又其事甚明七也歷觀前古鑒之往事子陽季孟傾蓋相尋餘善右渠危亡繼及天命可畏山川難恃況將軍欲以數郡之地當天下之兵以諸侯之資拒天子之命強弱逆順可得侔乎此又其事甚明八也且非我族類其心必異不愛其親豈能及物留將軍身縻國爵子尙王姬猶且棄天屬而弗顧背明君而孤立危急之日豈能同憂共患不背將軍者乎至於師老力屈懼誅利

賞必有韓智晉陽之謀張陳井陘之事此又其事甚明九也且北軍萬里遠鬭鋒不可當將軍自戰其地人多顧後梁安背向爲心脩畔匹夫之力衆寡不敵將帥不侔師以無名而出事以無機而動以此稱兵未知其利以漢朝吳楚晉室穎顒連城數十長戟百萬拔本塞源自圖家國其有成功者乎又其事甚明十也爲將軍計者莫若不遠而復絕親留氏秦郎快郎隨遣入質釋甲偃兵一遵詔旨且朝廷許以鐵券之要申以白馬之盟朕不食言誓之宗社寄聞明者覽未形智者不再計此成敗之效將軍勿疑吉凶之幾間不容髮方今蕃維尚少皇子幼沖凡預宗枝皆蒙寵樹況以將軍之地將軍之才將軍之名將軍之勢而能克脩蕃服北面稱臣寧與劉澤同年而語其功業哉豈不身與山河等安名與金石相弊願加三思慮之無忽寄氣力綠微餘陰無幾感恩懷德不覺狂言鈇鉞之誅甘之如薺寶應覽書大怒或謂寶應曰虞公病篤言多錯謬寶應乃小釋亦以寄人望且容之及寶應敗走夜至蒲田顧謂其子扞秦曰早從虞公計不至今日扞秦但泣而已寶應既禽凡諸賓客微有交涉者皆誅唯寄

以先識免禍初沙門慧摽涉獵有才思及寶應起兵作五言詩以送之曰送馬猶臨水離旗稍引風好看今夜月當照紫微宮寶應得之甚悅慧摽以示寄寄一覽便止正色無言慧摽退寄謂所親曰摽公既以此始必以此終後竟坐是誅文帝尋敕都督章昭達發遣寄還朝及至謂曰管寧無恙甚慰勞懷頃之帝謂到仲舉曰衡陽王既出閤須得一人旦夕游處兼掌書記宜求宿士有行業者仲舉未知所對帝曰吾自得之乃手敕用寄寄入謝帝曰所以暫屈卿游蕃非止以文翰相煩乃令以師表相事也後除東中郎建安王諮議加戎昭將軍寄乃辭以疾不堪旦夕陪列王於是令長停公事其有疑議就以決之但朔旦牋脩而已太建八年加太中大夫後卒寄少篤行造次必於仁厚雖僮豎未嘗加以聲色至臨危執節則辭氣凜然白刃不憚也自流寓南土與兄荔隔絕因感氣病每得荔書氣輒奔劇危殆者數矣前後所居官未嘗至秩滿裁期月便自求解退常曰知足不辱吾知足矣及謝病私庭每諸王爲州將下車必造門致禮命釋鞭板以几杖侍坐嘗出游近寺閭里傳相告語老幼羅列望拜道左

或言晉爲約者但指寄便不欺其至行所感如此所制文筆遭亂並多散失

傅縡字宜事北地靈州人也父彝梁臨沂令縡幼聰敏七歲誦古詩賦至十餘萬言長好學能屬文太清末丁母憂在兵亂中居喪盡禮哀毀骨立士友以此稱之後依湘州刺史蕭循循好士廣集墳籍縡肆志尋閱因博通羣書王琳聞其名引爲府記室琳敗隨琳將孫瑒還都時陳文帝使顏晃賜瑒雜物瑒託縡啓謝詞理周洽文無加點晃還言之文帝召爲撰史學士再遷驃騎安成王中記室撰史如故縡篤信佛教從興皇寺慧朗法師受三論盡通其學尋以本官兼通直散騎侍郎使齊還累遷太子庶子後主卽位遷祕書監右衞將軍兼中書通事舍人掌詔誥縡爲文典麗性又敏速雖軍國大事下筆輒成未嘗起草沉思者亦無以加甚爲後主所重然性木強不持檢操負才使氣陵侮人物朝士多銜之會施文慶沈客卿以佞見幸專制衡軸而縡益疎文慶等因共譖之後主收縡下獄縡素剛因憤恚於獄中上書曰夫人君者恭事上帝子愛黔黎省嗜慾遠諂佞未明求衣日旰忘食是以澤被區宇慶流子孫陛下頃來酒色

過度不虔郊廟之神專媚淫昏之鬼小人在側宦豎弄權惡忠直若仇讐視百姓如草芥後宮曳綺繡廐馬餘菽粟兆庶流離轉尸蔽野貨賄公行帑藏損耗神怒人怨衆叛親離恐東南王氣自斯而盡書奏後主大怒頃之稍解使謂曰我欲赦卿卿能改過不綽對曰臣心如面臣面可改則臣心可改後主於是益怒令宦者李善度窮其事賜死獄中有集十卷綽雖強直有才而毒惡傲慢爲當世所疾及死有惡蛇屈尾來上靈牀當前受祭酹去而復來者百餘日時時有彈指聲時有吳興章華字仲宗家本農夫至華獨好學與士君子游處頗通經史善屬文侯景之亂游嶺南居羅浮山寺專精習業歐陽頠爲廣州刺史署爲南海太守頠子紇敗乃還都後主時除太市令非其所好乃辭以疾禎明初上書極諫其大略曰陛下即位於今五年不思先帝之艱難不知天命之可畏溺於嬖寵惑於酒色祠七廟而不出拜妃嬪而臨軒老臣宿將棄之草莽諂佞讒邪升之朝廷今疆場日蹙隋軍壓境陛下如不改絃易張臣見麋鹿復游於姑蘇矣書奏後主大怒即日斬之

顧野王字希馮吳郡吳人也祖子喬梁東中武陵王府參軍事父烜信威臨賀
王記室兼本郡五官掾以儒術知名野王幼好學七歲讀五經略知大指九歲
能屬文嘗制日賦領軍朱异見而奇之十二隨父之建安撰建安地記二篇長
而徧觀經史精記嘿識天文地理著龜占候蟲篆奇字無所不通爲臨賀王府
記室宣城王爲揚州刺史野王及琅邪王褒並爲賓客王甚愛其才野王又善
丹青王於東府起齋令野王畫古賢命王褒書贊時人稱爲二絕及侯景之亂
野王丁父憂歸本郡乃召募鄉黨隨義軍援都野王體素清羸裁長六尺又居
喪過毀殆不勝哀及杖戈被甲陳君臣之義逆順之理抗辭作色見者莫不壯
之城陷逃會稽陳天嘉中敕補撰史學士太建中爲太子率更令尋領大著作
掌國史知梁史事後爲黃門侍郎光祿卿知五禮事卒贈祕書監右衞將軍野
王少以篤學至性知名在物無過辭失色觀其容貌似不能言其厲精力行皆
人所莫及所撰玉篇三十卷輿地志三十卷符瑞圖十卷顧氏譜傳十卷分野
樞要一卷續洞冥記一卷玄象表一卷並行於世又撰通史要略一百卷國史

紀傳二百卷未就而卒有文集二十卷時有蕭濟字孝康東海蘭陵人也好學博通經史仕梁爲太子舍人預平侯景功封松陽縣侯陳文帝爲會稽太守以濟爲宣毅府長史及即位授侍中太建中歷位五兵度支祠部三尚書卒

姚察字伯審吳興武康人吳太常卿信之九世孫也父僧坦梁太醫正及元帝在荆州爲晉安王諮議參軍後入周位遇甚重察幼有至性六歲誦書萬餘言不好戲弄勵精學業十二能屬文僧坦精醫術知名梁代二宮所得供賜皆回給察兄弟爲游學之資察並用聚蓄圖書由是聞見日博年十三梁簡文帝時在東宮盛修文義即引於宣猷堂聽講論難爲儒者所稱及簡文嗣位尤加禮接起家南海王國左常侍兼司文侍郎後兼尚書駕部郎遇梁室喪亂隨二親還鄉里在亂離閒篤學不廢元帝於荆州即位授察原鄉令後爲佐著作撰史陳永定中吏部尚書徐陵領大著作復引爲史佐太建初補宣明殿學士尋爲通直散騎常侍報聘於周江左耆舊先在關右者咸相傾慕沛國劉臻竊於公館訪漢書疑事十餘條並爲剖析皆有經據臻謂所親曰名下定無虛士著西

聘道里記使還補東宮學士遷尚書祠部侍郎舊魏王肅奏祀天地設宮懸之樂八佾之舞爾後因循不革至梁武帝以爲事人禮縟事神禮簡古無宮懸之文陳初承用莫有損益宣帝欲設備樂付有司立議以梁武爲非時碩學名儒朝端在位咸希旨注同察乃博引經籍獨違羣議據梁樂爲是當時驚駭莫不慚服僕射徐陵因改同察議其不順時隨俗皆此類也後歷仁威淮南王平南建安王二府諮議參軍丁內憂去職俄起爲戎昭將軍知撰梁史後主立兼東宮通事舍人知撰史至德元年除中書侍郎轉太子僕餘並如故初梁室淪沒察父僧坦入長安察蔬食布衣不聽音樂至是凶問因聘使到江南時察母韋氏喪制適除後主以察羸瘠慮加毀頓乃密遣中書舍人司馬申就宅發哀仍敕申專加譬抑尋以忠毅將軍起兼東宮通事舍人察頻讓不許俄敕知著作郎事服闋除給事黃門侍郎領著作察既累居憂戚齋素日久因加氣疾後主嘗別召見爲之動容命停長齋令從晚食又詔授祕書監領著作奏撰中書表集歷度支吏部二尚書察自居顯要一不交通嘗有私門生不敢厚餉送南布

一端花練一匹察謂曰吾所衣著止是麻布蒲練此物於吾無用既欲相款接幸不煩爾此人遜請察厲色驅出自是莫敢饋遺陳亡入隋詔授祕書丞別敕成梁陳二史又敕於朱華閣長參文帝知察蔬菲別日獨召入內殿賜果菜指謂朝臣曰聞姚察學行當今無比我平陳唯得此一人開皇十三年襲封北絳郡公察在陳時聘周因得與父僧垣相見將別之際絶而復蘇至是承襲愈更悲感見者莫不爲之歔欷丁後母杜氏喪解職在服制之中有白鳩巢於戶上仁壽二年詔除員外散騎常侍晉王侍讀煬帝卽位授太子內舍人及改易衣冠刪定朝式預參對問大業二年終於東都遺命薄葬以松板薄棺纔可容身土周於棺而已葬日止鹿車卽送厝舊塋北不須立靈置一小牀每日設清水六齋日設齋食菜果任家有無不須別經營也初察欲讀一藏經並已究竟將終曾無痛惱但西向坐正念云一切空寂其後身體柔軟顏色如恆兩宮悼惜贈賻甚厚察至孝有人倫鑒識沖虛謙遜不以所長矜人專志著書白首不倦所著漢書訓纂三十卷說林十卷西聘玉璽建康三鍾等記各一卷文集二十

卷所撰梁陳史雖未畢功隋開皇中文帝遣中書舍人虞世基索本且進臨士
戒子思廉撰續思廉在陳爲衡陽王府法曹參軍會稽王主簿
論曰沈炯才思之美足以繼踵前良然仕於梁朝年已知命主非不文而位裁
邑宰及於運逢交喪驅馳戎馬所在稱美用捨信有時焉虞荔弟兄才行兼著
崎嶇喪亂保茲貞一並取貴時主豈虛得乎傅縡聰警特達才氣自負行之平
日其猶殆諸處以危邦死其宜矣顧姚栖託藝文蹈履清直文質彬彬各踐通
賢之域美矣乎

南史卷六十九

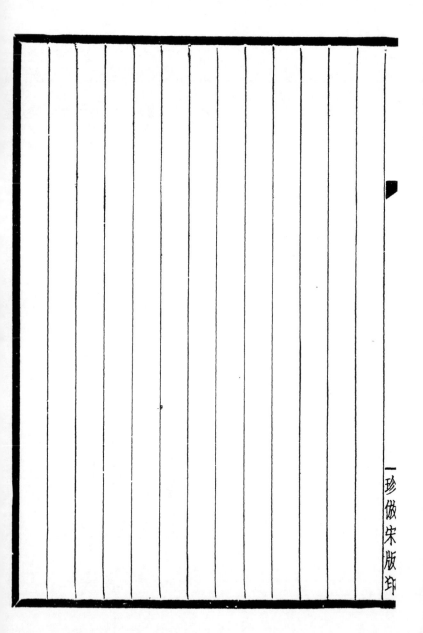

南史卷六十九考證

虞荔傳方欲杖委良須克壯○一本杖作仗克作充

弟寄傳高褰向文政留瑜黄子玉此數人者○玉監本譌王今改正

至於師老力屈懼誅利賞○屈監本誤君今改從南本

倐盱匹夫之力衆寡不敵將帥不侔○倐盱監本誤脩盱今改從陳書

南史卷六十九考證

南史卷七十

唐　李　延　壽　撰

列傳第六十

循吏

吉翰　杜驥　申恬　杜慧慶

阮長之　甄法崇孫彬　傅琰孫岐　虞愿

王洪軌李珪之　沈瑀　范述曾　孫謙從子廉

何遠　郭祖深

昔漢宣帝以爲政平訟理其惟良二千石乎前史亦云今之郡守古之諸侯也故長吏之職號曰親人至於道德齊禮移風易俗未有不由之矣宋武起自匹庶知人事艱難及登庸作宰留心吏職而王略外舉未遑內務奉師之費日耗千金播茲寬簡雖所未暇而黜己屏欲以儉御身左右無幸謁之私閨房無文綺之飾故能戎車歲駕邦甸不擾文帝幼而寬仁入纂大業及難興陝服六戎

薄伐興師命將動在濟時費由府實事無外擾自此方內晏安甿庶蕃息奉上供徭止於歲賦晨出暮歸自事而已守宰之職以六期爲斷雖沒世不徙未及曩時而人有所係吏無苟得家給人足卽事雖難轉死溝渠於時可免凡百戶之鄉有市之邑歌謠舞蹈觸處成羣蓋宋時之極盛也暨元嘉二十七年舉境外捍於是傾資掃蓄猶有未供深賦厚斂天下騷動自茲迄於孝建兵連不息以區區江東蕞爾迫隘薦之以師旅因之以凶荒向時之盛自此衰矣晉世諸帝多處內房朝晏所臨東西二堂而已孝武末年清暑方搆及永初受命無所改作所居唯稱西殿不制嘉名文帝因之亦有合殿之稱及孝武承統制度滋長犬馬餘菽粟土木衣綈繡追陋前規更造正光玉燭紫極諸殿彫欒綺節珠窗網戶嬖女幸臣賜傾府藏竭四海不供其欲殫人命未快其心明皇繼祚彌篤浮侈恩不卹下以至橫流莅人之官遷變歲屬突不得黔竈未暇暖蒲密之化事未易階豈徒吏不及古人乖於昔蓋由爲上所擾致化莫從齊高帝承斯奢縱輔立幼主思振人瘼風移百城爲政未朞擢山陰令傅琰爲益州刺史乃

損華反樸恭己南面導人以躬意存勿擾以山陰大邑獄訟繁滋建元三年別置獄丞與建康爲比永明繼運垂心政術杖威善斷猶多漏網長吏犯法封刃行誅郡縣居職以三周爲小滿水旱之災輒加振卹十許年中百姓無犬吠之驚都邑之盛士女昌逸歌聲舞節袨服華粧桃花淥水之間秋月春風之下無往非適明帝自在布衣達於吏事及居宸扆專務刀筆未嘗枉法申恩守宰由斯而震懾以魏軍入伐疆埸大擾兵車連歲不遑啓居軍國糜耗從此衰矣繼以昏亂政由羣孽賦調雲起徭役無度守宰多倚附權門互長貪虐裒刻聚斂侵擾黎甿天下搖動無所措其手足梁武在田知人疾苦及定亂之始仍下寬書東昏時雜調咸悉除省於是四海之內始得息肩及踐皇極躬覽庶事日昃聽政求瘼卹隱乃命輶軒以省方俗置肺石以達窮人勞己所先事唯急病元年始去人貲計丁爲布在身服浣濯之衣御府無文錦之飾太官常膳唯以菜蔬圓案所陳不過三盞蓋以儉先海內也故每選長吏務簡廉平皆召見於前親勗政道始擢尚書殿中郎到溉爲建安內史左戶侍郎劉鬷爲晉安太守溉

等居官並以廉潔著又著令小縣有能遷爲大縣令大縣有能遷爲二千石於
是山陰令丘仲孚有異績以爲長沙內史武康令何遠清公以爲宣城太守剖
符爲吏者往往承風焉斯亦近代奬勸之方也案前史各立循吏傳序其德美
今並掇采其事以備此篇云
吉翰字休文馮翊池陽人也初爲龍驤將軍劉道憐參軍隨府轉征虜左軍參
軍隨道憐北征廣固賜爵建城縣五等侯參宋武帝中軍軍事臨淮太守復爲
道憐驃騎中兵參軍從事中郎爲將佐十餘年清謹勤正甚爲武帝所知賞元
嘉中歷位梁南秦二州刺史徙益州刺史加督在任著美績甚得方伯之體論
者稱之累遷徐州刺史監徐兗二州豫州梁郡諸軍事時有死罪囚典籤意欲
活之因翰入關齋呈事翰省訖語令且去明可更呈明旦典籤不敢復入呼之
乃來取昨所呈事視訖謂曰卿意當欲宥此囚死命昨於齋坐見其事亦有心
活之但此囚罪重不可全貸既欲加恩卿便當代任其罪因命左右收典籤付
獄殺之原此囚生命其刑政類如此自下畏服莫敢犯禁卒於官

杜驥字度世京兆杜陵人也高祖預晉征南將軍曾祖耽避難河西因仕張氏苻堅平涼州父祖始還關中兄坦頗涉史傳宋武帝平長安隨從南還元嘉中位青冀二州刺史晚度北入南朝常以傖荒遇之雖復人才可施每爲清途所隔坦恆以慨然嘗與文帝言及史籍上曰金日磾忠孝淳深漢朝莫及恨今世無復此輩人坦曰日磾之美誠如聖詔假使出乎今世養馬不暇豈辨見知上變色曰卿何量朝廷之薄也坦曰請以臣言之臣本中華高族亡高祖因晉氏喪亂播遷涼土直以南度不早便以荒傖賜隔日磾胡人身爲牧圉便超入內侍齒列名賢聖朝雖復拔才臣恐未必能也上默然北土舊法問疾必遣子弟驥年十三父使候同郡韋華華子玄有高名見而異之以女妻焉累遷長沙王義欣後軍錄事參軍元嘉七年隨到彥之入河南加建武將軍魏撤河南戍悉歸河北彥之使驥守洛陽洛陽城廢久又無糧食及彥之敗退驥欲棄城走慮爲文帝誅初武帝平關洛致鍾虡舊器南還一大鍾墜洛水中至是帝遣將姚聳夫領千五百人迎致之時聳夫政率所領牽鍾於洛水驥乃遣使紿之曰虜

既南度洛城勢弱今脩理城池並已堅固軍糧又足所乏者人耳君率衆見就
共守此城大功既立取鍾無晚聳夫信之率所領就驥及至城不可守又無糧
食於是引衆去驥亦委城南奔白文帝本欲以死固守姚聳夫入城便走人情
沮敗不可復禁上怒使建威將軍鄭順之殺聳夫於壽陽聳夫吳興武康人勇
果有氣力宋偏裨小將莫及十七年驥爲青冀二州刺史在任八年惠化著於
齊土自義熙至於宋末刺史唯羊穆之及驥爲吏人所稱詠後徵爲左軍將軍
兄坦代爲刺史北土以爲榮焉坦長子琬爲員外散騎侍郞文帝嘗有函詔敕
坦琬輒開視信未及發又追取之敕函已發大相推檢上遣主書詰責驥并檢
開函之主驥答曰開函是臣第四息季文伏待刑坐上特原不問卒官第五子
幼文薄於行明帝初以軍功封邵陽縣男尋坐巧妄奪爵後以發太尉廬江王
禕謀反事拜給事黃門侍郞廢帝元徽中爲散騎常侍幼文所莅貪橫家累千
金與沈勃孫超之居止接近又並與阮佃夫厚善佃夫既死廢帝深疾之帝微
行夜輒在幼文門墉間聽其絃管積久轉不能平於是自率宿衛兵誅幼文勃

超之等兄叔文爲長水校尉亦誅

申怗字公休魏郡魏人也曾祖鍾爲石季龍司徒宋武帝平廣固怗父宣宣從父兄永皆得歸晉並以幹用見知武帝踐阼拜太中大夫宣元嘉初歷兗青二州刺史怗兄謨與朱脩之守滑臺魏剋滑臺見虜後得還爲竟陵太守怗初爲驃騎劉道憐長兼行參軍宋受命辟東宮殿中將軍度還臺直省十年不請休息歷下邳北海二郡太守所至皆有政績又爲北譙梁二郡太守郡境邊接任榛屢被寇抄怗到任密知賊來乃伏兵要害出其不意悉皆禽殄元嘉十二年遷督魯東平濟北三郡諸軍事太山太守威惠兼著吏人便之二十一年冀州移鎮歷下以怗爲冀州刺史加督明年加濟南太守孝武踐阼爲青州刺史尋加督齊地連歲與兵百姓彫弊怗防禦邊境勸課農桑二三年間遂皆優實性清約頻處州郡妻子不免飢寒世以此稱之後拜豫州刺史以疾徵還道卒死之日家無遺財子實南譙太守謨子元嗣海陵太守元嗣弟謙臨川內史永子坦孝建初爲太子右衛率徐州刺史大明元年魏攻兗州孝武遣太子左衛率

薛安都東陽太守沈法系北捍至兗州魏軍已去坦建議任榛亡命屢犯邊人今軍出無功宜因此翦撲上從之亡命先已聞知舉村逃走安都法系坐白衣領職坦棄市羣臣爲請莫得將行刑始與公沈慶之入市抱坦痛哭曰卿無罪爲朝廷所枉誅我入市亦當不久市官以白上乃原生命繫尚方尋被宥復爲驍騎將軍疾卒子令孫明帝時爲徐州刺史討薛安都行至淮陽卽與安都合弟闡時爲濟陰太守戍睢陵城奉順不同安都安都攻圍不能剋會令孫至遣往睢陵說闡闡降殺之令孫亦見殺

杜慧慶交阯朱戴人也本屬京兆曾祖元爲寧浦太守遂居交趾父瑗字道言仕州府爲日南九德交趾太守初九真太守李遜父子勇壯有權力威制交土聞刺史滕遯之當至分遣二子斷遏水陸津要瑗收衆斬遜州境獲寧後爲龍驤將軍交州刺史宋武帝義旗建進號冠軍將軍盧循竊據廣州遣使通好瑗斬之義熙六年卒年八十四贈右將軍慧慶瑗第五子也七年除交州刺史詔書未到其年春盧循襲破合浦徑向交州慧慶乃率文武六千人拒循於石碕

破之循雖破餘黨皆習兵事李遜子孫李奕李移李脫等皆奔竄石碕盤結俚獠各有部曲循知奕等與杜氏有怨遣使招之奕等受循節度六月庚子循晨造南津令三軍入城乃食慧慶悉出宗族私財以充勸賞自登高艦合戰放火箭循衆艦俱然一時散潰循中箭赴水死斬循及父嘏并循二子並傳首建鄴封慧慶龍編縣侯武帝踐阼進號輔國將軍其年南討林邑林邑乞降輸生口大象金銀古貝等乃釋之遣長史江攸奉表獻捷慧慶布衣蔬食儉約質素能彈琴頗好莊老禁斷淫祀崇脩學校歲荒人飢則以私祿振給爲政纖密有如居家由是威惠霑洽姦盜不起乃至城門不夜閉道不拾遺卒追贈左將軍以慧慶長子弘文爲振遠將軍交州刺史初武帝北征關洛慧慶板弘文行九真太守乃繼父爲刺史亦以寬和得衆襲爵龍編侯元嘉四年文帝以廷尉王徽爲交州刺史弘文被徵會得重疾牽以就路親舊見其患篤勸待病愈弘文曰吾世荷皇恩杖節三世常欲投軀帝庭以報所荷況親被徵命而可晏然者乎弘文母阮年老見弘文與疾就路不忍別與到廣州遂卒臨死遣弟弘猷詣建

鄰朝廷甚哀之孝建中以豫章太守檀和之爲豫州刺史和之先歷始與太守交州刺史所在有威名盜賊屏迹每出獵猛獸伏不敢起

阮長之字景茂一字善業陳留尉氏人也祖思曠金紫光祿大夫父普驃騎諸議參軍長之年十五喪父有孝性哀感傍人除服蔬食者猶積載閑居篤學未嘗有惰容初爲諸府參軍母老求補襄垣令督郵無禮鞭之去職後拜武昌太守時王弘爲江州雅相知重引爲車騎從事中郎元嘉十一年除臨海太守在官常擁敗絮至郡少時母亡葬畢不勝憂卒時郡田祿以芒種爲斷此前去官者則一年秩祿皆入後人始以元嘉末改此科計月分祿長之去武昌郡代人未至以芒種前一日解印綬初發都親故或以器物贈别得便緘錄後歸悉以還之爲中書郎直省夜往鄰省誤著屐出閤依事自列門下以闇夜人不知不受列長之固遣送曰一生不侮暗室前後所莅官皆有風政爲後人所思宋世言善政者咸稱之文帝深惜之曰景茂方堪大用豈直以清苦見惜子師門原鄉令元嘉初文帝遣大使巡行四方兼散騎常侍王歆之等上言宣威將軍陳

南頓二郡太守李元德清勤均平姦盜止息彭城內史魏恭子廉惜脩愼在公忘私安約守儉久而彌固前宋縣令成浦爲政寬濟遺詠在人前鮦陽令李熙國在事有方人思其政故山桑令何道自少清廉白首彌厲應如襃賚以勸於後各被襃賜歆之字叔道河東人曾祖愆期有名晉世官至南蠻校尉歆之位左戶尙書光祿大夫卒官

甄法崇中山人也父匡位少府卿以清聞法崇宋永初中爲江陵令在任嚴整縣境肅然於時南平繆士通爲江安令卒官至其年末法崇在聽事士通前見法崇知其已亡愕然未言坐定云鄉縣人宋雅見負米千餘石不還令兒窮㢢不自存故自訴法崇因命口受爲辭因遜謝下席而法崇爲問繆家狼狽輸送太守王華聞而歎美之法崇孫彬彬有行業鄉黨稱善嘗以一束苧就州長沙寺庫質錢後贖苧還於苧束中得五兩金以手巾裹之彬得送還寺庫道人驚云近有人以此金質錢時有事不得舉而失檀越乃能見還輒以金半仰酬往復十餘彬堅然不受因謂曰五月披羊裘而負薪豈拾遺金者邪卒還金梁武

帝布衣而聞之及踐阼以西昌侯藻爲益州刺史乃以彬爲府錄事參軍帶郫
縣令將行同列五人帝誡以廉慎至彬獨曰卿昔有還金之美故不復以此言
相屬由此名德益彰及在蜀藻禮之甚厚云
傅琰字季珪北地靈州人也曾祖弘仁宋武帝之外弟以中表歷顯官位太常
卿祖劭字彥先員外散騎侍郎父僧祐山陰令有能名琰美姿儀仕宋爲武康
令還山陰令並著能名二縣皆謂之傅聖賜爵新亭侯元徽中還尚書左丞母
喪鄰家失火延燒琰屋抱柩不動鄰人競來赴救乃得俱全琰股髀之間已被
煙熠齊高帝輔政以山陰獄訟煩積復以琰爲山陰令賣針賣糖老姥爭團絲
來詣琰琰挂團絲於柱鞭之密視有鐵屑乃罰賣糖者又二野父爭雞琰各問
何以食雞一人云粟一人云豆乃破雞得粟罪言豆者縣內稱神明無敢爲偷
琰父子並著奇績時云諸傅有理縣譜子孫相傳不以示人昇明中還益州刺
史自縣還州近世罕有齊建元四年徵驍騎將軍黃門郎永明中爲廬陵王安
西長史南郡內史行荊州事卒琰喪西還有詔出臨哭時長沙太守王沉新蔡

太守劉聞慰晉平太守丘仲起長城縣令何敬叔故鄣縣令丘寂之皆有能名

而不及琰也沉字彥流東海人歷錢唐山陰秣陵令南平長沙太守清廉戒慎

身恆居祿而居處日貧死之日無宅可憩故吏爲營棺柩聞慰自有傳仲起見

沈憲傳敬叔見子思澄傳寂之字德玄吳興烏程人年十七爲州西曹兼直主

簿刺史王彧行夜還前驅已至而寂之不肯開門曰不奉墨旨彧方於車中爲

教然後開彧歎曰不意郅君章近在閤下卽轉爲主簿在縣專以廉潔御下於

時丹徒縣令沈𪱇之以清廉抵罪寂之聞之曰淸吏眞不可爲也政當處季孟

之閒𪱇之吳興武康人性疏直在縣自以清廉不事左右浸潤日至遂鎖繫尙

方歎曰一見天子足矣上召問曰復欲何陳答曰臣坐清所以獲罪上曰清復

何以獲罪曰無以承奉要人上曰要人爲誰𪱇之以手板四面指曰此赤衣諸

賢皆是若臣得更鳴必令清譽日至𪱇之雖危言上亦不責後知其無罪重除

丹徒令入縣界吏人候之謂曰我今重來當以人肝代米不然清名不立又有

汝南周洽歷句容曲阿上虞吳令廉約無私卒於都水使者無以殯斂吏人爲

買棺器齊武帝聞而非之曰洽累歷名邑而居處不理遂坐無車宅死令吏衣
棺之此故宜罪貶無論褒恤乃敕不給贈賻琰子翽爲官亦有能名後爲吳令
別建康令孫廉廉因問曰聞丈人發姦擿伏惠化如神何以至此答曰無他也
唯勤而清清則憲綱自行勤則事無不理憲綱自行則吏不能欺事自理則物
無疑滯欲不理得乎時臨淮劉玄明亦有吏能歷山陰建康令政常爲天下第
一終於司農卿後翽又代玄明爲山陰令問玄明曰願以舊政告新令尹答曰
我有奇術卿家譜所不載臨別當相示既而曰作縣令唯日食一升飯而莫飲
酒此第一策也翽天監中爲建康令復有能名位驃騎諮議子岐岐字景平仕
梁起家南康王左常侍後兼尚書金部郎母憂去職居喪盡禮服闋後疾廢久
之復除始新令縣人有因鬭相毆而死死家訴郡郡錄其仇人考掠備至終不
引咎郡乃移獄於縣岐卽令脫械以和言問之便卽首服法當償死會冬節至
岐乃放其還家獄曹掾固爭曰古者有此今不可行岐曰其若負信縣令當坐
竟如期而反太守深相歎異遽以狀聞岐後去縣人無老少皆出境拜送號哭

聞數十里至都除廷尉正入兼中書通事舍人累遷安西中記室兼舍人如故岐美容止博涉能占對大同中與魏和親其使歲中再至常遣岐接對焉太清元年累遷太僕司農卿舍人如故岐在禁省十餘年機事密勿亞於朱异此年冬貞陽侯蕭明伐彭城兵敗囚於魏三年明遣使還述魏欲通和好敕有司及近臣定議左衞朱异曰邊境且得靜寇息人於事爲便議者並然之岐獨曰高澄既新得志何事須和必是設閒故令貞陽遣使令侯景自疑當以貞陽易景景意不安必圖禍亂若許通好政是墮其計中且彭城去歲喪師渦陽復新敗退今使就和益示國家之弱和不可許异等固執帝遂從之及遣使景果有此疑遂舉兵入寇請誅朱异三年還中領軍舍人如故二月侯景於闕前通表乞割江右四州安置部下當解圍還鎮敕許之乃於城西立盟求遣召宣城王出送岐固執宣城王嫡嗣之重不宜許之乃遣石城公大款送之及與景盟訖城中文武喜躍冀得解圍岐獨言於衆曰賊舉兵爲逆豈有求和及景背盟莫不歎服尋有詔以岐勤勞封南豐縣侯固辭不受宮城失守岐帶疾出圍卒於宅

虞愿字士恭會稽餘姚人也祖賚給事中監利侯父望之早卒賚中庭橘樹冬熟子孫競來取之愿年數歲獨不取賚及家人皆異之宋元嘉中爲湘東王國常侍及明帝立以愿儒吏學涉兼蕃國舊恩意遇甚厚除太常丞尚書祠部郎通直散騎侍郎帝性猜忌體肥憎風夏月常著小皮衣拜左右二人爲司風令史風起方面輒先啓聞星文災變不信太史不聽外奏敕靈臺知星二人給愿常內省直有異先啓以相檢察帝以故宅起湘宮寺費極奢侈以孝武莊嚴刹七層帝欲起十層不可立分爲兩刹各五層新安太守巢尚之罷郡還見帝曰卿至湘宮寺未我起此寺是大功德愿在側曰陛下起此寺皆是百姓賣兒貼婦佛若有知當悲哭哀愍罪高佛圖有何功德尚書令袁粲在坐爲之失色帝大怒使人馳曳下殿愿徐去無異容以舊恩少日中已復召入帝好圍碁甚拙去格七八道物議共欺爲第三品與第一品王抗圍碁依品賭戲抗饒借帝曰皇帝飛碁臣抗不能斷帝終不覺以爲信然好之愈篤愿又曰堯以此教丹朱非人主所宜好也雖數忤旨而蒙賞賜猶異餘人遷兼中書郎帝寢疾愿常侍

醫藥帝尤好逐夷以銀鉢盛蜜漬之一食數鉢謂揚州刺史王景文曰此是奇味卿頗足不景文答曰臣夙好此物貧素尋之甚難帝甚悅食逐夷積多胷腹痞脹氣將絶左右啓飲數升酢酒乃消疾大困一食汁滓猶至三升水患積久藥不復效大漸日正坐呼道人合掌便絶愿以侍疾久轉正員郎出爲晉安太守在郡不事生業前政與百姓交關質錄其兒婦愿遣人於道奪取將還在郡立學堂教授郡舊出髯蛇膽可爲藥有遺愿蛇者愿不忍殺放二十里外山中一夜蛇還牀下復送四十里山經宿復歸論者以爲仁心所致海邊有越王石常隱雲霧相傳云清廉太守乃得見愿往就觀視清徹無所隱蔽後琅邪王秀之爲郡與朝士書曰此郡承虞公之後善政猶存遺風易遵差得無事以母老解職除後軍將軍褚彥回嘗詣愿愿不在見其眠牀上積塵埃有書數袠彥回歎曰虞君之清至於此令人掃地拂床而去還中書郎領東觀祭酒兄季爲上虞令卒愿從省步出還家不得詔便歸東除驍騎將軍遷廷尉祭酒如故愿嘗事宋明帝齊初神主遷汝陰廟愿拜辭流涕建元元年卒愿著五經論問撰會

稽記文翰數十篇
王洪軌上谷人也宋太始中魏剋青州洪軌得別駕清河崔祖歡女仍以爲妻祖歡女說洪軌南歸宋桂陽王之難隨齊高帝鎮新亭常以身捍矢高帝曰我自有楯卿可自防答曰天下無洪軌何有哉蒼生方亂豈可一日無公帝甚賞之後爲晉壽太守多昧贓賄爲州所按大懼棄郡奔建鄴高帝輔政以爲腹心建武初爲青冀二州刺史悔爲晉壽時貨賕所敗更勵清節先是青州資魚鹽之貨或彊借百姓麥地以種紅花多與部下交以祈利益洪軌至一皆斷之啓求侵魏得黄郭鹽倉等數戍後遇敗死傷塗地深自咎責乃於謝祿山南除地廣設茵席殺三牲招戰亡者魂祭之人人呼名躬自沃酹仍慟哭不自勝因發病而亡洪軌既北人而有清正州人呼爲虜父使君言之咸落淚永明中有江夏李珪之字孔璋位尚書右丞兼都水使者歷職稱爲清能後兼少府卒
沈瑀字伯瑜吳興武康人也父昶事宋建平王景素景素謀反昶先去之及敗坐繫獄瑀詣臺陳請得免罪由是知名爲奉朝請嘗詣齊尚書左丞殷瀰瀰與

語及政事甚器之謂曰觀卿才幹當居吾此職司徒竟陵王子良聞瑀名引爲府行參軍領揚州部傳從事時建康令沈徽孚恃勢傲瑀瑀以法繩之衆憚其強子良甚相知賞雖家事皆以委瑀子良薨瑀復事刺史始安王遙光嘗使送人丁速而無怨遙光謂同使吏曰爾何不學沈瑀所爲乃令瑀專知州獄事湖熟縣方山埭高峻冬月公私行侶以爲艱明帝使瑀行脩之瑀乃開四洪斷行客就作三日便辦揚州書佐私行詐稱州使不肯就作瑀鞭之四十書佐歸訴遙光遙光曰沈瑀必不枉鞭汝覆之果有詐明帝復使瑀築赤山塘所費減材官所量數十萬帝益善之爲建德令教人一丁種十五株桑四株柿及梨栗女子丁半之人咸懽悅頃之成林去官還都兼行選曹郎隨陳伯之軍至江州會梁武起兵圍郢城瑀說伯之迎武帝伯之泣曰余子在都瑀曰不然人情匈匈皆思改計若不早圖衆散難合伯之遂降初瑀在竟陵王家素與范雲善齊末嘗就雲宿夢坐屋梁柱上仰見天中有字曰范氏宅至是瑀爲帝說之帝曰雲得不死此夢可驗及帝卽位雲深薦瑀自既陽令擢兼尙書右丞時天下初定

陳伯之言瑀催督運輸軍國獲濟帝以爲能遷尙書駕部郎兼右丞如故瑀薦族人沈僧隆僧照有吏幹帝並納之以母憂去職起爲餘姚令縣大姓虞氏千餘家請謁如市前後令長莫能絕自瑀到非訟訴無所通以法繩之縣南又豪族數百家子弟縱橫遞相庇廕厚自封植百姓甚患之瑀召其老者爲石頭倉監少者補縣僮皆號泣道路自是權右屏跡瑀初至富吏皆鮮衣美服以自彰别瑀怒曰汝等下縣吏何得自擬貴人悉使著芒屩麤布侍立終日足有蹉跌輒加榜捶瑀微時嘗至此鬻瓦器爲富人所辱故因以報焉由是士庶駭怨瑀廉潔自守故得遂行其意後爲安南長史尋陽太守江州刺史曹景宗卒仍爲信威蕭穎達長史太守如故瑀性屈強每忤穎達穎達銜之天監八年因入諮事辭又激厲穎達作色曰朝廷用君作行事邪瑀出謂人曰我死而後已終不能傾側面從是日於路爲人所殺多以穎達害焉子續累訟之遇穎達尋卒事不窮竟續乃布衣蔬食終其身

范述曾字子玄一字穎彥吳郡錢唐人也幼好學從餘杭呂道惠受五經略通

章句道惠曰此子必爲王者師齊文惠太子竟陵文宣王幼時齊高帝引述曾
爲之師友起家宋晉熙王國侍郎齊初至南郡王國郎中令還太子步兵校尉
帶開陽令述曾爲人謇諤在官多所諫爭太子雖不能全用然亦弗之罪也竟
陵王深相器重號爲周舍太子左衞率沈約亦以述曾方汲黯齊明帝即位爲
永嘉太守爲政清平不尚威猛吐俗便之所部横陽縣山谷嶮峻爲逋逃所聚
前後二千石討捕莫能息述曾下車開示恩信凡諸凶黨襁負而出編戶屬籍
者二百餘家自是商旅流通居人安業勵志清白不受饋遺明帝下詔褒美徵
爲游擊將軍郡送故舊錢二十餘萬一無所受唯得白桐木火籠朴十餘枚而
已東昏時拜中散大夫還鄉里梁武帝踐阼乃輕行詣闕仍辭還武帝下詔褒
美以爲太中大夫述曾生平所得奉祿皆以分施及老遂壁立無資以天監八
年卒注易文言著雜詩賦數十篇後有吳興丘師施亦廉潔稱罷臨安縣還唯
有二十籠簿書並是倉庫券帖當時以比述曾位至臺郎
孫謙字長遜東莞莒人也客居歷陽躬耕以養弟妹鄉里稱其敦睦仕宋爲句

容令清慎強記縣人號爲神明宋明帝以爲巴東建平二郡太守郡居三峽恆
以威力鎮之謙將述職敕募千人自隨謙曰蠻夷不賓蓋待之失節耳何煩兵
役以爲國費固辭不受至郡布恩惠之化蠻獠懷之競餉金寶謙慰諭而遣一
無所納及掠得生口皆放還家奉秩出吏人者悉原除之郡境翕然威恩大著
視事三年徵還爲撫軍中兵參軍遷越騎校尉征北司馬府主建平王將稱兵
患謙強直託事遣使至都然後作亂及建平誅遷左軍將軍齊初爲錢唐令御
煩以簡獄無繫囚及去官百姓以謙在職不受餉遺追載縑帛以送之謙辭不
受每去官輒無私宅借空車廄居焉永明初爲江夏太守坐被代輒去郡繫尚
方頃之免爲中散大夫明帝將廢立欲引謙爲心膂使兼衞尉給甲仗百人謙
不願處際會輒散甲士帝雖不罪而弗復任焉梁天監六年爲零陵太守年已
衰老猶強力爲政吏人安之先是郡多猛獸暴謙至絕迹及去官之夜猛獸即
害居人謙爲郡縣常勤勸課農桑務盡地利收入常多於鄰境九年以老徵爲
光祿大夫及至帝嘉其清潔甚禮異焉每朝見猶請劇職自効帝笑之曰朕當

使卿智不使卿力十四年詔加優秩給親信二十人幷給扶謙自少及老歷二縣五郡所在廉潔居身儉素牀施蘧蒢屏風冬則布被莞席夏日無幬帳而夜臥未嘗有蚉蚋人多異焉年踰九十强壯如五六十者每朝會輒先衆到公門力於仁義行己過人甚遠從兄靈慶嘗病寄謙謙行出還問起居靈慶曰向飲冷熱不調卽時猶渴謙退遣其妻有彭城劉融行乞疾篤無所歸友人輿送謙舍謙開聽事以受之及融死以禮殯葬衆咸服其行義末年頭生二肉角各長一寸十五年卒官時年九十二臨終遺命諸子曰吾少無人間意故自不求聞達而仕歷三代官成兩朝如我資名或蒙贈諡自公體耳氣絕卽以幅巾就葬每存儉率比見輼車過精非吾志也士安束以蘧蒢王孫倮入后地雖是匹夫之節取於人情未允今使棺足周身壙足容柩旐書爵里無曰不然旐表命數差可停息直僦輼牀裝之以蘧以常所乘者爲魂車他無所用第二子貞巧乃織細蘧裝輼以篾爲鈴佩雖素而華帝爲舉哀甚悼惜之

從子廉字思約父奉伯位少府卿淮南太守廉便辟巧宦齊時已歷大縣尙書

右丞天監初沈約范雲當朝用事廉傾意奉之及中書舍人黃睦之等亦尤所結附凡貴要每食廉必日進滋旨皆手自煎調不辭勤劇遂得爲列卿御史中丞晉陵吳興太守廣陵高爽有險薄才客於廉廉委以文記爽嘗有求不遂乃爲屐謎以喻廉曰刺鼻不知嚏蹋面不知瞋齧齒作步數持此得勝人譏其不計恥辱以此取名位然處官平直遂以善政稱武帝嘗曰東莞二孫謙廉而已

何遠字義方東海郯人也父慧炬齊尚書郎遠仕齊爲奉朝請豫崔慧景敗亡事抵尚書令蕭懿懿深保匿焉會赦出頃之懿遭難子弟皆潛伏遠求得懿弟融藏之既而發覺遠踰垣以免融遇禍遠家屬繫尚方遠遂亡度江因降魏入壽陽見刺史王肅求迎梁武帝肅遣兵援送武帝見遠謂張弘策曰何遠丈夫而能破家報舊德未易人也武帝踐阼以奉迎勳封廣興男爲後軍鄱陽王恢錄事參軍遠與恢素善在府盡其志力知無不爲恢亦推心仗之恩寄甚密遷武昌太守遠本倜儻尚輕俠至是乃折節爲吏杜絕交游饋遺秋毫無所受武昌俗皆汲江水盛夏遠患水溫每以錢買人井寒水不取錢者則摙水還之其

他事率多如此跡雖似僞而能委曲用意車服尤弊素器物無銅漆江左水族甚賤遠每食不過乾魚數片而已然性剛嚴吏人多以細事受鞭罰遂爲人所訟徵下廷尉被劾十數條當時士大夫坐法皆不受測遠度己無贓就測立三七日不款猶以私藏禁仗除名後爲武康令愈厲廉節除淫祀正身率職人甚稱之太守王彬巡屬縣諸皆盛供帳以待焉至武康遠獨設糗水而已彬去遠送至境進斗酒隻鵝而別彬戲曰卿禮有過陸納將不爲古人所笑乎武帝聞其能擢爲宣城太守自縣爲近畿大郡近代未之有也郡經寇抄遠盡心綏理復著名迹期年還樹功將軍始興內史時泉陵侯朗爲桂州緣道多剽掠入始興界草木無所犯遠在官好開途巷修葺牆屋人居市里城隍廄庫所過若營家焉田秩奉錢並無所取歲暮擇人尤窮者免其租調以此爲常然其聽訟猶人也不能過絕而性果斷人畏而惜之所至皆生爲立祠表言政狀帝每優詔答焉後歷給事黃門侍郎信武將軍監吳郡在吳頗有酒失還東陽太守遠處職疾強富如仇讎視貧細如子弟特爲豪右所畏憚在東陽歲餘復爲受罰者

所謗坐免歸遠性耿介無私曲居人間絶請謁不造詣與貴賤書疏抗禮如一

其所會遇未嘗以顏色下人是以多爲俗士所疾惡其清公實爲天下第一居

數郡見可欲終不變其心妻子飢寒如下貧者及去東陽歸家經年歲口不言

榮辱士類益以此多之其輕財好義周人之急言不虛妄蓋天性也每戲語人

云卿能得我一妄語則謝卿以一縑衆共伺之不能記也後爲征西諮議參軍

中撫軍司馬卒

郭祖深襄陽人也梁武帝初起以客從後隨蔡道恭在司州陷北還上書言境

上事不見用選爲長兼南梁郡丞徙後軍行參軍帝溺情內教朝政縱弛祖深

輿櫬詣闕上封事其略曰大梁應運功高百王慈悲既弘憲律如替愚輩罔識

褫慢斯作各競奢侈貪穢遂生頗由陛下寵勳太過馭下太寬故廉潔者自進

無途貪苛者取入多徑直弦者淪溺溝壑曲鉤者升進重沓飾口利辭競相推

薦訥直守信坐見埋沒勞深勳厚祿賞未均無功側入反加寵擢昔宋人賣酒

犬惡致酸陛下之犬其甚矣哉臣聞人爲國本食爲人命故禮曰國無六年之

儲謂非其國也推此而言農爲急務而郡縣苛暴不加勸獎本年豐歲稔猶人
有饑色設遇水旱何以救之陛下昔歲尙學置立五館行吟坐詠誦聲溢境比
來慕法普天信向家家齋戒人人懺禮不務農桑空談彼岸夫農桑者今日濟
育功德者將來勝因豈可墮本勤末置邇效賒也今商旅轉繁游食轉衆耕夫
日少杼軸日空陛下若廣興屯田賤金貴粟勸農桑者擢以階級惰耕織者告
以明刑如此數年則家給人足廉讓可生夫君子小人智計不同君子志於道
小人謀於利志於道者安國濟人志於利者損物圖己道人者害國小人也忠
良者捍國君子也臣見疾者詣道士則勸奏章僧尼則令齋講俗師則鬼禍須
解醫診則湯熨散丸皆先自爲也臣謂爲國之本與療病相類療病當去巫鬼
尋華扁爲國當黜佞邪用管晏今之所任腹背之毛耳論外則有勉捨說內則
有雲旻雲旻所議則傷俗盛法勉捨之志唯願安枕江東主慈臣恇息謀外甸
使中國士女南望懷冤若賈誼重生豈不慟哭臣今直言犯顏罪或容宥而乖
忤貴臣則禍在不測所以不憚鼎鑊區區必聞者正以社稷計重而螻蟻命輕

使臣言入身滅臣何所恨夫謀臣良將何代無之貴在見知要在用耳陛下皇
基兆運二十餘載臣子之節諫爭是誰執事皆同而不和答問唯唯而已入對
則言聖旨神衷出論則云誰敢逆耳過實在下而讁見於上遂使聖皇降誠躬
自引咎宰輔晏然曾無謙退且百僚卿士尠有奉公尸祿競利不尚廉潔累金
積鏹侍列如仙不田不商何故而爾法者人之父母惠者人之仇讐法嚴則人
思善德多則物生惡惡不可長欲不可縱伏願去貪濁進廉平明法令嚴刑罰
禁奢侈薄賦斂則天下幸甚謹上封事二十九條伏願抑獨斷之明少察愚瞽
時帝大弘釋典將以易俗故祖深尤言其事條以爲都下佛寺五百餘所窮極
宏麗僧尼十餘萬資產豐沃所在郡縣不可勝言道人又有白徒尼則皆畜養
女皆不貫人籍天下戶口幾亡其半而僧尼多非法養女皆服羅紈其蠹俗傷
法抑由於此請精加檢括若無道行四十已下皆使還俗附農罷白徒養女聽
畜奴婢婢唯著青布衣僧尼皆令蔬食如此則法與俗盛國富人殷不然恐方
來處處成寺家家剃落尺土一人非復國有朝廷擢用勳舊爲三陲州郡不顧

御人之道唯以貪殘爲務迫脅良善害甚豺狼江湘人尤受其弊自三關以外是處遭毒而此勳人投化之始但有一身及被任用皆募部曲而揚徐之人逼以衆役多投其募利其貨財皆虛名上簿止送出三津名在遠役身歸鄉里又懼本屬檢問於是逃亡他境僑戶之興良由此故又梁興以來發人征役號爲三五及投募將客主將無恩存卹失理多有物故輒刺叛亡或有身殞戰場而名在叛目監符下討稱爲逋叛錄質家丁合家又叛則取同籍同籍又叛則取比伍比伍又叛則望村而取一人有犯則合村皆空雖肆眚時降蕩滌惟始而監符猶下舊日限以嚴程上下任信下轉相督促臺使到州州又遣押使至郡州郡競急切同趣下城令宰多庸才望風畏伏於是斂戶課薦其筐篚使人納重貨許立空文其百里微欲矯俗則嚴科立至自是所在恣意貪利以事上官又請斷界首將生口入北及關津廢替須加糾擿又言廬陵年少不宜鎮襄陽左僕射王暕在喪被起爲吳郡曾無辭讓其言深刻又請復郊四星帝雖不能悉用然嘉其正直擢爲豫章鍾陵令員外散騎常侍普通七年改南州津爲南

津校尉以祖深爲之加雲騎將軍秩二千石使募部曲二千及至南州公嚴清
刻由來王侯勢家出入津不忌憲綱俠藏亡命祖深搜檢姦惡不避強禦動致
刑辟奏江州刺史邵陵王太子詹事周捨贓罪遠近側足莫敢縱恣淮南太守
畏之如上府常服故布襦素木案食不敢一肉有姥餉一早青瓜祖深報以疋
帛後有富人劾之以貨鞭而徇衆朝野憚之絕於干請所領皆精兵令行禁止
有所討逐越境追禽江中嘗有賊祖深自率討之列陣未敢進仍令所親人先
登不時追斬之遂大破賊威振遠近長江肅清
論曰善政之於人猶良工之於埴也用功寬而成器多焉漢世戶口殷盛刑務
簡闊郡縣之職外無橫擾勸賞威刑事多專斷尺一詔書希經邦邑吏居官者
或長子孫皆敷德政以盡人和興義讓以存簡久故龔黃之化易以有成降及
晚代情僞繁起人減昔時務殷前世立績垂風難易百倍若以上古之化御此
世之人今吏之良撫前代之俗則武城絃歌將有未暇淮陽臥鎮如或可勉未
必今才陋古蓋化有醇薄者也

南史卷七十

南史卷七十考證

循吏傳敘彫欒綺節珠窗網戶○欒監本訛栾一本作栾今從南本

杜驥傳年十三父使候同郡韋華○韋監本訛世今從閣本改

杜慧慶傳慧慶悉出宗族私財以充勸賞○出監本訛爲今改正

傅琰傳久之復除始新令○始監本訛如今改從南本

虞愿傳帝尤好逐夷以銀鉢盛蜜漬之一食數鉢○逐夷鯗魚腸胃之别名也

沈瑀傳司徒竟陵王子良聞瑀名引爲府行參軍領揚州部傳從事○閣本無傳字

郭祖深傳僧尼十餘萬資產豐沃○監本缺僧字今增入

南史卷七十考證

珍倣宋版郵

南史卷七十一

唐　李延壽　撰

列傳第六十一

儒林

伏曼容 子暅 暅子挺　何佟之　嚴植之
司馬筠　卞華　崔靈恩
孔僉　盧廣　沈峻 太史叔明 峻子文阿
孔子袪　皇侃　沈洙
戚袞　鄭灼 張崖 陸詡 沈德威 賀德基
全緩　張譏　顧越 龔孟舒
沈不害　王元規 陸慶

蓋今之儒者本因古之六學以弘風正俗斯則王政之所先也自秦氏坑焚其道用缺及漢武帝時開設學校立五經博士置弟子員射策設科勸以官祿傳

業者故益衆矣其後太學生徒動至萬數郡國黌舍悉皆充滿其學於山澤者或就而爲列肆焉故自兩漢登賢咸資經術洎魏正始以後更尚玄虛公卿士庶罕通經業時荀顗摯虞之徒雖議創制未有能易俗移風者也自是中原橫潰衣冠道盡逮江左草創日不暇給以迄宋齊國學時或開置而勸課未博建之不能十年蓋取文具而已是時鄉里莫或開館公卿罕通經術朝廷大儒獨學而弗肯養衆後生孤陋擁經而無所講習大道之鬱也久矣乎至梁武創業深愍其弊天監四年乃詔開五館建立國學總以五經教授置五經博士各一人於是以平原明山賓吳郡陸璉吳興沈峻建平嚴植之會稽賀瑒補博士各主一館館有數百生給其餼廩其射策通明經者卽除爲吏於是懷經負笈者雲會矣又選學生遣就會稽雲門山受業於盧江何胤分遣博士祭酒到州郡立學七年又詔皇太子宗室王侯始就學受業武帝親屈輿駕釋奠於先師先聖申之以讌語勞之以束帛濟濟焉洋洋焉大道之行也如是及陳武創業時經喪亂衣冠殄瘁寇賊未寧敦奬之方所未遑也天嘉以後稍置學官雖博延

生徒成業蓋寡其所采綴蓋亦梁之遺儒今竝集之以備儒林云

伏曼容字公儀平昌安丘人晉著作郎滔之曾孫也父胤之宋司空主簿曼容早孤與母兄客居南海少篤學善老易倜儻好大言常云何晏疑易中九事以吾觀之晏了不學也故知平叔有所短聚徒教授以自業爲驃騎行參軍宋明帝好周易嘗集朝臣於清暑殿講詔曼容執經曼容素美風采明帝恆以方嵇叔夜使吳人陸探微畫叔夜像以賜之爲尚書外兵郎嘗與袁粲罷朝相會言玄理時論以爲一臺二絶昇明末爲輔國長史南海太守至石門作貪泉銘齊建元中上書勸封禪高帝以爲其禮難備不從仕爲太子率更令侍皇太子講衞將軍王儉深相愛好令與河內司馬憲吳郡陸澄共撰喪服及竟又欲與定禮樂會儉薨建武中拜中散大夫時明帝不重儒術曼容宅在瓦官寺東施高坐於聽事有賓客輒升高坐爲講說生徒常數十百人梁臺建召拜司徒司馬出爲臨海太守天監元年卒官年八十二曼容多伎術善音律射馭風角醫算莫不閑了爲周易毛詩喪服集解老莊論語義子晅

晅字玄曜幼傳父業能言玄理與樂安任昉彭城劉曼俱知名仕齊位東陽郡
丞鄞令時曼容已致仕故頻以外職處晅令得養焉梁武帝踐阼兼五經博士
與吏部尚書徐勉中書侍郎周捨總知五禮事出爲永陽內史在郡清潔政務
安靜郡人何貞秀等一百五十四人詣州言狀湘州刺史以聞詔勘有十五事
爲吏人所懷帝善之徙新安太守在郡清恪如永陽時人賦稅不登者輒以太
守田米助之郡多麻苧家人乃至無以爲繩其厲志如此屬縣始新遂安海寧
並同時生爲立祠徵爲國子博士領長水校尉時始興內史何遠累著清績武
帝擢爲黃門侍郎俄還信武將軍監吳郡事晅自以名輩素在遠前爲吏俱稱
廉白遠累見擢晅循階而已意望不滿多託疾居家尋求假到東陽迎妹喪因
留會稽築宅自表解職詔以爲豫章內史乃出拜書侍御史虞嚼奏曰風聞豫
章內史伏晅去歲啓假以迎妹喪爲辭因停會稽不去入東之始貨宅賣車以
此而推則是本無還意晅歷典二邦少免貪濁此自爲政之本豈得稱功常謂
人才品望居何遠之右而遠以清見擢在位轉隆晅深懷誹怨形於辭色天高

聽卑無私不照去年十二月二十一日下詔曰國子博士領長水校尉伏暅爲政廉平宜加將養勿使恚望致虧士風可豫章內史豈有人臣奉如此之詔而不亡魂破膽歸罪有司而冒寵不辭吝斯苟得故以士流解體行路沸騰辨跡求心無一可恕請以暅大不敬論有詔勿論暅遂得就郡徵爲給事黃門侍郎領國子博士未赴卒初暅父曼容與樂安任遙皆昵於齊太尉王儉遙子昉及暅並見知頃之昉才遇稍盛齊末已爲司徒左長史暅獨滯於參軍事及終名位略相侔暅性儉素車服麤惡外雖退靜內不免心競故見譏於時然能推薦後來常若不及少年士子或以此依之子挺

挺字士標幼敏悟七歲通孝經論語及長博學有才思爲五言詩善効謝康樂體父友樂安任昉深相歎異常曰此子日下無雙齊末州舉秀才策爲當時第一梁武帝師至挺迎謁於新林帝見之甚悅謂之顏子引爲征東行參軍時年十八天監初除中軍參軍事居宅在潮溝於宅講論語聽者傾朝挺三世同時聚徒教授罕有其比累爲晉陵武康令罷縣還仍於東郊築室不復仕挺少有

盛名又善處當世朝中勢素多與交游故不能久事隱靜後遂出仕除南臺書
侍御史因事納賄被劾懼罪乃變服出家名僧挺久之藏匿後遇赦乃出大心
寺會邵陵王爲江州攜挺之鎮王好文義深被恩禮挺不堪蔬素因此還俗侯
景亂中卒著邇說十卷文集二十卷子知命以其父宦途不進怨朝廷後遂盡
心侯景襲郢州圍巴陵軍中書檄皆其文也言及西臺莫不劇筆及景篡位爲
中書舍人權傾內外景敗被送江陵於獄幽死挺弟捶亦有才名爲邵陵王記
室參軍

何佟之字士威廬江灊人晉豫州刺史惲六世孫也祖邵之宋員外散騎常侍
父歆齊奉朝請佟之少好三禮師心獨學強力專精手不輟卷讀禮論三百餘
篇略皆上口太尉王儉雅相推重起家揚州從事仍爲總明館學士仕齊初爲
國子助教爲諸王講喪服結草爲絰屈手巾爲冠諸生有未曉者委曲誘誨都
下稱其高儒建武中爲鎮北記室參軍侍皇太子講時步兵校尉劉瓛徵士吳
苞皆已卒都下碩儒唯佟之而已當時國家吉凶禮則皆取決焉後爲驃騎司

馬永元末都下兵亂脩之常集諸生講論孜孜不怠性好絜一日之中洗滌者十餘遍猶恨不足時人稱爲水淫有至性父母亡後常設一屋晦朔拜伏流涕如此者二十餘年當世服其孝行於時又有遂安令劉澄爲性彌絜在縣掃拂郭邑路無橫草水翦蟲穢百姓不堪命坐免官然甚貞正善醫術與徐嗣伯埒名子聰能世其家業脩之自東昏卽位以其兇虐乃謝病終身不涉其流梁武帝踐阼以爲尚書左丞時百度草創脩之依禮定議多所裨益天監二年卒官故事左丞無贈官者帝特詔贈黃門侍郎儒者榮之所著文章禮議百許篇子朝隱朝晦

嚴植之字孝源建平秭歸人也少善莊老能玄言精解喪服孝經論語及長徧習鄭氏禮周易毛詩左氏春秋性淳孝謹厚不以所長高人少遭父憂因菜食二十三載仕齊爲廣漢王國右常侍仍侍王讀及王誅國人莫敢視植之獨奔哭手營殯斂徒跣送喪墓所爲起冢葬畢乃還當時義之後爲康樂令植之在縣清白人吏稱之梁天監二年詔求通儒脩五禮有司奏植之主凶禮四年初

置五經博士各開館教授以植之兼五經博士植之館在潮溝生徒常百數講說有區段次第析理分明每當登講五館生畢至聽者千餘人遷中撫記室參軍猶兼博士卒於館植之自疾後便不受廩奉妻子困乏及卒喪無所寄生徒爲市宅乃得成喪植之性慈仁好行陰德在闇室未嘗怠也少嘗山行見一患者問其姓名不能答載與俱歸爲營醫藥六日而死爲棺斂殯之卒不知何許人也又嘗緣柵塘行見患人臥塘側問之云姓黃家本荊州爲人傭賃疾篤船主將發棄之於岸植之惻然載還療之經年而愈請終身充奴僕以報厚恩植之不受遺以資糧遣之所撰凶禮儀注四百七十九卷

司馬筠字貞素河內溫人也晉譙王承七代孫祖亮宋司空從事中郎父端字敬文齊奉朝請始安王遙光使掌文記遙光之敗曹武入城見之端曰身蒙始安厚恩君宜見殺武叱令速去答曰死生命也君見事不捷便以義師爲賊武捨之去尋兵至見殺筠少孤貧好學師沛國劉瓛強力專精深爲瓛所器及長博通經術尤明三禮梁天監初爲旣陽令有清績入拜尙書祠部郎七年安成

國太妃陳氏薨江州刺史安成王秀荆州刺史始與王憺並以慈母表解職詔不許還攝本任而太妃在都喪祭無主中書舍人周捨議曰賀彥先稱慈母之子不服慈母之黨婦又不從夫而服慈姑小功服無從故也庾蔚之云非徒子不從母而服其黨孫又不從父而服其慈母由斯而言慈祖母無服明矣尋門內之哀不容自同於常案父之祥禫子並受弔今二王諸子宜以成服日單衣一日爲位受弔制曰二王在遠世子宜攝祭事捨又曰禮云縞冠玄武子姓之冠則世子衣服宜異於常可著細布衣絹爲領帶三年不聽樂又禮及春秋庶母不世祭蓋謂無王命者耳吳太妃既朝命所加得用安成禮秩則當祔廟五世親盡乃毀陳太妃命數之重雖則不異慈孫既不從服廟食理無傳祀子祭孫止是會經文武帝由是敕禮官議皇子慈母之服筠議宋朝五服制皇子服訓養母禮依庶母慈己宜從小功之制案曾子問云子游曰喪慈母禮歟孔子曰非禮也古者男子外有傅內有慈母君命所使教子也何服之有鄭玄注云此指謂國君之子也若國君之子不服則王者之子不服可知又喪服經云君

子子爲庶母慈己者傳曰君子子者貴人子也鄭玄引內則三母止施於卿大夫以此而推則慈母之服上不在五等之嗣下不逮三士之息儻其服者止卿大夫尋諸侯之子尚無此服況乃施之皇子謂宜依禮刊除以反前代之惑武帝以爲不然曰禮言慈母凡有三條一則妾子之無母使妾之無子者養之命爲母子服以三年喪服齊衰章所言慈母如母是也二則嫡妻之子無母使妾養之慈撫隆至雖均乎慈愛但嫡妻之子妾無爲母之義而恩深事重故服以小功喪服小功章所以不直言慈母而云庶母慈己者明異於三年之慈母也其三則子非無母正是擇賤者視之義同師保而不無慈愛故亦有慈母之名師保既無其服則此慈亦無服矣內則云擇於諸母與可者使爲子師其次爲慈母次爲保母此其明文言擇諸母是擇人而爲此三母非謂擇取兄弟之母也何以知之若是兄弟之母其先有子者則是長妾長妾之禮實有殊加何容次妾生子乃退成保母斯不可也又有多兄弟之人於義或可若始生之子便應三母俱闕邪由是推之內則所言諸母是謂三母非兄弟之母明矣子游所

問自是師保之慈非三年小功之慈也故夫子得有此對豈非師保之慈母無服之證乎鄭玄不辯三慈混爲訓釋引彼無服以注慈己後人致謬實此之由經言君子子者此雖起於大夫明大夫猶爾自斯以上彌應不異故傳云君子子者貴人之子也總言曰貴無所不包經傳互文交相顯發則知慈加之義通乎大夫以上矣宋代此科不乖禮意便加除削良是所疑於是筠等請依制改定嫡妻之子母沒爲父妾所養服之五月貴賤並同以爲永制後爲尚書左丞卒於始與內史子壽傳父業明三禮位尚書祠部郎曲阿令

卞華字昭岳濟陰宛句人晉驃騎將軍壼六世孫也父倫之齊給事中華幼孤貧好學年十四召補國子生通周易及長徧習五經與平原明山賓會稽賀瑒同業友善梁天監中爲安成王功曹參軍兼五經博士聚徒教授華博涉有機辯說經析理爲當時之冠江左以來鍾律絕學至華乃通焉位尚書儀曹郎吳令卒

崔靈恩清河東武城人也少篤學徧習五經尤精三禮三傳仕魏爲太常博士

天監十三年歸梁累遷步兵校尉兼國子博士靈恩聚徒講授聽者常數百人性拙朴無風采及解析經理甚有精致都下舊儒咸稱重之助教孔僉尤好其學靈恩先習左傳服解不爲江東所行乃改說杜義每文句常申服以難杜遂著左氏條義以明之時助教虞僧誕又精杜學因作申杜難服以答靈恩世並傳焉僧誕會稽餘姚人以左氏教授聽者亦數百人該通義例當世莫及先是儒者論天互執渾蓋二義論蓋不合渾論渾不合蓋靈恩立義以渾蓋爲一焉出爲長沙內史還除國子博士講衆尤盛又出爲桂州刺史卒官靈恩集注毛詩二十二卷集注周禮四十卷制三禮義宗三十卷左氏經傳義二十二卷左氏條例十卷公羊穀梁文句義十卷

孔僉會稽山陰人少師事何胤通五經尤明三禮孝經論語講說並數十徧生徒亦數百人三爲五經博士後爲海鹽山陰二縣令僉儒者不長政術在縣無績太清亂卒於家子淑玄頗涉文學官至太學博士僉兄子元素又善三禮有盛名早卒

盧廣范陽涿人自云晉司空從事中郎諶之後也少明經有儒術天監中歸梁
位步兵校尉兼國子博士徧講五經時北來人儒學者有崔靈恩孫詳蔣顯並
聚徒講說而音辭鄙拙唯廣言論清雅不類北人僕射徐勉兼通經術深相賞
好後爲尋陽太守武陵王長史卒官
沈峻字士嵩吳興武康人也家世農夫至峻好學與舅太史叔明師事宗人沈
麟士在門下積年晝夜自課睡則以杖自擊其篤志如此遂博通五經尤長三
禮爲兼國子助教時吏部郎陸倕與僕射徐勉書薦峻曰凡聖賢所講之書必
以周官立義則周官一書實爲羣經源本此學不傳多歷年世北人孫詳蔣顯
亦經聽習而音革楚夏故學徒不至唯助教沈峻特精此書比日時開講肆羣
儒劉嵒沈宏沈熊之徒並執經下坐北面受業莫不歎服人無閒言弟謂宜卽
用此人令其專此一學周而復始使聖人正典廢而更與勉從之奏峻兼五經
博士於館講授聽者常數百人及中書舍人賀琛奉敕撰梁官乃啓峻及孔子
袪補西省學士助撰錄書成入兼中書通事舍人出爲武康令卒官傳峻業者

又有吳郡張及會稽孔子雲官皆至五經博士尚書祠部郎太史叔明吳興烏
程人吳太史慈後也少善莊老兼通孝經論語禮記尤精三玄每講說聽者常
五百餘人爲國子助教邵陵王綸好其學及出爲江州攜叔明之鎮王遷郢州
又隨府所至輒講授故江州人士皆傳其學峻子文阿
文阿字國衛性剛強有膂力少習父業研精章句祖舅太史叔明舅王慧與並
通經術而文阿頗傳之又博采先儒異同自爲義疏通三禮三傳位五經博士
梁簡文引爲東宮學士及撰長春義記多使文阿撮異聞以廣之及侯景寇逆
簡文別遣文阿募士卒援都臺城陷與張嵊保吳興嵊敗文阿竄於山野景素
聞其名求之甚急文阿窮迫登樹自縊遇有所親救之自投而下折其左臂及
景平陳武帝以文阿州里表爲原鄉令監江陰郡紹泰元年入爲國子博士尋
領步兵校尉兼掌儀禮自太清之亂臺閣故事無有在者文阿父峻梁武時常
掌朝儀頗有遺藁於是斟酌裁撰禮度皆自之出及陳武帝受禪文阿輒棄官
還武康帝大怒發使往誅之時文阿宗人沈恪爲郡請使者寬其死即面縛鎖

頸致於上前上視而笑之曰腐儒復何爲者遂赦之武帝崩文阿與尚書左丞徐陵中書舍人劉師知等議大行皇帝靈座俠御衣服之制語在師知傳及文帝即位剋日謁廟尚書左丞庾持奉詔遣博士議其禮文阿議曰人物推移質文殊軌聖賢因機而立教王公隨時以適宜夫千人無君不敗則亂萬乘無主不危則亡當隆周之日公旦叔父呂召爪牙成王在喪禍幾覆國是以既葬便有公冠之儀始殯受麻冕之策斯蓋示天下以有主慮社稷之艱難逮乎末葉從橫漢承其弊雖文景刑厝而七國連兵或踰月即尊或崩日稱詔此皆有爲而爲之非無心於禮制也今國諱之日雖抑哀於璽紱之重猶未序於君臣之儀古禮朝廟退坐正寢聽羣臣之政今皇帝拜廟還宜御太極前殿以正南面之尊此即周康在朝一二臣衛者也其壤奠之節周禮以玉作贄公侯以珪子男執璧此玉作瑞也奠贄竟又復致享天子以璧王后用琮秦燒經典威儀散滅叔孫通定禮尤失前憲奠贄不珪致享無帛公王同璧鴻臚奏賀若此數事未聞於古後相沿襲至梁行之夫稱觴奉壽家國大慶四廂雅樂歌奏懽欣今

君臣吞哀兆庶抑割豈同於惟新之禮乎且周康賓稱奉珪無萬壽之獻此則
前準明矣愚以今坐正殿止行薦璧之儀無賀酒之禮謹撰謁廟還升正寢羣
臣陪薦儀注如別詔可施行尋遷通直散騎常侍兼國子博士領羽林監仍令
於東宮講孝經論語天嘉中卒贈廷尉卿所撰儀禮八十餘條春秋禮記孝經
論語義記七十餘卷經典大義十八卷並行於時儒者多傳其學

孔子袪會稽山陰人也少孤貧好學耕耘樵採常懷書自隨役閑則誦讀勤苦
自勵遂通經術尤明古文尚書爲兼國子助教講尚書四十徧聽者常數百人
爲西省學士助賀琛撰錄書成兼司文侍郎不就累遷兼中書通事舍人加步
兵校尉梁武帝撰五經講疏及孔子正言專使子袪檢閱羣書以爲義證事竟
敕子袪與右衛朱异左丞賀琛於士林館遞日執經後加通直正員郎卒官子
袪凡著尚書義二十卷集注尚書二十卷續朱异集注周易一百卷續何承天
集禮論一百五十卷

皇侃吳郡人青州刺史皇象九世孫也少好學師事賀瑒精力專門盡通其業

尤明三禮孝經論語爲兼國子助教於學講說聽者常數百人撰禮記講疏五十卷書成奏上詔付祕閣頃之召入壽光殿說禮記義梁武帝善之加員外散騎侍郎侃性至孝常日限誦孝經二十徧以擬觀世音經丁母憂還鄉里平西邵陵王欽其學厚禮迎之及至因感心疾卒所撰論語義禮記義見重於世學者傳焉

沈洙字弘道吳興武康人也祖休季梁餘杭令父山卿梁國子博士中散大夫洙少方雅好學不妄交游通三禮春秋左氏傳精識強記五經章句諸子史書問無不答仕梁爲尚書祠部郎時年蓋二十餘大同中學者多涉獵文史不爲章句而洙獨積思經術吳郡朱异會稽賀琛甚嘉之及异琛於士林館講制旨義常使洙爲都講侯景之亂洙竄於臨安時陳文帝在焉親就習業及陳武帝入輔除國子博士與沈文阿同掌儀禮武帝受禪加員外散騎常侍位揚州別駕從事史大匠卿有司奏建康令沈孝軌門生陳三兒牒稱主人翁靈柩在周主人奉使關右因欲迎喪久而未反此月晦即是再周主人弟息見在此者爲

至月末除靈內外卽吉爲待主人還情禮申竟以事諮左丞江德藻德藻議謂王衞軍云久喪不葬唯主人不變其餘親各終月數而除此蓋引禮文論在家內有事故未得葬者耳孝軌旣在異域雖已迎喪還期無指諸弟若遂不除永絶昏嫁此於人情或未爲允中原淪陷以後理有事例宜諮沈常侍詳議洙議曰禮有變正又有從宜禮小記云久而不葬者唯主喪者不除其餘以麻終月數者除喪則已注云其餘謂傍親如鄭所解衆子皆應不除王衞軍所引此蓋禮之正也但魏氏東關之役旣失亡屍柩葬禮無期時議以爲禮無終身之喪故制使除服晉氏喪亂或死於虜庭無由迎殯江左故復申明其制李胤之祖王華之父並存亡不測其子制服依時釋衰此並變禮之宜也孝軌雖因奉使便欲迎喪而還期未剋宜依東關故事在此者並應釋除衰麻毀靈祔祭若喪柩得還別行改葬之禮自天下寇亂西朝傾覆若此之徒諒非一二寧可喪期無數而弗除衰服朝廷自應爲之限制以義斷恩德藻依洙議奏可文帝卽位累遷光祿卿侍東宮讀廢帝嗣位歷尙書左丞衡陽王長史行府國事梁代舊

律測因之法曰一上起自晡鼓盡於二更及比部郎范泉刪定律令以舊法測
立時久非人所堪分其刻數日再上廷尉以爲新制過輕請集八座丞郎并祭
酒孔奐行事沈洙五舍人會尚書省詳議時宣帝錄尚書集衆議之都官尚書
周弘正議曰凡小大之獄必應以情政言依準五聽驗其虛實豈可令恣考掠
以判刑罪且測人時節本非古制近代以來方有此法起自晡鼓迄於二更豈
是常人所能堪忍所以重械之下危墮之上無人不服誣枉者多朝晚二時同
等刻數進退而求于事爲衷若謂小促前期數致實罪不服如復時節延長則
無愆妄款且人之所堪旣有強弱人之立意固亦多途至如貫高榜笞刺爇身
無完膚戴就熏針並極困篤不移豈關時刻長短掠測優劣夫與殺不辜寧失
不經罪疑惟輕功疑惟重斯則古之聖王垂此明法愚謂依范泉著制爲允洙
議曰夜中測立緩急易欺兼用晝漏於事爲允但漏刻賒促今古不同漢書律
歷何承天祖沖之祖暅父子漏經並自關鼓至下鼓自晡鼓至關鼓皆十三刻
冬夏四時不異若其日有長短分在中時前後今用梁末改漏下鼓之後分其

短長夏至之日各十七刻冬至之日各十二刻廷尉今牒以時刻短促致罪人
不款愚意願去夜測之昧從晝漏之明斟酌今古之間參會二漏之義捨秋冬
之少刻從夏日之長晷不問寒暑並依今之夏至朝夕上測各十七刻比之古
漏則一上多昔四刻即用今漏則冬至多五刻雖冬至之時數刻侵夜正是少
日於事非疑庶罪人不以漏短而爲捍獄因無以在夜而致誣求之鄙意竊謂
爲宜依范泉前制宣帝曰沈長史議得中宜更博議左丞宗元饒議曰沈議非
頓異范正是欲使四時均其刻數請寫還刪定曹詳改前制宣帝依事施行洙
以太建元年卒
戚袞字公文吳郡鹽官人也少聰慧游學都下受三禮於國子助教劉文紹一
二年中大義略舉年十九梁武帝敕策孔子正言幷周禮禮記義袞對高第除
揚州祭酒從事史就國子博士宋懷方質儀禮義懷方北人自魏攜儀禮禮記
疏祕惜不傳及將亡謂家人曰吾死後戚生若赴便以儀禮禮記義本付之若
其不來即隨屍而殯爲儒者推許如此尋兼太學博士簡文在東宮召袞講論

又嘗置晏集玄儒之士先命道學互相質難次令中庶子徐摛馳騁大義間以劇談摛辭辯從橫難以答抗諸儒懾氣時袞說朝聘義摛與往復袞精采自若領答如流簡文深加歎賞敬帝立爲江州長史仍隨沈泰鎭南豫州泰之奔齊逼袞俱行後自齊逃還又隨程文季於呂梁軍敗入周久之得歸卒於始興王府錄事參軍袞於梁代撰三禮義記逢亂亡失禮記義四十卷行於世

鄭灼字茂昭東陽信安人也幼聰敏勵志儒學少受業於皇侃梁簡文在東宮雅愛經術引灼爲西省義學士承聖中爲兼中書通事舍人仕陳武帝文帝時累遷中散大夫後兼國子博士未拜卒灼性精勤尤明三禮少時嘗夢與皇侃遇於途侃謂曰鄭郎開口侃因唾灼口中自後義理益進灼家貧抄義疏以日繼夜筆毫盡每削用之常蔬食講授多苦心熱若瓜時輒偃臥以瓜鎭心起便讀誦其篤志如此時有晉陵張崖吳郡陸詡吳興沈德威會稽賀德基俱以禮學自命張崖傳三禮於同郡劉文紹天嘉元年爲尚書儀曹郎廣沈文阿儀注撰五禮後爲國子博士陸詡少習崔靈恩三禮義梁時百濟國表求講禮博士

詔令詶行天嘉中位尙書祠部郎沈德威字懷遠少有操行梁太清末遁於天目山築室以居雖處亂離而篤學無倦天嘉元年徵出都後爲國子助教每自學還私室講授道俗受業數百人率常如此遷太常丞兼五禮學士後爲尙書祠部郎陳亡入隋官至秦王府主簿卒年五十五賀德基字承業世傳禮學祖文發父淹仕梁俱爲祠部郎並有名當世德基少游學都下積年不歸衣資罄乏又恥服故弊盛冬止衣裌襦袴嘗於白馬寺前逢一婦人容服甚盛呼德基入寺門脫白綸巾以贈之仍謂曰君方爲重器不久貧寒故以此相遺耳問姓名不荅而去德基於禮記稱爲精明位尙書祠部郎雖不至大官而三世儒學俱爲祠部郎時論美其不墜

全緩字弘立吳郡錢唐人也幼受易於博士褚仲都篤志研翫得其精微陳太建中位鎭南始興王府諮議參軍緩通周易老莊時人言玄者咸推之

張譏字直言清河武城人也祖僧寶梁太子洗馬父仲悅梁尙書祠部郎譏幼聰俊有思理年十四通孝經論語篤好玄言受學於汝南周弘正每有新意爲

先輩推服梁大同中召補國子正言生梁武帝嘗於文德殿釋乾坤文言譏與陳郡袁憲等預焉敕令論議諸儒莫敢先出譏乃整容而進諮審循環辭令温雅帝甚異之賜裙襦絹等云表卿稽古之力譏幼喪母有錯綵經帕即母之遺制及有所識家人具以告之每歲時輒對帕哽噎不能勝及丁父憂居喪過禮爲士林館學士簡文在東宮出士林館發孝經題譏論義往復甚見嗟賞及侯景寇逆於圍城之中獨侍哀太子於武德後殿講老莊臺城陷譏崎嶇避難卒不事景陳天嘉中爲國子助教時周弘正在國學發周易題弘正第四弟弘直亦在講席譏於弘正論議弘正屈弘直危坐厲聲助其申理譏乃正色謂弘直曰今日義集辯正名理雖知兄弟急難四公不得有助弘直謂曰僕助君師何爲不可舉坐以爲笑樂弘正嘗謂人曰吾每登坐見張譏在席使人懍然宣帝時爲武陵王限內記室兼東宮學士後主在東宮集宮僚置宴時造玉柄麈尾新成後主親執之曰當今雖復多士如林至於堪捉此者獨張譏耳卽手授譏仍令於温文殿講莊老宣帝幸宮臨聽賜御所服衣一襲後主嗣位爲國子博

士東宮學士後主嘗幸鍾山開善寺召從臣坐於寺西南松林下敕譏豎義時
索麈尾未至後主敕取松枝手以屬譏曰可代麈尾顧羣臣曰此即張譏後事
陳亡入隋終於長安年七十六譏性恬靜不求榮利常慕閑逸所居宅營山池
植花果講周易老莊而教授焉吳郡陸元朗朱孟博一乘寺沙門法才法雲寺
沙門慧拔至真觀道士姚綏皆傳其業譏所撰周易義三十卷尚書義十五卷
毛詩義二十卷孝經義八卷論語義二十卷老子義十一卷莊子內篇義十二
卷外篇義二十卷雜篇義十卷玄部通義十二卷游玄桂林二十四卷後主嘗
敕就其家寫入秘閣子孝則官至始安王記室參軍
顧越字允南吳郡鹽官人也所居新坂黃岡世有鄉校由是顧氏多儒學焉祖
道望齊散騎侍郎父仲成梁護軍司馬豫章王府諮議參軍家傳儒學並專門
教授越幼明慧有口辯勵精學業不捨晝夜弱冠游學都下通儒碩學必造門
質疑討論無倦至於微言玄旨九章七曜音律圖緯咸盡其精微時太子詹事
周捨以儒學見重名知人一見越便相歎異命與兄子弘正弘直游厚爲之談

由是聲譽日重時又有會稽賀文發學兼經史與越名相埒故都下謂之發越焉初爲南平元襄王偉國右常侍與文發俱入府並見禮重尋轉行參軍大通中詔飈勇將軍陳慶之送魏北海王顥還北主魏慶之請越參其軍事時慶之所向剋捷直至洛陽既而顥遂肆驕縱又上下離心越料其必敗以疾得歸裁至彭城慶之果見摧衂越竟得先反時稱其見機及至除安西湘東王府參軍及武帝撰制旨新義選諸儒在所流通遣越還吳敷揚講說越徧該經藝深明毛詩傍通異義特善莊老尤長論難兼工綴文閑尺牘長七尺三寸美鬚眉武帝嘗於重雲殿自講老子僕射徐勉舉越論義越抗首而請音響若鍾容止可觀帝深讚美之由是擢爲中軍宣城王記室參軍尋除五經博士仍令侍宣城王講大同八年轉安西武陵王府內中錄事參軍尋遷府諮議及侯景之亂越與同志沈文阿等逃難東歸賊黨數授以爵位越誓不受命承聖二年詔授宣惠晉安王府諮議參軍領國子博士越以世路未平無心仕進因歸鄉棲隱於虎丘山與吳興沈炯同郡張種會稽孔奐等每爲文會紹泰元年復徵爲國子

博士陳天嘉中詔侍東宮讀除東中郎鄱陽王府諮議參軍甚見優禮尋領羽林監遷給事中黃門侍郎國子博士侍讀如故時朝廷草創疑議多所取決咸見施用每侍講東宮皇太子常虛己禮接越以宮僚未盡時彥且太子仁弱宣帝有奪宗之兆內懷憤激乃上疏曰臣梁世薄宦祿不代耕季年板蕩竄身窮谷幸屬聖期得奉昌運朝廷以臣微涉藝學遠垂徵引擢臣以貴仕資臣以厚秩二宮恩遇有異凡流木石知感犬馬識養臣獨何人罔懷報德伏惟皇太子天下之本養善春宮臣陪侍經籍於今五載如愚所見多有曠官輔弼丞疑未極時選至如文宗學府廉潔正人當趨奉龍樓晨游夕論恆聞前聖格言往賢政道如此則非僻之語無從而入臣年事侵迫非有邀求政是懷此不言則為有負明聖敢奏狂瞽願留中不泄疏奏帝深感焉而竟不能改革及廢帝即位拜散騎常侍兼中書舍人黃門侍郎如故領天保博士掌儀禮猶為帝師入講授甚見尊寵時宣帝輔政華皎舉兵不從越因請假東還或譖之宣帝言越將扇動蕃鎮遂免官太建元年卒於家年七十七所著喪服毛詩老子孝經論語

等義疏四十餘卷詩頌碑誌牋表凡二百餘篇時有東陽龔孟舒者亦通毛詩
善談名理仕梁位尋陽郡丞元帝在江州遇之甚重躬師事焉天嘉中位太中
大夫
沈不害字孝和吳興武康人也幼孤而修立好學陳天嘉初除衡陽王府中記
室參軍兼嘉德殿學士自梁季喪亂至是國學未立不害上書請崇建儒宮帝
優詔答之又表改定樂章詔使製三朝樂歌詞八首合二十曲行之樂府後為
國子博士領羽林監敕修五禮掌策文諡議等事太建中位光祿卿通直散騎
常侍兼尚書左丞卒不害通經術善屬文雖博綜經典而家無卷軸每製文操
筆立成曾無尋檢汝南周弘正常稱之曰沈生可謂意聖人乎著五禮儀一百
卷文集十四卷子志道字崇基少知名位安東新蔡王記室參軍陳亡入隋卒
王元規字正範太原晉陽人也祖道寶齊晉安郡守父瑋梁武陵王府中記室
參軍元規八歲而孤兄弟三人隨母依舅氏往臨海郡時年十二郡土豪劉瑱
者資財巨萬欲妻以女母以其兄弟幼弱欲結強援元規泣請曰因不失親古

人所重豈得苟安異壤輒昏非類母感其言而止元規性孝事母甚謹晨昏未
嘗離左右梁時山陰縣有暴水流漂居宅元規唯有一小船倉卒引其母妹并
姑姪入船元規自執檝棹而去留其男女三人閣於樹杪及水退俱獲全時人
稱其至行少從吳興沈文阿受業十八通春秋左氏孝經論語喪服仕梁位中
軍宣城王記室參軍陳天嘉中爲鎮東鄱陽王府記室參軍領國子助教後主
在東宮引爲學士就受禮記左傳喪服等義國子祭酒新安王伯固嘗因入宮
適會元規將講乃啓請執經時論榮之俄除尚書祠部郎自梁代諸儒相傳爲
左氏學者皆以賈逵服虔之義難駮杜預凡一百八十條元規引證通析無復
疑滯每國家議吉凶大禮常參預焉後爲南平王府限內參軍王爲江州元規
隨府之鎮四方學徒不遠千里來請道者常數十百人陳亡入隋卒於秦王府
東閣祭酒元規著春秋發題辭及義記十一卷續經典大義十四卷孝經義記
兩卷左傳音三卷禮記音兩卷子大業聰敏知名時有吳郡陸慶少好學徧通
五經尤明春秋左氏傳節操甚高仕梁爲婁令陳天嘉初徵爲通直散騎侍郎

不就永陽王爲吳郡太守聞其名欲與相見慶辭以疾時宗人陸榮爲郡五官掾慶嘗詣焉王乃微服往榮宅穿壁以觀之王謂榮曰觀陸慶風神凝峻殆不可測嚴君平鄭子真何以尙茲鄱陽晉安王俱以記室徵不就乃築室屏居以禪誦爲事由是經傳受業者蓋鮮焉

論曰語云上好之下必有甚焉者是以鄒纓齊紫且以移俗況祿在其中可無尙歟當天監之際時主方崇儒業如崔嚴何伏之徒前後互見升寵於時四方學者靡然向風斯亦曩時之盛也自梁迄陳年且數十雖時經屯詖郊生戎馬而風流不替豈俗化之移人乎古人稱上德若風下應猶草美矣豈斯之謂也

南史卷七十一

珍做宋版郑

南史卷七十一考證

伏曼容傳曼容多伎術○伎監本訛俊今改從閣本

何佟之傳都下稱其高儒○高一本作醇

沈洙傳所以重械之下危墮之上無人不服誣枉者多○一本墮作墮上作土

顧越傳詩頌碑誌牋表凡二百餘篇○監本缺牋字今增從南本

南史卷七十一考證

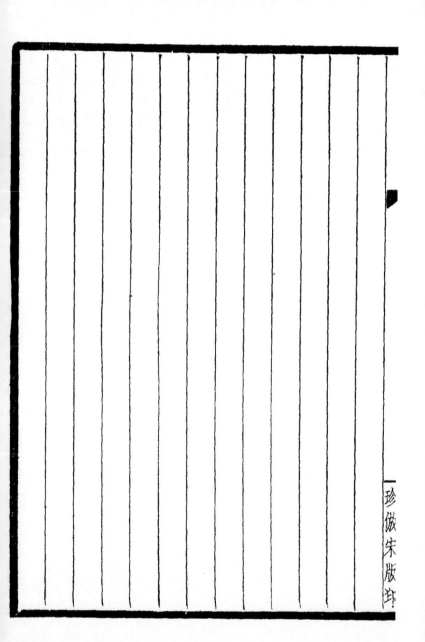

南史卷七十二

唐　李延壽撰

列傳第六十二

文學

丘靈鞠 子遲 從孫仲孚　檀超 熊襄 吳邁遠 超叔道鸞　卞彬 諸葛勗 袁嘏 高爽 孫抱

丘巨源 孔廣 孔逭 虞通之 虞龢 司馬憲 袁仲明 孫詵　王智深

崔慰祖　祖沖之 子暅之 孫皓 來嶷

賈希鏡　袁峻　劉昭 子縚 緩

鍾嶸 兄岏 岏弟嶼　周興嗣　吳均 江洪

劉勰　何思澄 子朗 王子雲　任孝恭

顏協　紀少瑜　杜之偉

顏晃　岑之敬　何之元

徐伯陽　張正見　阮卓

易云觀乎人文以化成天下孔子曰煥乎其有文章自漢以來辭人代有大則
憲章典誥小則申抒性靈至於經禮樂而緯國家通古今而述美惡非斯則莫
可也是以哲王在上咸所敦悅故云言之不文行之不遠自中原沸騰五馬南
渡綴文之士無乏於時降及梁朝其流彌盛蓋由時主儒雅篤好文章故才秀
之士煥乎俱集於時武帝每所臨幸輒命羣臣賦詩其文之善者賜以金帛是
以縉紳之士咸知自勵至有陳受命運接亂離雖加獎勵而向時之風流息矣
詩云人之云亡邦國殄悴豈金陵之數將終三百年乎不然何至是也宋史不
立文學傳齊梁皆有其目今綴而序之以備此篇云爾
丘靈鞠吳興烏程人也祖系祕書監父道真護軍長史靈鞠少好學善屬文州
辟從事詣領軍沈演之演之曰身昔爲州職詣領軍謝晦賓主坐處政如今日
卿將來復如此也累遷員外郎宋孝武殷貴妃亡靈鞠獻挽歌三首云雲横廣
階闇霜深高殿寒帝擿句嗟賞後爲烏程令不得志泰始初坐事禁錮數年褚
彥回爲吳興太守謂人曰此郡才士唯有丘靈鞠及沈勃耳乃啓申之明帝使

著大駕南討記論久之除太尉參軍昇明中爲正員郎兼中書郎時方禪讓齊
高帝使靈鞠參掌詔策建元元年轉中書郎敕知東宮手筆嘗還東詣司徒褚
彥回別彥回不起曰比腳疾更增不復能起靈鞠曰腳疾亦是大事公爲一代
鼎臣不可復爲覆餗其彊切如此不持形儀唯取笑適尋又掌知國史武帝即
位爲通直常侍尋領東觀祭酒靈鞠曰人居官願數遷使我終身爲祭酒不恨
也永明二年領驍騎將軍靈鞠不樂武位謂人曰我應還東掘顧榮冢江南地
方數千里士子風流皆出此中顧榮忽引諸傖輩度妨我輩塗轍死有餘罪靈
鞠好飲酒臧否人物在沈淵坐見王儉詩淵曰王令文章大進靈鞠曰何如我
未進時此言達儉靈鞠宋時文名甚盛入齊頗減蓬髮弛縱無形儀不事家業
王儉謂人曰丘公仕宦不進才亦退矣位長沙王車騎長史卒著江左文章錄
序起大興訖元熙文集行於時子遲
遲字希範八歲便屬文靈鞠常謂氣骨似我黃門郎謝超宗徵士何點並見而
異之在齊以秀才累遷殿中郎梁武帝平建鄴引爲驃騎主簿甚被禮遇時勸

進梁王及殊禮皆遲文也及踐阼遷中書郎待詔文德殿時帝著連珠詔羣臣繼作者數十人遲文最美坐事免乃獻責躬詩上優辭答之後出爲永嘉太守在郡不稱職爲有司所糾帝愛其才寢其奏天監四年中軍將軍臨川王宏北侵魏以爲諮議參軍領記室時陳伯之在北與魏軍來拒遲以書喻之伯之遂降還拜中書侍郎遷司空從事中郎卒官遲辭采麗逸時有鍾嶸著詩評云范雲婉轉清便如流風回雪遲點綴映媚似落花依草雖取賤文通而秀於敬子其見稱如此

仲孚字公信靈鞠從孫也少好學讀書常以中宵鐘鳴爲限靈鞠嘗稱爲千里駒也齊永明初爲國子生王儉曰東南之美復見丘生舉高第未調還鄉里家貧乃結羣盜爲之計劫掠三吳仲孚聰明有智略羣盜畏服所行皆果故亦不發爲于湖令有能名太守呂文顯當時倖臣陵詆屬縣仲孚獨不爲屈明帝即位爲曲阿令會稽太守王敬則反乘朝廷不備反問至而前鋒已屆曲阿仲孚鑿長岡埭瀉瀆水以阻其路敬則軍至遇瀆涸果頓兵不得進遂敗仲孚以拒

守功遷山陰令居職甚有聲稱百姓謠曰二傅沈劉不如一丘前世傳琰父子沈憲劉玄明相繼宰山陰並有政績言仲孚皆過之齊末政亂頗有贓賄爲有司所舉將見收竊逃還都會赦不問梁武帝踐阼復爲山陰令仲孚長於撥煩善適權變吏人敬服號稱神明政爲天下第一後爲衞尉卿恩任甚厚初起雙闕以仲孚領大匠累遷豫章內史在郡更勵清節頃之卒贈給事黃門侍郎喪將還豫章老幼號哭攀送車輪不得前仲孚爲左丞撰皇典二十卷南宮故事百卷又撰尚書具事雜儀行於世

檀超字悅祖高平金鄉人也祖嶷之字弘宗宋南琅邪太守父道彪字萬壽位正員郎超少好文學放誕任氣解褐州西曹蕭惠開爲別駕超便抗禮惠開自以地位居前稍相陵辱而超舉動嘯傲不以地勢推之張目謂曰我與卿俱是國家微賤時外戚耳何足以一爵高人蕭太后惠開之祖姑長沙景王妃超祖姑也故超以此議之惠開欣然更爲刎頸之交後位國子博士兼左丞超嗜酒好談詠自比晉郗超言高平有二超又謂人曰猶覺我爲優也齊高帝賞愛之

後爲司徒右長史建元二年初置史官以超與驃騎記室江淹掌史職上表立條例開元紀號不取宋年封爵各詳本傳無假年表又制著十志多爲左僕射王儉所不同既與物多忤史功未就徙交州於路見殺江淹撰成之猶不備也時有豫章熊襄著齊典上起十代其序云尚書堯典謂之虞書則附所述通謂之齊書名爲河洛金匱又有吳邁遠者好爲篇章宋明帝聞而召之及見曰此人連絶之外無所復有邁遠好自誇而蚩鄙他人每作詩得稱意語輒擲地呼曰曹子建何足數哉超聞而笑曰昔劉季緒才不逮於作者而好抵訶人文章季緒瑣瑣焉足道哉至於邁遠何爲者乎超叔父道鸞字萬安位國子博士永嘉太守亦有文學撰續晉陽秋二十卷

卞彬字士蔚濟陰冤句人也祖嗣之中領軍父延之弱冠爲上虞令有剛氣會稽太守孟顗以令長裁之積不能容脫幘投地曰我所以屈卿者政爲此幘耳今已投之卿矣卿以一世勳門而傲天下國士拂衣而去彬險拔有才而與物多忤齊高帝輔政袁粲劉彥節王蘊等皆不同而沈攸之又稱兵反粲蘊雖敗

攸之尚存彬意猶以高帝事無所成乃謂帝曰比聞謠云可憐可念尸著服孝子不在日代哭列管暫鳴死滅族公頗聞不時蘊居父憂與粲同死故云尸著服也服者衣也孝子不在日代哭者褚字也彬謂沈攸之得志褚彥回當敗故言哭也列管謂蕭也高帝不悅及彬退曰彬自作此後常於東府謁高帝高帝時爲齊王彬曰殿下卽東宮府則以青溪爲鴻溝鴻溝以東爲齊以西爲宋仍詠詩云誰謂宋遠跂予望之遂大忤旨因此擯廢數年不得仕進乃擬趙壹窮鳥爲枯魚賦以喻意後爲南康郡丞彬頗飲酒擯棄形骸仕既不遂乃著蚤蝨蝸蟲蝦蟆等賦皆大有指斥其蚤蝨賦序曰余居貧布衣十年不製一袍之緼有生所託資其寒暑無與易之爲人多病起居甚疎縈寢敗絮不能自釋兼攝性懈墮懶事皮膚澡刷不謹澣沐失時四體𣯛𣯛加以臭穢故葦席蓬纓之間蚤蝨猥流淫癢渭濩無時恕肉探揣擭撮日不替手蝨有諺云朝生暮孫若吾之蝨者無湯沐之慮絕相弔之憂晏聚乎久袴爛布之裳復不懃之討捕孫孫子子三十五歲焉其略言皆實錄也又爲禽獸決錄目禽獸云羊性淫而佷猪

性卑而率鵝性頑而傲狗性險而出皆指斥貴勢其羊淫佷謂呂文顯猪卑率
謂朱隆之鵝頑傲謂潘敞狗險出謂文度其險詣如此蝦蟆賦云紆青拖紫名
爲蛤魚世謂比令僕也又云蝌斗唯唯羣浮闇水唯朝繼夕聿役如鬼比令史
諮事也文章傳於閭巷後歷尚書比部郎安吉令車騎記室彬性飲酒以瓠壺
瓢勺杬皮爲肴著帛冠十二年不改易以大瓠爲火籠什物多諸詭異自稱卞
田居婦爲傳蠶室或謂曰卿都不持操名器何由得升彬曰擲五木子十擲輒
鞬豈復是擲子之拙吾好擲政極此耳後爲綏建太守卒官永明中瑯邪諸葛
勗爲國子生作雲中賦指祭酒以下皆有形似之目坐事繫東冶作東冶徒賦
武帝見赦之又有陳郡袁嘏自重其文謂人云我詩應須大材迮之不爾飛去
建武末爲諸暨令被王敬則賊所殺時有廣陵高爽博學多材劉蒨爲晉陵縣
爽經途詣之了不相接爽甚銜之俄而爽代蒨爲縣蒨遣迎贈甚厚爽受餉答
書云高晉陵自答人問其所以答云劉蒨餉晉陵令耳何關爽事又有人送書
於爽告蹔云比日守羊困苦爽答曰守羊無食何不貨羊糴米孫抱爲延陵縣

爽又詣之抱了無故人之懷爽出從縣閤下過取筆書鼓云徒有八尺圍腹無
一寸腸面皮如許厚受打未詎央爽機悟多如此坐事被繫作鑊魚賦以自況
其文甚工後遇赦免卒抱東莞人父廉吳興太守抱善吏職形體肥壯腰帶十
圍爽故以此激之
丘巨源蘭陵蘭陵人也少舉丹陽郡孝廉爲宋孝武所知大明五年敕助徐爰
撰國史帝崩江夏王義恭取掌書記明帝卽位使參詔誥引在左右自南臺御
史爲王景文鎭軍參軍寧喪還家元徽初桂陽王休範在尋陽以巨源有筆翰
遣船迎之餉以錢物巨源因齊高帝自啓敕板起之使留都下桂陽事起使於
中書省撰符檄事平除奉朝請巨源望有封賞旣而不獲乃與尚書令袁粲書
自陳竟不被申沈攸之事高帝又使爲尚書符荆州以此又望賞異自此意常
不滿後除武昌太守拜竟不樂江外行武帝問之巨源曰古人云寧飮建鄴水
不食武昌魚臣年已老寧死於建鄴乃以爲餘杭令明帝爲吳興巨源作秋胡
詩有譏刺語以事見殺時又有會稽孔廣孔逭皆才學知名廣字淹源美容止

善吐論王儉張緒咸美之儉常云廣來使人廢簿領匠不須來來則莫聽去緒
數巾車詣之每歎云孔廣使吾成輕薄祭酒仕至揚州中從事逭抗直有才藻
製東都賦於時才士稱之陳郡謝瀹年少時遊會稽還父莊問入東何見見孔
逭不見重如此著三吳決錄不傳卒於衞軍武陵王東曹掾又時有虞通之虞
龢司馬憲袁仲明孫詵等皆有學行與廣埒名通之龢皆會稽餘姚人通之善
言易至步兵校尉龢位中書郎廷尉少好學居貧屋漏恐濕墳典乃舒被覆書
書獲全而被大濕時人以比高鳳憲字景思河內溫人待詔東觀爲學士至殿
中郎口辯有才地使魏見稱於北仲明陳郡人撰晉史未成而卒初仲明與劉
融卞鑠俱爲袁粲所賞恆在坐席粲爲丹陽尹取鑠爲主簿好詩賦多譏刺世
人坐徙巴州詵字休羣太原中都人愛文尤賞泉石卒于御史中丞
王智深字雲才瑯邪臨沂人也少從陳郡謝超宗學屬文好飲酒拙澀乏風儀
仕齊爲豫章王大司馬參軍兼記室武帝使太子家令沈約撰宋書疑立袁粲
傳以審武帝帝曰袁粲自是宋家忠臣約又多載孝武明帝諸褻黷事上遣左

右語約曰孝武事迹不容頓爾我昔經事宋明帝卿可思諱惡之義於是多所省除又敕智深撰宋紀召見扶容堂賜衣服給宅智深告貧於豫章王王曰須卿書成當相論以祿書成三十卷武帝後召見智深於璿明殿令拜表奏上表未奏而武帝崩隆昌元年敕索其書智深遷爲竟陵王司徒參軍免官家貧無人事嘗餓五日不得食掘莧根食之司空王僧虔及子志分與衣食卒於家

崔慰祖字悅宗清河東武城人也父慶緒永明中爲梁州刺史慰祖解褐奉朝請父喪不食鹽母曰汝既無兄弟又未有子胤毀不滅性政當不進肴羞耳如何絕鹽吾今亦不食矣慰祖不得已從之父梁州之資家財十萬散與宗族漆器題爲日字日字之器流乎遠近料得父時假貰文疏謂族子紘曰彼有自當見還彼無吾何言哉悉火焚之好學聚書至萬卷隣里年少好事者來從假借日數十袠慰祖親自取與未嘗爲辭爲始安王遙光撫軍刑獄兼記室遙光好棋數召慰祖對戲慰祖輒辭拙非朔望不見也建武中詔舉士從兄慧景舉慰祖及平原劉孝標並碩學帝欲試以百里慰祖辭不就國子祭酒沈約吏部郎

謝朓嘗於吏部省中賓友俱集各問慰祖地理中所不悉十餘事慰祖口喫無華辭而酬據精悉一坐稱服之朓歎曰假使班馬復生無以過此慰祖賣宅須四十五萬買者云寧有減不答曰誠異韓伯休何容二價買者又曰君但賣四十六萬一萬見與慰祖曰豈是我心乎少與侍中江祀款及祀貴常來候之而慰祖不往也與丹陽丞劉渢素善遙光據東府反慰祖在城內城未潰一日渢謂之曰卿有老母宜出命門者出之慰祖詣闕自首繫尚方病卒慰祖著海岱志起太公迄西晉人物爲四十卷半成臨卒與從弟緯書云常欲更注遷固二史採史漢所漏二百餘事在廚簏可檢寫之以存大意海岱志良未周悉可寫數本付護軍諸從事人一通及友人任昉徐寅劉洋裴揆令後世知吾微有素業也又令以棺親土不須甎勿設靈坐

祖沖之字文遠范陽遒人也曾祖台之晉侍中祖昌宋大匠卿父朔之奉朝請沖之稽古有機思宋孝武使直華林學省賜宅宇車服解褐南徐州從事公府參軍始元嘉中用何承天所製曆比古十一家爲密沖之以爲尚疎乃更造新

法上表言之孝武令朝士善曆者難之不能屈會帝崩而施行歷位爲婁縣令謁者僕射初宋武平關中得姚興指南車有外形而無機杼每行使人於內轉之昇明中齊高帝輔政使沖之追修古法沖之改造銅機圓轉不窮而司方如一馬均以來未之有也時有北人索馭驎者亦云能造指南車高帝使與沖之各造使於樂游苑對共校試而頗有差僻乃毀而焚之晉時杜預有巧思造欹器三改不成永明中竟陵王子良好古沖之造欹器獻之與周廟不異文惠太子在東宮見沖之曆法啓武帝施行文惠尋薨又寢轉長水校尉領本職沖之造安邊論欲開屯田廣農殖建武中明帝欲使沖之巡行四方興造大業可以利百姓者會連有軍事事竟不行沖之解鍾律博塞當時獨絕莫能對者以諸葛亮有木牛流馬乃造一器不因風水施機自運不勞人力又造千里船於新亭江試之日行百餘里於樂游苑造水碓磨武帝親自臨視又特善算永元二年卒年七十二著易老莊義釋論語孝經注九章造綴述數十篇子暅之

暅之字景爍少傳家業究極精微亦有巧思入神之妙般倕無以過也當其詣

微之時雷霆不能入嘗行遇僕射徐勉以頭觸之勉呼乃悟父所改何承天曆時尚未行梁天監初暅之更修之於是始行焉位至太府卿

暅之子皓志節慷慨有文武才略少傳家業善算曆大同中爲江都令後拜廣陵太守侯景陷臺城皓在城中將見害乃逃歸江西百姓感其遺惠每相蔽匿廣陵人來嶷乃說皓曰逆豎滔天王室如燬正是義夫發憤之秋志士忘軀之日府君荷恩重世又不爲賊所容今逃竄草間知者非一危亡之甚累棊非喻董紹先雖景之心腹輕而無謀新尅此州人情不附襲而殺之此亦壯士之任耳今若糺率義勇立可得三二百人意欲奉戴府君勦除兇逆遠近義徒自當投赴如此尅捷可立桓文之勳必天未悔禍事生理外百代之下猶爲梁室忠臣若何皓曰僕所願也死且甘心爲要勇士耿光等百餘人襲殺景兗州刺史董紹先推前太子舍人蕭勔爲刺史結東魏爲援馳檄遠近將討景景大懼卽日率侯子鑒等攻之城陷皓見執被縛射之箭遍體然後車裂以徇城中無少長皆埋而射之來嶷字德山幼有奇節兼資文武旣與皓義舉邵陵王承制除

步兵校尉秦郡太守封永寧縣侯及皓敗弃兄弟子姪遇害者十六人子法敏
逃免仕陳爲海陵令
賈希鏡平陽襄陵人也祖弼之晉員外郎父匪之驃騎參軍家傳譜學宋孝武
時青州人發古冢銘云青州世子東海女郎帝問學士鮑照徐爰蘇寶生並不
能悉希鏡對曰此是司馬越女嫁苟晞兒檢訪果然由是見遇敕希鏡注郭子
昇明中齊高帝嘉希鏡世學取爲驃騎參軍武陵王國郎中令歷大司馬司徒
府參軍竟陵王子良使希鏡撰見客譜出爲句容令先是譜學未有名家希鏡
祖弼之廣集百氏譜記專心習業晉泰元中朝廷給弼之令史書史撰定繕寫
藏祕閣及左戶曹希鏡三世傳學凡十八州士族譜合百帙七百餘卷該究精
悉皆如貫珠當時莫比永明中衞將軍王儉抄次百家譜與希鏡參懷撰定建
元初希鏡遷長水校尉傖人王泰寶買襲琅邪譜尙書令王晏以啓明帝希鏡
坐被收當極法子棲長謝罪稽顙流血朝廷哀之免希鏡罪後爲北中郎參軍
卒撰氏族要狀及人名書並行於時

袁峻字孝高陳郡陽夏人魏郎中令渙之八世孫也早孤篤志好學家貧無書每從人假借必皆抄寫自課日五十紙紙數不登則不止訥言語工文辭梁武帝雅好辭賦時獻文章於南闕者相望焉天監六年峻乃擬揚雄官箴奏之帝嘉焉賜束帛除員外郎散騎侍郎直文德學士省抄史記漢書各爲二十卷又奉敕與陸倕各製新闕銘云

劉昭字宣卿平原高唐人晉太尉寔九世孫也祖伯龍居父憂以孝聞宋武帝敕皇太子諸王並往弔慰官至少府卿父彪齊征虜晉安王記室昭幼清警通老莊義及長勤學善屬文外兄江淹早相稱賞梁天監中累遷中軍臨川王記室初昭伯父肜集衆家晉書注干寶晉紀爲四十卷至昭集後漢同異以注范曄後漢世稱博悉卒於剡令集注後漢一百八十卷幼童傳一卷文集十卷子縚字言明亦好學通三禮位尚書祠部郎著先聖本記十卷行於世縚弟緩字含度爲湘東王中錄事性虛遠有氣調風流跌宕名高一府常云不須名位所須衣食不用身後之譽唯重目前知見

鍾嶸字仲偉潁川長社人晉侍中雅七世孫也父蹈齊中軍參軍嶸與兄岏弟嶼並好學有思理嶸齊永明中爲國子生明周易衞將軍王儉領祭酒頗賞接之建武初爲南康王侍郎時齊明帝躬親細務綱目亦密於是郡縣及六署九府常行職事莫不爭自啓聞取決詔敕文武勳舊皆不歸選部於是憑勢互相通進人君之務粗爲繁密嶸乃上書言古者明君揆才頒政量能授職三公坐而論道九卿作而成務天子可恭己南面而已書奏上不懌謂太中大夫顧暠曰鍾嶸何人欲斷朕機務卿識之不答曰嶸雖位末名卑而所言或有可採且繁碎職事各有司存今人主總而親之是人主愈勞而人臣愈逸所謂代庖人宰而爲大匠斲也上不顧而他言永元末除司徒行參軍梁天監初制度雖革而未能盡改前弊嶸上言曰永元肇亂坐弄天爵勳非即戎官以賄就揮一金而取九列寄片札以招六校騎都塞市郎將塡街服既纓組尚爲臧獲之事職雖黃散猶躬胥徒之役名實淆紊茲焉莫甚臣愚謂永元諸軍官是素族士人自有清貫而因斯受爵一宜削除以懲澆競若吏姓寒人聽極其門品不當因

軍遂濫清級若僑雜傖楚應在綏撫正宜嚴斷祿力絕其妨正直乞虛號而已
敕付尚書行之衡陽王元簡出守會稽引爲寧朔記室專掌文翰時居士何胤
築室若邪山山發洪水漂拔樹石此室獨存元簡令嶸作瑞室頌以旌表之辭
甚典麗遷西中郎晉安王記室嶸嘗求譽於沈約約拒之及約卒嶸品古今詩
爲評言其優劣云觀休文衆製五言最優齊永明中相王愛文王元長等皆宗
附約于時謝朓未遒江淹才盡范雲名級又微故稱獨步故當辭密于范意淺
于江蓋追宿憾以此報約也頃之卒官岏字長丘位建康令卒著良吏傳十卷
嶼字季望永嘉郡丞
周興嗣字思纂陳郡項人也世居姑孰博學善屬文嘗步自姑孰投宿逆旅夜
有人謂曰子才學邁世初當見識貴臣卒被知英主言終不測所之齊隆昌中
侍郎謝朏爲吳興太守唯與興嗣談文史而已及罷郡因大相談薦梁天監初
奏休平賦其文甚美武帝嘉之拜安成王國侍郎直華林省其年河南獻舞馬
詔興嗣與待詔到沆張率爲賦帝以興嗣爲工擢拜員外散騎侍郎進直文德

壽光省時武帝以三橋舊宅爲光宅寺敕興嗣與陸倕各製寺碑及成俱奏帝用興嗣所製自是銅表銘柵塘碣檄魏文次韻王羲之書千字並使興嗣爲文每奏帝稱善賜金帛後佐撰國史興嗣兩手先患風疽十二年又染癘疾左目盲帝撫其手嗟曰斯人而有斯疾手疏疽方以賜之任昉又愛其才常曰興嗣若無此疾旬日當至御史中丞十七年爲給事中直西省周捨奉敕注武帝所製歷代賦啓興嗣助焉普通二年卒所撰皇帝實錄皇德記起居注職儀等百餘卷文集十卷

吳均字叔庠吳興故鄣人也家世寒賤至均好學有俊才沈約嘗見均文頗相稱賞梁天監初柳惲爲吳興召補主簿日引與賦詩均文體清拔有古氣好事者或斆之謂爲吳均體均嘗不得意贈惲詩而去久之復來惲遇之如故弗之憾也薦之臨川靖惠王王稱之於武帝卽日召之賦詩悅焉待詔著作累遷奉朝請先是均將著史以自名欲撰齊書求借齊起居注及羣臣行狀武帝不許遂私撰齊春秋奏之書稱帝爲齊明帝佐命帝惡其實錄以其書不實使中書

舍人劉之遴詰問數十條竟支離無對敕付省焚之坐免職尋有敕召見使撰通史起三皇訖齊代均草本紀世家已畢唯列傳未就卒均注范曄後漢書九十卷著齊春秋二十卷廟記十卷十二州記十六卷錢塘先賢傳五卷續文釋五卷文集二十卷先是有濟陽江洪工屬文爲建陽令坐事死

劉勰字彥和東莞莒人也父尚越騎校尉勰早孤篤志好學家貧不婚娶依沙門僧祐居遂博通經論因區別部類錄而序之定林寺經藏勰所定也梁天監中兼東宮通事舍人時七廟饗薦已用蔬果而二郊農社猶有犧牲勰乃表言二郊宜與七廟同改詔付尚書議依勰所陳遷步兵校尉兼舍人如故深被昭明太子愛接初勰撰文心雕龍五十篇論古今文體其序略云予齒在逾立嘗夜夢執丹漆之禮器隨仲尼而南行寤而喜曰大哉聖人之難見也迺小子之垂夢歟自生靈以來未有如夫子者也敷讚聖旨莫若注經而馬鄭諸儒弘之已精就有深解未足立家唯文章之用實經典枝條五禮資之以成六典因之致用於是搦筆和墨乃始論文其爲文用四十九篇而已既成未爲時流所稱

勰欲取定於沈約無由自達乃負書候約於車前狀若貨鬻者約取讀大重之謂深得文理常陳諸几案勰爲文長於佛理都下寺塔及名僧碑誌必請勰製文敕與慧震沙門於定林寺撰經證功畢遂求出家先燔鬢髮自誓敕許之乃變服改名慧地云

何思澄字元靜東海郯人也父敬叔齊長城令有能名在縣清廉不受禮遺夏節至忽牓門受餉數日中得米二千餘斛他物稱是悉以代貧人輸租思澄少勤學工文爲遊廬山詩沈約見之大相稱賞自以爲弗逮約郊居宅新構閣齋因命工書人題此詩於壁傳昭嘗請思澄製釋奠詩辭文典麗天監十五年敕太子詹事徐勉舉學士入華林撰遍略勉舉思澄顧協劉杳王子雲鍾嶼等五人以應選八年乃書成合七百卷思澄重交結分書與諸賓朋校定而終日造謁每宿昔作名一束曉便命駕朝賢無不悉狎狎處即命食有人方之婁護欣然當之投晚還家所齎名必盡自廷尉正遷治書侍御史宋齊以來此職甚輕天監初始重其選車前依尚書二丞給三騶執盛印青囊舊事糾彈官印綬在

前故也後除安西湘東王錄事參軍兼東宮通事舍人時徐勉周捨以才具當
朝並好思澄學常遞日招致之後卒於宣惠武陵王中錄事參軍文集十五卷
初思澄與宗人遜及子朗俱擅文名時人語曰東海三何子朗最多思澄聞之
曰此言誤耳如其不然故當歸遜思澄意謂宜在己也子朗字世明早有才思
周捨每與談服其精理嘗爲敗冢賦擬莊周馬棰其文甚工世人語曰人中爽
爽有子朗卒于國山令年二十四集行於世王子雲太原人及江夏費昶並爲
閭里才子昶善爲樂府又作鼓吹曲武帝重之敕曰才意新拔有足嘉異昔郎
憚博物卞蘭巧辭束帛之賜實惟勸善可賜絹十匹子雲嘗爲自弔文甚美
任孝恭字孝恭臨淮人也曾祖農夫宋南豫州刺史農夫弟候伯位輔國將軍
行湘州事並任將帥孝恭幼孤事母以孝聞精力勤學家貧無書嘗崎嶇從人
假借每讀一遍諷誦略無所遺外祖丘宅與武帝有舊帝聞其有才學召入西
省撰史初爲奉朝請進直壽光省爲司文侍郎俄兼中書通事舍人敕遣製建
陵寺剎下銘又啓撰武帝集序文並富麗自是專掌公家筆翰孝恭爲文敏速

若不留思每奏稱善累賜金帛少從蕭寺雲法師讀經論明佛理至是蔬食持戒信受甚篤而性頗自伐以才能尙人於流輩中多有忽略世以此少之太清三年侯景寇逼孝恭啓募兵隸蕭正德正德入賊孝恭還赴臺臺門閉侯景獲之使作檄求還私第檢討景許之因走入東府城陷景斬剉之文集行于世

顏協字子和琅邪臨沂人也晉侍中含七世孫也父見遠博學有志行初齊和帝鎭荆州以爲錄事參軍及卽位兼御史中丞梁武帝受禪見遠不食發憤數日而卒帝聞之曰我自應天從人何豫天下士大夫事而顏見遠乃至於此協幼孤養於舅氏少以器局稱博涉羣書工於草隸飛白時吳人范懷約能隸書協學其書殆過直也荆楚碑碣皆協所書時又有會稽謝善勛能爲八體六文方寸千言京兆韋仲善飛白並在湘東王府善勛爲錄事參軍仲爲中兵參軍府中以協優於韋仲而減於善勛善勛飲酒至數斗醉後輒張眼大罵雖復貴賤親疎無所擇也時謂之謝方眼而胸襟夷坦有士君子之操焉協家雖貧素而脩飾邊幅非車馬未嘗出游湘東王出鎭荆州以爲記室時吳郡顧協亦在

蕃邸與協同名才學相亞府中稱爲二協舅陳郡謝暕卒協以有鞠養恩居喪
如伯叔禮議者甚重焉又感家門事義不求顯達恆辭徵辟游於蕃府而已卒
元帝甚歎惜之爲懷舊詩以傷之協所撰晉仙傳五篇日月災異圖兩卷行於
世其文集二十卷遇火湮滅子之儀之推並早知名
紀少瑜字幼瑒丹陽秣陵人也本姓吳養於紀氏因而命族早孤幼有志節常
慕王安期之爲人年十三能屬文初爲京華樂王僧孺見而賞之曰此子才藻
新拔方有高名少瑜嘗夢陸倕以一束青鏤管筆授之云我以此筆猶可用卿
自擇其善者其文因此遒進年十九始遊太學備探六經博士東海鮑皦雅相
欽悅時皦有疾請少瑜代講少瑜既妙玄言善談吐辯捷如流爲晉安國中尉
卽梁簡文也深被恩遇後侍宣城王讀當陽公爲郢州以爲功曹參軍轉輕車
限內記室坐事免大同七年始引爲東宮學士邵陵王在郢啓求學士武帝以
少瑜充行少瑜美容貌工槀草吏部尚書到溉嘗曰此人有大才而無貴仕將
拔之會溉去職後除武陵王記室參軍卒

杜之偉字子大吳郡錢塘人也家世儒學以三禮專門父規梁奉朝請之偉幼精敏有逸才年十五遍觀文史及儀禮故事時輩稱其早成僕射徐勉嘗見其文重其有筆力中大同元年梁武帝幸同泰寺捨身敕勉撰儀注勉以先無此禮召之偉草具其儀乃啓補東宮學士與學士劉陟等抄撰羣書各爲題目所撰富教政道二篇皆之偉爲序後兼太學限內博士大同七年梁皇太子釋奠於國學時樂府無孔子顏子登歌詞令之偉製文伶人傳習以爲故事再遷安前邵陵王刑獄參軍之偉年位甚卑特以強識俊才頗有名當世吏部尙書張纘深知之以爲廊廟之器陳武帝爲丞相素聞其名召補記室參軍遷中書侍郎領大著作及受禪除鴻臚卿餘並如故之偉求解著作優敕不許再遷太中大夫仍敕撰梁史卒官文集十七卷

顏晃字元明瑯邪臨沂人也少孤貧好學有辭采解褐梁邵陵王兼記室參軍時東宮學士庾信使府中王使晃接對信輕其少曰此府兼記室幾人晃曰猶當少於宮中學士當時以爲善對侯景之亂奔荊州承聖初除中書侍郎陳天

嘉初累遷員外散騎常侍兼中書舍人掌詔誥卒贈司農卿謚曰貞子晃家世
單門傍無戚援而介然修立爲當世所知其表奏詔誥下筆立成便得事理有
集二十卷
岑之敬字思禮南陽棘陽人也父善紆梁世以經學聞官至吳寧令司義郎之
敬年五歲讀孝經每燒香正坐親戚咸加歎異十六策春秋左氏制旨孝經義
擢爲高第御史奏曰皇朝多士例止明經若顏閔之流乃應高第梁武帝省其
策曰何妨我復有顏閔邪因召入面試令之敬升講坐敕中書舍人朱异執孝
經唱士孝章武帝親自論難之敬剖釋從橫左右莫不嗟服仍除童子奉車郎
賞賜優厚十八預重雲殿法會時武帝親行香熟視之敬曰未幾見兮突而弁
兮即日除太學限內博士尋爲壽光學士司義郎太清元年表試吏除南沙令
承聖二年除晉安王宣惠府中記室參軍時蕭勃據嶺表敕之敬宣旨慰喻會
魏剋江陵仍留廣州陳太建初還朝授東宮義省學士累遷南臺書侍御史征
南府諮議參軍之敬始以經業進而博涉文史雅有詞筆不爲醇儒性謙謹未

嘗以才學矜物接引後進恂恂如也每母忌日營齋必躬自洒掃涕泣終日士君子以篤行稱之十一年卒有集十卷行於世子德潤有父風位中軍吳興王記室

何之元廬江灊人也祖僧達齊南臺書侍御史父法勝以行業聞之元幼好學有才思居喪過禮梁天監末司空袁昂表薦之因得召見累遷信義令其宗人敬容位望隆重頻相顧訪之元終不造焉或問其故之元曰昔楚人得寵於觀起有馬者豈士夫德薄任隆必近覆敗吾恐不獲其利而招其禍識者以是稱之侯景之亂武陵王以太尉承制授南梁州刺史北巴西太守武陵王自成都舉兵東下之元與蜀中人庶抗表請無行王以爲沮衆囚之元於艦中及武陵兵敗之元從邵陵太守劉棻之郡俄而魏剋江陵劉棻卒王琳召爲記室參軍及琳立蕭莊署爲中書侍郎王琳敗齊王以爲揚州別駕所居卽壽春也及衆軍北伐湘州刺史始興王叔陵遣功曹史柳咸齎書召之之元始與陳朝有隙書至大惶恐讀書至孔璋無罪左車見用遂隨咸至湘州再遷中衛府諮議參

軍及叔陵誅之元乃屏絶人事著梁典起齊永元元年迄于琳遇獲七十五年
行事爲三十卷陳亡移居常州之晉陵縣隋開皇十三年卒於家
徐伯陽字隱忍東海人也父僧權梁東宮通事舍人領祕書以善書知名伯陽
敏而好學善色養家有史書所讀者近三千餘卷梁大同中爲候官令甚得人
和侯景之亂至廣州依蕭勃勃平還都陳天嘉中除司空侯安都府記室參軍
太建初與中記室李爽記室張正見左户郎賀徹學士阮卓黄門郎蕭詮三公
郎王由禮處士馬樞記室祖孫登比部郎賀循長史劉刪等爲文會友後有蔡
凝劉助陳暄孔範亦預焉皆一時士也遊宴賦詩動成卷軸伯陽爲其集序盛
傳於世後除鎮北新安王府中記室參軍兼南徐州别駕帶東海郡丞鄱陽王
爲江州刺史伯陽常奉使造焉王率府僚與伯陽登匡嶺置宴酒酣命筆賦劇
韻三十伯陽與祖孫登前成王賜以奴婢雜物後除鎮右新安王府諮議參軍
事聞姊喪發疾卒
張正見字見賾清河東武城人也祖善之魏散騎常侍勃海長樂二郡太守父

脩禮魏散騎侍郎歸梁仍拜本職遷懷方太守正見幼好學有清才梁簡文在
東宮正見年十三獻頌簡文深贊賞之梁元帝即位爲彭澤令屬喪亂避地匡
俗山陳武帝受禪正見還都累遷尚書度支郎撰史著士卒有集十四卷其五
言尤善
阮卓陳留尉氏人也祖詮梁散騎侍郎父問道梁岳陽王府記室參軍卓幼聰
敏篤志經籍尤工五言性至孝父隨岳陽王出鎮江州卒卓時年十五自都奔
赴水漿不入口者累日載柩還都度彭蠡湖中流遇疾風船幾沒者數四卓仰
天悲號俄而風息人以爲孝感之至陳天嘉元年爲新安王府記室參軍隨府
轉翊右記室帶撰史著士及平歐陽紇交阯夷獠往往聚爲寇抄卓奉使招慰
交阯通日南象郡多金翠珠貝珍怪之產前後使者皆致之唯卓挺身而還時
論咸伏其廉後爲始興王中衞府記室參軍及叔陵誅後主謂朝臣曰阮卓素
不同逆宜加旌異至德元年入爲德教殿學士尋兼通直散騎常侍副王話聘
隋隋文帝夙聞其名遣河東薛道衡琅邪顏之推等與卓談宴賦詩賜遺加禮

還除南海王府諮議參軍以目疾不之官退居里舍改構亭宇修山池卉木招致賓友以文酒自娛陳亡入隋行至江州追感其父所終遘疾卒

論曰文章者蓋情性之風標神明之律呂也蘊思含豪遊心內運放言落紙氣韻天成莫不稟以生靈遷乎愛嗜機見殊門賞悟紛雜感召無象變化不窮發五聲之音響而出言異句寫萬物之情狀而下筆殊形暢自心靈而宣之簡素輪扁之言或未能盡然縱假之天性終資好習是以古之賢哲咸所用心至若丘靈鞠等或克荷門業或夙懷慕尚雖位有窮通而名不可滅然則立身之道可無務乎

南史卷七十二

南史卷七十二考證

文學傳敘大則憲章典誥小則申抒性靈○憲監本訛獻今改正

丘靈鞠傳在沈淵坐見王儉詩○一本淵作深儉注云一作徐

子遲傳遲字希範○遲監本訛逹今改正

卞彬傳我詩應須大材迮之不爾飛去○迮監本作迂今從閣本

崔慰祖傳悉火焚之○火監本訛人今從南本改正

可寫數本付護軍諸從事人一通○南本脫事字今以監本爲是

何思澄傳又作鼓吹曲○鼓吹監本誤取次今改從閣本

任孝恭傳初爲奉朝請○奉監本訛舉今改正

少從蕭寺雲法師讀經論明佛理○師監本訛諦今從閣本改正

顏協傳晉侍中含七世孫也○含監本訛舍今改從南本

杜之偉傳年十五遍觀文史及儀體故事○體一本作禮

岑之敬傳位中軍吳興王記室○吳興監本誤英與今改從閣本

史臣論然則立身之道可無務乎○身監本誤少今從南本改正

南史卷七十二考證

南史卷七十三

唐　李延壽　撰

列傳第六十三

孝義上

龔穎　劉瑜 董陽　賈恩

郭世通 子原平　嚴世期　吳逵

潘綜 陳遺 秦綿　張進之 俞僉 張楚　丘傑

師覺授　王彭　蔣恭

徐耕 嚴成 王道蓋　孫法宗　范叔孫 吳國夫

卜天與 張弘之等 天與弟天生　許昭先　余齊人

孫棘 妻許 錢延慶 徐元妻許　何子平　崔懷順

王虛之 顧昌衍 江輌　江柔之　吳慶之　蕭叡明 鮮于文宗 文宗姊文英

蕭矯妻羊 羊緝之女佩任 吳康之妻趙 蔣雋之妻黃 吳翼之母丁 會稽陳氏三女 永興概中里王氏女 諸暨屠氏女

吳興乘公濟妻姚 吳郡范法恂妻褚 公孫僧遠

吳欣之 韓係伯 聞人篔 丘冠先

孫淡 華寶 薛天生 劉懷胤 解叔謙 宗元卿 庾震 朱文濟

匡昕 謝昌寓 魯康祚 韓靈敏 劉渢 弟溓 柳叔夜

封延伯 陳玄子 邵榮興 文獻叔 徐生之 范安祖 李聖伯 范道根 譚弘寶 何弘 陽黑頭 王續祖 郝道福

吳達之 蔡曇智 何伯璵 王文殊 樂頤之 弟預 沈昇之

江泌 庾道愍 族孫沙彌 沙彌子持

易曰立人之道曰仁與義夫仁義者合君親之至理實忠孝之所資雖義發因心情非外感然企及之旨聖哲遺言至於風離化薄禮違道喪忠不樹國孝亦愆家而一代之眈權利相引仕以勢招榮非行立乏噿翔之感棄捨生之分霜露未改大痛已忘於心名節不變戎車遽為其首斯並軌訓之理未弘汲引之塗多闕若夫情發於天行成乎己捐軀捨命濟主安親雖乘理闇至匪由勸賞而宰世之人曾微誘激乃至事隱閭閻無聞視聽考于載籍何代無之故宜被

之圖篆用存旌勸今搜綴湮落以備闕文云爾

龔穎遂寧人也少好學益州刺史毛璩辟爲勸學從事璩爲譙縱所殺故佐吏並逃亡穎號哭奔赴殯送以禮縱後設宴延穎不獲已而至樂奏穎流涕起曰北面事人亡不能死何忍舉觴聞樂蹈跡逆亂乎縱大將譙道福引出將斬之道福母即穎姑也跣出救之得免及縱僭號備禮徵又不至乃脅以兵刃執志終無回改至于蜀平遂不屈節其後刺史至輒加辟引歷府參軍州別駕從事史宋文帝元嘉二十四年刺史陸徽表穎節義遂不被朝命終於家

劉瑜歷陽人也七歲喪父事母至孝年五十二又喪母三年不進鹽酪號泣晝夜不絕聲勤身力以營葬事服除二十餘年布衣蔬食言輒流涕常居墓側未嘗暫違宋文帝元嘉初卒又元嘉七年南豫州舉所統西陽縣人董陽三世同居外無異門內無異煙詔榜門曰篤行董氏之閭蠲一門租布

賈恩會稽諸暨人也少有志行元嘉三年母亡居喪過禮未葬爲鄰火所逼恩及妻柏氏號哭奔救鄰近赴助棺櫬得免恩及栢俱燒死有司奏改其里爲孝

義里蠲租布三世追贈恩天水郡顯親左尉
郭世通會稽永興人也年十四喪父居喪殆不勝哀家貧傭力以養繼母婦生一男夫妻恐廢侍養乃垂泣瘞之母亡負土成墳親戚或共賻助微有所受葬畢傭賃還先直服除後思慕終身如喪者未嘗釋衣帢仁孝之風行於鄉黨鄰村小大莫有呼其名者嘗與人共於山陰市貨物誤得一千錢當時不覺分背方悟追還本主錢主驚歎以半直與之世通委之而去元嘉四年大使巡行天下散騎常侍袁愉表其淳行文帝嘉之敕榜表門閭蠲其租調改所居獨楓里爲孝行焉太守孟顗察孝廉不就
子原平字長恭幼稟至行養親必以己力傭賃以給供養性甚巧每爲人作正取散夫價主人設食原平自以家貧父母不辦有肴味唯餐鹽飯而已若家或無食則虛中竟日義不獨飽須日暮作畢受直歸家於里糴買然後舉爨父篤疾彌年原平衣不解帶口不嘗鹽菜者跨積寒暑又未嘗睡臥父亡哭踊慟絕數日方蘇以爲奉終之義情禮自畢塋壙凶功不欲假人本雖巧而不解作墓

乃訪邑中有營墓者助人運力經時展勤久乃閑練又自賣十夫以供衆費窀穸之事儉而當禮性無術學因心自然葬畢詣所買主執役無懈與諸奴分務讓逸取勞主人不忍使每遣之原平服勤未嘗暫替傭賃養母有餘聚以自贖旣學構冢尤善其事每至吉歲求者盈門原平所起必自貧始旣取賤價又以夫力助之及父喪終自起兩間小屋以爲祠堂每至節歲常於此數日中哀思絕飲粥父服除後不復食肉高陽許瑤之罷建安郡丞還家以綿一斤遺之不受瑤之乃自往曰今歲過寒而建安綿好以此奉尊上下耳原平乃拜而受之及母終毀瘠彌甚僅乃免喪墓前有數十畝田不屬原平每至農月耕者恆裸袒原平不欲使人慢其墳墓乃貿家資貴買此田三農之月輒束帶垂泣躬自耕墾每出賣物裁求半價邑人皆共識悉輒加本價與之彼此相讓要使微賤然後取直宅上種竹夜有盜其筍者原平遇見之盜者奔走墜溝原平乃於所植竹處溝上立小橋令通又採筍置籬外鄰里慚愧無復取者宋文帝崩原平號慟日食麥餅一枚如此五日人曰誰非王臣何獨如此原平泣而答曰吾家

見異先朝蒙褒贊之賞不能報恩私心感動耳又以種瓜爲業大明七年大旱瓜瀆不復通船縣令劉僧秀愍其窮老下瀆水與之原平曰普天大旱百姓俱困豈可減溉田之水以通運瓜之船乃步從他道往錢塘貨賣每行來見人牽埭未過輒迅檝助之已自引船不假旁人若自船已度後人未及常停住須待以此爲常嘗於縣南郭鳳埭助人引船遇有鬭者爲吏所錄鬭者逃散唯原平獨住吏執以送縣縣令新到未相諳悉將加嚴罰原平解衣就罪義無一言左右大小咸稽顙請救然後得免由來不謁官長自此乃始脩敬太守蔡興宗臨郡深加貴異以私米饋原平及山陰朱百年妻各百斛原平誓死不受百年妻亦固辭會稽郡貴重望計及望孝盛族出身不減秘著明帝泰始七年興宗欲舉山陰孔仲智子爲望計原平次息爲望孝仲智會土高門原平一邦至行欲以相敵會明帝別敕用人故二選並寢興宗徵還都表其殊行舉爲太學博士會興宗薨事不行卒於家三子一弟並有門行

嚴世期會稽山陰人也性好施同里張邁等三人妻各產子歲饑欲棄而不舉

世期分食解衣以贍其乏三子並得成長同縣俞陽妻莊年九十莊女蘭七十並老病無所依世期餉之二十年死並殯葬宗親嚴弘鄉人潘伯等十五人荒年並餓死露骸不收世期買棺殯埋存育孩幼宋元嘉四年有司奏榜門曰義行嚴氏之門復其身傜役蠲租稅十年

吳逵吳興烏程人也經荒饑饉係以疾疫父母兄嫂及羣從小功之親男女死者十三人逵時病困隣里以葦席裹之埋于村側既而親屬皆盡唯逵夫妻獲全家徒四壁立冬無被袴晝則傭賃夜則伐木燒塼妻亦同逵此誠無有懈倦逵夜行遇猛獸猛獸輒下道避之期年中成七墓葬十三棺隣里嘉之葬日悉出赴助送終之事亦儉而周禮逵時逆取隣人夫直葬畢衆悉以放之逵一無所受皆傭力報答焉太守張崇之三加禮命太守王韶之擢補功曹史逵以門寒固辭不就舉爲孝廉

潘綜吳興烏程人也孫恩之亂祆黨攻破村邑綜與父驃共走避賊驃年老行遲賊轉逼驃驃語綜我不能去汝走可脫幸勿俱死驃困乏坐地綜迎賊叩頭

曰父年老乞賜生命賊至驃亦請賊曰兒年少自能走今爲老子不去老子不
惜死乞活此兒賊因斫驃綜抱父於腹下賊斫綜頭面凡四創綜當時悶絶有
一賊從傍來相謂曰卿欲舉大事此兒以死救父云何可殺殺孝子不祥賊乃
止父子並得免鄉人祕書監丘系祖廷尉沈赤黔以綜異行薦補左戶令史除
遂昌長歲滿還家太守王韶之臨郡發教列上州臺陳其行跡及將行設祖道
贈以四言詩元嘉四年有司奏改其里爲純孝里蠲租布三世又宋初吳郡人
陳遺少爲郡吏母好食鍋底飯遺在役恆帶一囊每煮食輒錄其焦以貽母後
孫恩亂聚得數升恆帶自隨及敗逃竄多有餓死遺以此得活母晝夜泣涕目
爲失明耳無所聞遺還入戶再拜號咽母豁然卽明後又有河南孝廉秦綿遭
母喪送葬不忍復還鄉人爲作茅菴仍止其中若遇有米則食粥無米食菜而
已哀號之聲行者爲之潸淚服訖猶不還家遇疾不療卒臨亡告人曰若死者
無知固不宜獨存有知則大獲吾志
張進之永嘉安固人也爲郡大族少有志行歷五官主簿永寧安固二縣領校

尉家世富足經荒年散財救贍鄉里遂以貧罄全濟者甚多太守王味之有罪當見收逃避進之家供奉經時盡其誠力味之嘗避地墮水沉沒進之投水拯救相與沉淪久而得免時劫掠充斥每入村抄暴至進之門輒相約勒不得侵犯其信義所感如此元嘉初詔在所蠲其徭役又孫恩之亂永嘉太守司馬逸之被害妻子並死兵寇之際莫敢收藏郡吏俞僉以家財冒難棺斂逸之等六喪送至都葬畢乃歸鄉里元嘉中老病卒時又益州梓潼人張楚母疾命在屬纊楚祈禱苦至燒指自誓精誠感悟疾時得愈見榜門曰孝行張氏之閭易其里爲孝行里蠲租布三世身加旌命

丘傑字偉時吳興烏程人也十四遭喪以熟菜有味不嘗於口歲餘忽夢見母曰死止是分別耳何事乃爾荼苦汝噉生菜遇蝦蟆毒靈牀前有三丸藥可取服之傑驚起果得甌甌中有藥服之下科斗子數升丘氏世保此甌大明七年災火焚失之

師覺授字覺授南陽涅陽人也與外兄宗少文並有素業以琴書自娛於路忽

見一人持書一函題曰至孝師君苦前餓而不見捨車奔歸聞家哭聲一叫而絶良久乃蘇後撰孝子傳八卷宋臨川王義慶辟爲州祭酒主簿並不就乃表薦之會卒

王彭盱台直瀆人也少喪母元嘉初父又喪亡家貧力弱無以營葬兄弟二人晝則傭力夜則號感鄉里並哀之乃各出夫力助作塼塼須水而天旱穿井數十丈泉不出墓處去淮五里荷擔遠汲困而不周彭號天自訴如此積日一旦大霧霧歇塼竈前忽生泉水鄉鄰助之者並嗟神異縣邑近遠悉往觀之葬竟水便自竭元嘉九年太守劉伯龍依事表言改其里爲通靈里蠲租布三世

蔣恭義興臨津人也元嘉中晉陵蔣崇平爲劫見禽云與恭妻弟吳晞張爲侶晞張先行不在本村遇水妻息避水移寄恭家時錄晞張不獲禽收恭及兄協付獄科罪恭協並款舍住晞張家口而不知劫情恭列晞張妻息是婦之親親今有罪恭身甘分求免兄協協列是戶主求免弟恭兄弟二人爭求受罪郡縣不能制依事上詳州議以爲並不合罪後除恭義成令協義招令

徐耕晉陵延陵人也元嘉二十一年大旱人飢耕詣縣陳辭以米千斛助官振貸縣爲言上當時議以耕比漢卜式詔書褒美酬以縣令大明八年東土飢旱東海嚴成東莞王道蓋各以私穀五百餘斛助官振卹

孫法宗一名宗之吳興人也父隨孫恩入海澨被害屍骸不收母兄並餓死法宗年小流迸至十六方得還單身勤苦霜行草宿營辦棺槨造立冢墓葬送母兄儉而有禮以父屍不測入海尋求聞世閒論是至親以血瀝骨當悉凝浸乃操刀沿海見枯骸則刻肉灌血如此十餘年臂脛無完皮血脈枯竭終不能逢遂衰絰終身常居墓所山禽野獸皆悉馴附每麕鹿觸網必解放之償以錢物後忽苦頭創夜有女人至曰我是天使來相謝行創本不關善人使者遠相及取牛糞煑傅之卽驗一傅便差一境賴之終身不娶饋遺無所受宋孝武初揚州辟爲文學從事不就卒

范叔孫吳郡錢唐人也少而仁厚周窮濟急同里范法先父母兄弟七人同時疫死唯餘法先病又危篤喪屍經日不收叔孫悉備棺器親爲殯埋又同里施

夫疾病父死不殯范苗父子並亡范敬宗家口六人俱得病二人喪沒親鄰畏遠莫敢營視叔孫並爲殯瘞躬卹病者並皆得全鄉曲貴其義行莫有呼其名者宋孝武孝建初除竟陵王國中軍不就義與吳國夫亦有義讓之美人有竊其稻者乃引還爲設酒食以米送之

卜天與吳興餘杭人也父名祖宋武帝聞其有幹力召補隊主從征伐封關中侯歷二縣令天與善射弓力兼倍容貌嚴毅笑不解顏文帝以其舊將使教皇子射元嘉二十九年爲廣威將軍領左細仗元凶入弒事變倉卒舊將羅訓徐罕皆望風屈謝天與不暇被甲執刀持弓疾呼左右出戰徐罕曰殿下入汝欲何爲天與罵曰殿下常來去云何卽時方作此語只汝是賊手射劭於東堂幾中逆徒擊之臂斷乃見殺其隊將張弘之朱道欽陳滿與天與同出拒戰並死孝武卽位贈天與龍驤將軍益州刺史諡曰壯侯車駕臨哭弘之等各贈郡守給天與家長廩子伯宗殿中將軍明帝泰始初領幢擊南賊於赭圻戰沒伯宗弟伯與官至南平昌太守直閤領細仗隊主昇明元年與袁粲同謀伏誅天與

弟天生少爲隊將十人同火屋後有一坑廣二丈餘十人共跳之皆度唯天生墜天生乃取實中苦竹剡其端使利交橫布坑內更呼等類共跳並懼不敢天生乃復跳之往反十餘曾無留礙衆並歎服以兄死節爲孝武所留心大明末爲弋陽太守明帝泰始初與殷琰同逆被斬

許昭先義興人也叔父肇之坐事繫獄七年不判子姪二十許人昭先家最貧薄專獨料訴無日在家餉饋肇之莫非珍新資產既盡賣宅以充之肇之諸子倦怠唯昭先無有懈息如是七載尚書沈演之嘉其操行肇之事由此得釋昭先舅夫妻並疫病死亡家貧無以殯送昭先賣衣物以營殯葬舅子三人並幼贍護皆得成長昭先父母皆老病家無僮役竭力致養甘旨必從宗黨嘉其孝行雍州刺史劉真道板爲征虜參軍昭先以親老不就補迎主簿昭先以叔未仕又固辭

余齊人晉陵人也少有孝行爲邑書吏宋大明二年父殖在家病亡信未至齊人謂人曰比肉痛心煩有如割截居常惶駭必有異故信尋至以父病報之四

百餘里一日而至至門方知父死號踊慟絶良久乃蘇問父所遺言母曰汝父臨終恨不見汝齊人郎曰相見何難於是號叫殯所須臾便絶州縣上言有司奏改其里爲孝義里蠲租布賜其母穀百斛

孫棘彭城人也宋大明五年發三五丁弟薩應充行坐違期不至棘詣郡辭列棘爲家長令弟不行罪應百死乞以身代薩薩又辭列自引太守張岱疑其不實以棘薩各置一處報云聽其相代顏色並悅甘心赴死棘妻許又寄語屬棘君當門戶豈可委罪小郎且大家臨亡以小郎屬君竟未妻娶家道不立君已有二兒死復何恨岱依事表上孝武詔特原罪州加辟命幷賜帛二十疋先是

新蔡徐元妻許二十一喪夫子甌年三歲父攬愍其年少以更適同縣張買許自誓不行父逼載送買許自經氣絶家人奔赴良久乃蘇買夜送還攬許歸徐氏養元父季元嘉中八十餘卒又明帝泰始二年長城吳慶恩殺同郡錢仲期子延慶屬役在都聞父死馳還於庾浦埭逢慶恩手刃殺之自繫烏程獄吳興太守郗顒表不加罪許之

何子平廬江灊人也曾祖楷晉侍中祖友會稽王道子驃騎諮議參軍父子先建安太守子平世居會稽少有志行事母至孝揚州辟從事史月奉得白米輒貨市粟麥人曰所利無幾何足爲煩子平曰尊老在東不辦得米何心獨饗白粲每有贈鮮肴者若不可寄致至家則不肯受母本側庶籍注失實實未及養而籍年已滿便去職歸家時鎮軍將軍顧覬之爲州上綱謂曰尊上年實未八十親故所知州中差有微祿當啓相留子平曰公家正取信黃籍籍年既至便應扶侍何容苟冒榮利乃歸家竭力供養元嘉二十年元凶弒逆隨王誕入討以爲行參軍子平以凶逆滅理故廢己受職事寧自解未除吳郡海虞令縣祿唯供養母一身不以及妻子人疑其儉薄子平曰希祿本在養親不在爲己問者慚而退母喪去官哀毀踰禮每至哭踊頓絕方蘇屬大明末東土飢荒繼以師旅八年不得營葬晝夜號哭常如祖括之日冬不衣絮暑不避清涼一日以數合米爲粥不進鹽菜所居屋敗不蔽風日兄子伯興欲爲葺理子平不肯曰我情事未申天地一罪人耳屋何宜覆蔡興宗爲會稽太守甚加矜賞爲營家

壙子平居喪毀甚及免喪殆至不立幼持操檢敦厲名行雖處闇室如接大賓學義堅明處之以默安貧守善不求榮進好退之士彌以此貴之卒年六十

崔懷順清河東武城人也父邪利魯郡太守宋元嘉中爲魏所獲懷順與妻房氏篤愛聞父見虜卽日遣妻布衣蔬食如居喪禮歲時北向流涕邪利後仕魏書戒懷順不許如此懷順得書更號泣懷順從叔模爲滎陽太守亦入魏模子雖居處改節不廢婚宦宋大明中懷順宗人冀州刺史元孫北使魏魏人問之曰崔邪利模並力屈歸命二家子姪出處不同義將安在元孫曰王尊驅驥王陽回車欲令忠孝並弘臣子兩遂泰始初淮北入魏懷順因此歸北至代都而邪利已卒懷順絕而後蘇載喪還青州徒跣冰雪土氣寒酷而手足不傷時人以爲孝感喪畢以弟在南齊建元初又逃歸而弟已亡懷順孤貧宗黨哀之日斂給其斗米永明中卒

王虛之字文靜廬江石陽人也十三喪母三十三喪父二十五年鹽酢不入口疾病著牀忽有一人來問疾謂之曰君病尋差俄而不見病果尋差庭中楊梅

樹隆冬三實又每夜所居有光如燭墓上橘樹一冬再實時人咸以爲孝感所致齊永明中詔榜門蠲其三世時又有顧昌衍江柔之江軻並以篤行知名昌衍吳人居喪幾致滅性王儉言之天子曰昌衍既有至行且張永之甥宜居禮闈以光郎署乃以爲尚書庫部郎柔之軻並濟陽人柔之字叔遠孝悌通亮亦至臺郎軻字伯倫貞嚴有行宗人江概位至侍中性豪侈唯見軻則敬挹焉

吳慶之字文悅濮陽人也寓居江興宋江夏王義恭爲揚州召爲西曹書佐及義恭誅慶之自傷爲吏無狀不復肯仕終身蔬食後王琨爲吳興太守欲召爲功曹答曰走素無人世情直以明府見接有禮所以奔走歲時若欲見吏則是蓄魚於樹栖鳥於泉耳不辭而退琨追謝之望塵不及矣

蕭叡明字景濟南蘭陵人也母病風積年沉臥叡明晝夜祈禱時寒叡明下淚爲之冰如筯額上叩頭血亦冰不溜忽有一人以小石函授之曰此療夫人病叡明跪受之忽不見以函奉母函中唯有三寸絹丹書爲日月字母服之卽平復于時秣陵朱緒無行母病積年忽思菰羹緒妻到市買菰爲羹欲奉母緒曰

病復安能食先嘗之遂併食盡母怒曰我病欲此羹汝何心併啖盡天若有知
當令汝哽死緒便聞心中介介然即利血明日而死叡明聞之大悲慟不食積
日問緒尸在何處欲手自戮之既而曰洿吾刀乃止永明五年居母喪不勝哀
卒詔贈中書郎時又有鮮于文宗漁陽人年七歲喪父父以種芋時亡至明年
芋時對芋嗚咽如此終身姊文英適荀氏七日而夫亡執節不嫁及母卒晝夜
哭泣遂喪明
蕭矯妻羊字淑禕性至孝居父喪哭輒吐血母嘗有疾淑禕於中夜祈禱忽見
一人在樹下自稱枯桑君曰若人無患令泄氣在亥西南求白石鎮之言訖不
見明日如言而疾愈又時有羊緝之女佩任者烏程人隨母還舅氏母亡晝夜
號哭不飲食三日而亡鄉里號曰女表又有晉陵吳康之妻趙氏父亡弟幼過
歲饑母老病篤趙詣鄉里告乞言辭哀苦鄉里憐之各分升米遂得免及嫁康
之少時夫亡家欲更嫁誓言不貳焉又義興蔣儁之妻黃氏夫亡不重嫁家逼
之欲自殺乃止建元三年詔蠲表門閭又會稽永興吳翼之母丁氏少喪夫性

仁愛遭年荒分衣食以貽里中飢餓者隣里求借未嘗違同里陳攘父母死孤
單無親戚丁收養之及長爲營婚娶又同里王禮妻徐荒年客死丁除爲買棺
器自往歛葬元徽末大雪商旅斷行村里比室飢餓丁自出鹽米計口分賦同
里左僑家露四喪無以葬丁爲辦冢槨有三調不登者代爲送丁長子婦王氏
守寡執志不再醮州郡上言詔表門閭蠲租稅又會稽寒人陳氏有三女無男
祖父母年八九十老無所知父篤癃病母不安其室遇歲饑三女相率於西湖
採菱蓴更日至市貨賣未嘗虧怠鄉里稱爲義門多欲娶爲婦長女自傷煢獨
誓不肯行祖父母尋相繼卒三女自營殯葬爲菴舍居墓側又永興概中里王
氏女年五歲得毒病兩目皆盲性至孝年二十父死臨尸一叫眼皆血出小妹
娥舐其血左目即開時人稱爲孝感又諸暨東洿里屠氏女父失明母痼疾親
戚相棄鄉里不容女移父母遠住紵舍晝採樵夜紡績以供養父母俱卒親營
殯葬負土成墳忽空中有聲云汝至性可重山神欲相驅使汝可爲人療病必
得大富貴女謂是魅魅弗敢從遂得病積時隣舍人有溪蜮毒者女試療之自

覺病便差遂以巫道爲人療疾無不愈家產日益鄉里多欲娶之女以無兄弟誓守墳墓不嫁爲山劫所殺又吳興乘公濟妻姚氏生二男而公濟及兄公願乾伯並卒各有一子姚養育之賣田宅爲取婦自與二男寄比鄰家明帝詔爲其二子婚表閭復徭役又吳郡范法恂妻褚氏亦勤苦執婦業宋昇明中孫曇瓘謀反亡命褚謂其子僧簡曰孫越州先姑之姊子與汝父親則從母兄弟交則義重古人逃竄脫不免汝宜收之曇瓘尋伏法褚氏令僧簡往斂葬年七十餘永明中卒僧簡在都聞病馳歸未至褚已卒將殯舉尸不起尋而僧簡至焉

公孫僧遠會稽剡人也居父喪至孝事母及伯父甚謹年饑僧遠省飡減食以養母及伯父兄弟亡貧無以葬身自販貼與鄰里供斂送終之費躬負土手種松栢兄姊未婚嫁乃自賣爲之成禮名聞郡縣齊高帝卽位遣兼散騎常侍虞炎等十二部使表列僧遠等二十三人詔並表門閭蠲租稅

吳欣之晉陵利城人也宋元嘉末弟慰之爲武進縣吏隨王誕起義元凶遣軍主華欽討之吏人皆散慰之獨留見執將死欣之詣欽乞代弟命辭淚哀切兄

弟皆見原齊建元三年有詔蠲表之永明初廣陵人童超之二息犯罪爭死太守劉悛表以聞

韓係伯襄陽人也事父母謹孝襄陽人隣居種桑樹於界上爲誌係伯以桑枝蔭妨他地遷界上開數尺隣畔隨復侵之係伯輒更改種久之隣人慚愧還所侵地躬往謝之齊建元三年蠲表門閭以壽終時有吳興人聞人夐年十七結客報父仇爲高帝所賞位至長水校尉

丘冠先字道玄吳興烏程人也少有節義齊永明中位給事中時求使蠕蠕國尚書令王儉言冠先雖名位未升而義行甚重若爲行人則蘇武鄭衆之流也於是使蠕蠕蠕蠕逼令拜冠先執節不從以刃臨之冠先曰能殺我者蠕蠕也不能以天子使拜戎狄者我也遂見殺武帝以冠先不辱命賜其子雄錢一萬布三十疋雄不受詣闕上書曰臣父執節如蘇武守死如谷吉遂不書之良史甄之褒策萬代之後誰死社稷建元四年車僧朗銜使不異抗節是同詔贈正員外郎此天朝舊準臣父成例也今僧朗反葬冢塋臣父湮棄絕域語忠烈則

亦不謝車論茶苦則彼優而此劇名位不殊禮數宜等乞申哀贈書奏不省
孫淡太原人也世居長沙事母至孝母疾不眠食以差爲期母哀之後有疾不
使知也齊建元三年蠲表門閭卒於家
華寶晉陵無錫人也父豪晉義熙末戍長安年八歲臨別謂寶曰須我還當爲
汝上頭長安陷寶年至七十不婚冠或問之寶輒號慟彌日不忍答也同郡薛
天生母遭艱菜食天生亦菜食母未免喪而死天生終身不食魚肉又同郡劉
懷胤與弟懷則年十歲遭父喪不衣絮帛不食鹽菜齊建元三年並表門閭
解叔謙字楚梁鴈門人也母有疾叔謙夜於庭中稽顙祈福聞空中語云此病
得丁公藤爲酒便差卽訪醫及本草注皆無識者乃求訪至宜都郡遙見山中
一老公伐木問其所用答曰此丁公藤療風尤驗叔謙便拜伏流涕具言來意
此公愴然以四段與之幷示以漬酒法叔謙受之顧視此人不復知處依法爲
酒母病卽差齊建武初以奉朝請徵不至時又有宗元卿庾震朱文濟匡昕魯
康祚謝昌寓皆有素履而叔謙尤高元卿字希蔣南陽人有至行早孤爲祖母

所養祖母病元卿在遠輒心痛大病則大痛小病則小痛以此爲常鄉里宗事之號曰宗曾子震字彥文新野人喪父母居貧無以葬賃書以營事至手掌穿然後葬事獲濟南陽劉虬因此爲撰孝子傳文濟字敬達吳興人自賣以葬母太守謝瀹命爲儒林不就昕字令先廬陵人有至性隱金華山服食不與俗人交母病亡已經日昕奔還號叫母卽蘇皆以爲孝感所致康祚扶風人亦有至行母患乳癰諸醫療不愈康祚乃跪兩手捧癰大悲泣母卽覺小寬因此漸差時人以其有冥應康祚位至屯騎校尉昌寓陳郡人也爲劉悛廣州參軍孝性甚至嘗養一鵠昌寓病二旬而鵠二旬不食昌寓亡而鵠遂飛去

韓靈敏會稽剡人也早孤與兄靈珍並有孝性母尋又亡家貧無以營凶兄弟共種瓜朝採瓜子暮生已復遂辦葬事靈珍亡無子妻胡氏守節不嫁慮家人奪其志未嘗告歸靈敏事之如母

劉渢字處和南陽人也父紹仕宋位中書郎渢母早亡紹被敕納路太后兄女爲繼室渢年數歲路氏不以爲子奴婢輩捶打之無期度渢母亡日輒悲啼不

食彌爲婢輩所苦路氏生溓兄渢怜愛之不忍捨恆在牀帳側輒被驅捶終不肯去路氏病經年渢晝夜不離左右每有增加輒流涕不食路氏病差感其意慈愛遂隆路氏富盛一旦爲渢立齋宇筵席不減侯王溓有識事渢過於同產事無大小必諮兄而後行渢妹適江祏弟禧與祏兄弟異常自尚書比部郎後爲遙光諮議專知腹心任時遙光任當顧託朝野向渢如雲渢忌之求出爲丹陽丞雖外遷而意任無改及遙光舉事旦方召渢渢以爲宜悉呼佐史渢之徙丹陽丞也遙光以蕭懿第四弟晉安王之文學暢爲諮議領錄事及召入遙光謂曰劉暄欲有異志今夕當取之遙光去歲暴風性理乖錯多時方愈暢曰公去歲違和今欲發動顧左右急呼師視脈遙光厲聲曰諮議欲作異邪因訶令出須臾渢入暢謂曰公昔年風疾今復發渢曰卿視今夕處分云何而作此語及迎垣歷生至與渢俱勸夜攻臺既不見納渢歷生並撫膺曰今欲作賊而坐守此城今年坐公滅族矣及遙光敗渢靜坐圍舍溓爲度支郎亦奔亡遇渢仍不復肯去渢曰吾爲人作吏自不避死汝可去無相守同盡答曰向若不逢兄

亦草間苟免今旣相逢何忍獨生因以衣帶結兄衣俱見殺何胤聞之歎曰兄死君難弟死兄禍美哉又柳叔夜河東人父宗宋黃門郎叔夜年十六爲新野太守甚有名績補遙光諮議參軍及事敗左右扶上馬欲與俱亡答曰吾已許始安以死豈可負之也遂自殺

封延伯字仲連渤海人也世爲州郡著姓寓居東海三世同財爲北州所宗附延伯好學退讓事寡嫂甚謹垣崇祖爲兗州請爲長史不就崇祖輒其門不肯相見後爲豫州上表薦之詔書優禮起家爲平西長史梁郡太守爲政清靜有高士風俄以疾免還東海于時四州入魏士子皆依海曲爭往宗之如遼東之仰邴原也建元三年大使巡行天下義興陳玄子四世同居一百七口武陵邵榮興文獻叔並八世同居東海徐生之武陵范安祖李聖伯范道根並五世同居零陵譚弘寶衡陽何弘華陽陽黑頭疎從四世同居詔俱表門閭蠲租稅又蜀郡王續祖華陽郝道福並累世同爨建武三年明帝詔表門蠲調役

吳達之義興人也嫂亡無以葬自賣爲十夫客以營冢椁從祖弟敬伯夫妻荒

年被略賣江北逹之有田十畝貨以贖之與同財共宅郡命爲主簿固以讓兄又讓世舊田與族弟弟亦不受田遂閑廢齊建元三年詔表門閭先是有蔡曇智鄉里號蔡曾子廬江何伯璵兄弟鄉里號爲何展禽並爲高士沈顗所重常云聞蔡曇智之風怯夫勇鄙夫有立志聞何伯璵之風僞夫正薄夫厚云伯璵與弟幼璵俱厲節操養孤兄子及長爲婚推家業盡與之安貧枯槁誨人不倦郡守下車莫不修謁伯璵卒幼璵末好佛法翦落長齋持行精苦梁初卒兄弟年八十餘

王文殊字令章吳興故鄣人也父沒魏文殊思慕泣血終身蔬食不衣帛服麻縕而已不婚不交人物吳興太守謝瀹聘爲功曹不就立小屋於縣西端拱其中歲時伏臘月朝十五未嘗不北望長悲如此三十餘年太守孔琇之表其行鬱林詔榜門改所居爲孝行里

樂頤之字文德南陽涅陽人也世居南郡少而言行和謹仕爲京府參軍父在郢病亡頤之忽悲戀涕泣因請假還中路果得父凶問便徒跣號咷出陶後渚

遇商人附載西上水漿不入口數日嘗遇病與母隔壁忍病不言嚙被至碎恐母之哀己也湘州刺史王僧虔引爲主簿以同僚非人棄官去吏部郎庾杲之嘗往候頤之爲設食唯枯魚菜葅杲之曰我不能食此母聞之自出常膳魚羹數種杲之曰卿過於茅季偉我非郭林宗仕至郢州中從事

弟預字文介亦至孝父臨亡執手以託郢州行事王英預悲感悶絶吐血數升遂發病官至驃騎錄事參軍隆昌末預謂丹陽尹徐孝嗣曰外傳藉藉似有伊周之事君蒙武帝殊常之恩荷託付之重恐不得同人此事人笑褚公至今齒冷無爲効尤孝嗣故吏吳興沈昇之亦說之曰昇之與君俱有項領之功今一言而二功俱解豈願聞之乎君受恩二祖而更參惟新之政以君爲反覆人事成則無處逃咎矣昇之草萊百姓言出禍已隨之孰與超然謝病高枕家園則與松柏比操風霜等烈豈不美邪孝嗣並改容謝之預建武中爲永世令人懷其德卒官時有一媪年可六七十擔檞蔌葉造市貨之聞預亡大泣棄溪中曰失樂令我輩孤獨老姥政應就死耳市人亦皆泣其惠化如此

江泌字士清濟陽考城人也父亮之員外郎泌少貧晝日斫屧爲業夜讀書隨
月光光斜則握卷升屋睡極墮地則更登性行仁義衣弊蝨多綿裹置壁上恐
蝨飢死乃復置衣中數日間終身無復蝨母亡後以生闕供養遇鮭不忍食菜
不食心以其有生意唯食老葉而已母墓爲野火所燒依新宮災三日哭淚盡
繼之以血歷仕南中郎行參軍所給募吏去役得時病莫有舍之者吏扶杖投
泌泌自隱卹吏死泌爲買棺無僮役兄弟共輿埋之後領國子助教乘牽車至
染烏頭見一老公步行下車載之躬自步去梁武帝以爲南康王子琳侍讀建
武中明帝害諸王後泌憂念子琳訪誌公道人問其禍福誌公覆香爐灰示之
曰都盡無餘及子琳被害泌往哭之淚盡續以血親視殯葬畢乃去泌尋卒族
人兗州中從事泌黄門郎悆子也與泌同名世謂泌爲孝泌以別之
庾道愍穎川陽陵人晉司空冰之玄孫也有孝行頗能屬文少出孤悴時人莫
知其所生母流漂交州道愍尙在襁褓及長知之求爲廣州綏寧府佐至南而
去交州尙遠乃自負擔冒險僅得自達及至交州尋求母雖經年日夜悲泣嘗

入村日暮雨驟乃寄止一家且有一嫗負薪外還而道愍心動因訪之乃其母也於是行伏號泣遠近赴之莫不揮淚道愍尤精相板宋明帝時山陽王休祐屢以言語忤顏見道愍託以己板爲他物令道愍占之道愍曰此乃甚貴然使人多愆忤休祐以褚彥回詳密求換其板他日彥回侍明帝自稱下官帝多忌甚不悅休祐具以狀言帝乃意解道愍仕齊位射聲校尉族孫沙彌亦以孝行著

沙彌晉司空冰之六世孫也父佩玉仕宋位長沙內史昇明中坐沈攸之事誅時沙彌始生及年五歲所生母爲製采衣輒不肯服母問其故流涕對曰家門禍酷用是何爲及長終身布衣蔬食爲中軍田曹行參軍嫡母劉氏寢疾沙彌晨昏侍側衣不解帶或應針灸輒以身先試及母亡水漿不入口累日初進大麥薄飲經十旬方爲薄粥終喪不食鹽酢冬日不衣綿纊夏日不解衰絰不出廬戶晝夜號慟隣人不忍聞所坐薦淚霑爲爛墓在新林忽生旅松百許株枝葉鬱茂有異常松劉好噉甘蔗沙彌遂不食焉宗人都官尙書詠表言其狀應

純孝之舉梁武帝召見嘉之以補歙令還除輕車邵陵王參軍事隨府會稽復
丁所生憂喪還都濟浙江中流遇風舫將覆沒沙彌抱柩號哭俄而風靜咸以
爲孝感所致後卒於長城令子持
持字元德少孤性至孝父憂居喪過禮篤志好學仕梁爲尚書左戸郎後兼建
康監陳文帝爲吳興太守以爲郡丞兼掌書翰天嘉初爲尚書左丞封崇德縣
子拜封之日請令史爲客受其餉遺文帝怒之因坐免後爲臨安令坐杖殺人
免還爲給事黃門侍郎歷鹽官令祕書監知國史事又爲少府卿還太中大夫
領步兵校尉卒持善字書每屬辭好爲奇字文士亦以此譏之有集十卷

南史卷七十三

南史卷七十三考證

孫法宗傳一境賴之○監本缺賴字今增入

余齊人傳余齊人晉陵人也○晉陵下閣本尚有晉陵二字

何子平傳元嘉二十年元凶弒逆○二係三之訛

蕭矯妻羊傳同里陳攘父母死孤單無親戚丁收養之○攘一本作穰

又同里王禮妻徐荒年客死丁陰爲買棺器自往斂葬○丁一本作山當以此爲正

隣舍人有溪蜮毒者女試療之○蜮監本作蜮今改從閣本

鄉里多欲娶之○娶監本訛要今改正

褚氏令僧駒往斂葬○往監本誤猛今改從閣本

南史卷七十三考證

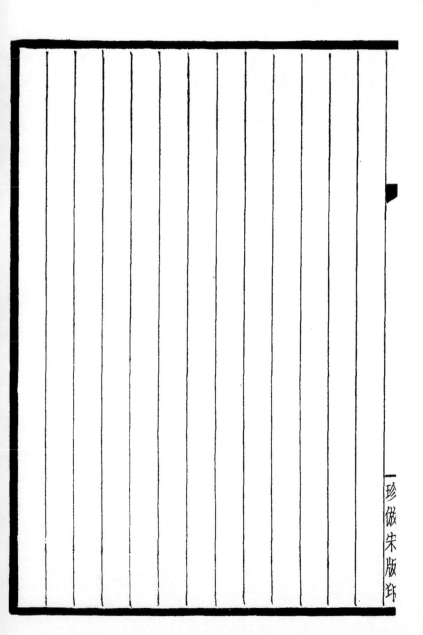

南史卷七十四

唐　李　延　壽　撰

列傳第六十四

孝義下

滕曇恭徐普濟　張悌等　陶季直　沈崇傃
荀匠　吉翂　甄恬
趙拔扈　韓懷明　褚修
張景仁宛陵女子　衞敬瑜妻王　劉景昕　陶子鏘
成景儁　李慶緒　謝藺子貞
殷不害弟不佞　司馬暠　張昭弟乾　王知玄

滕曇恭豫章南昌人也年五歲母楊氏患熱思食寒瓜土俗所不產曇恭歷訪不能得銜悲哀切俄遇一桑門問其故曇恭具以告桑門曰我有兩瓜分一相遺還以與母舉室驚異尋訪桑門莫知所在及父母卒曇恭並水漿不入口者

旬日感慟嘔血絶而復蘇隆冬不著繭絮蔬食終身每至忌日思慕不自堪晝夜哀慟其門外有冬生樹二株時忽有神光自樹而起俄見佛像及夾侍之儀容光顯著自門而入曇恭家人大小咸共禮拜久之乃滅遠近道俗咸傳之太守王僧虔引曇恭爲功曹固辭不就王儉時隨僧虔在郡號爲滕曾子梁天監元年陸璉奉使巡行風俗表言其狀曇恭有子三人皆有行業時有徐普濟者長沙臨湘人居喪未葬而鄰家火起延及其舍普濟號慟伏棺上以身蔽火鄰人往救之焚炙已悶絶累日方蘇又有建康人張悌家貧無以供養以情告鄰富人富人不與不勝忿遂結四人作劫所得衣物三劫持去實無一錢入己縣抵悌死罪悌兄松訴稱與弟景是前母子後母唯生悌松長不能教誨乞代悌死景又曰松是嫡長後母唯生悌若從法母亦不全亦請死母又云悌應死豈以弟罪枉及諸兄悌亦引分全兩兄供養縣以上讞帝以爲孝義特降死後不得爲例

陶季直丹陽秣陵人也祖愍祖宋廣州刺史父景仁中散大夫季直早慧愍祖

甚愛異之嘗以四函銀列置於前令諸孫各取其一季直時年四歲獨不取曰
若有賜當先父伯不應度及諸孫故不取愍祖益奇之五歲喪母哀若成人初
母未病令於外染衣卒後家人始贖季直抱之號慟聞者莫不酸感及長好學
澹於榮利徵召不起時人號曰聘君後爲望蔡令以病免時劉彥節袁粲以齊
高帝權威將圖之彥節素重季直欲與謀季直以袁劉儒者必致顛殞固辭不
赴俄而彥節等敗齊初爲尙書比部郎時褚彥回爲尙書令素與季直善頻以
爲司空司徒主簿委以府事彥回卒尙書令王儉以彥回有至行欲謚文孝公
季直曰文孝是司馬道子謚恐其人非具美不如文簡儉從之季直又請爲彥
回立碑始終營護甚有吏節再遷東莞太守在郡號爲清和後爲鎭西諮議參
軍齊武帝崩明帝作相誅鋤異己季直不能阿意取容明帝頗忌之出爲輔國
長史北海太守邊職上佐素士罕爲之者或勸季直造門致謝明帝留以爲驃
騎諮議參軍兼尙書左丞遷建安太守爲政清靜百姓便之梁臺建爲給事黃
門侍郎常稱仕至二千石始願畢矣無爲久預人間事乃辭疾還鄉里梁天監

初就拜太中大夫武帝曰梁有天下遂不見此人十年卒于家季直素清苦絕
倫又屛居十餘載及死家徒四壁子孫無以殯斂聞者莫不傷其志事云
沈崇傃字思整吳興武康人也父懷明宋兗州刺史崇傃六歲丁父憂哭踊過
禮及長事所生母至孝家貧常傭書以養天監二年太守柳惲辟爲主簿崇傃
從惲到郡還迎其母未至而母卒崇傃以不及侍疾將欲致死水漿不入口晝
夜號哭旬日殆將絕氣兄弟謂曰殯葬未申遽自毀滅非全孝道也崇傃心悟
乃稍進食母權瘞去家數里哀至輒之瘞所不避雨雪每倚墳哀慟飛鳥翔集
夜恆有猛獸來望之有聲狀如歎息者家貧無以遷厝乃行乞經年始獲葬焉
既而廬于墓側自以初行喪禮不備復以葬後更行服三年久食麥屑不噉鹽
酢坐臥於單薦因虛腫不能起郡縣舉至孝梁武聞即遣中書舍人慰勉之乃
詔令釋服擢補太子洗馬旌其門閭崇傃奉詔釋服而涕泣如居喪固辭不受
官乃除永寧令自以祿不及養哀思不自堪未至縣卒
荀匠字文師潁陰人晉太保勗九世孫也祖瓊年十五復父仇於成都市以孝

聞宋元嘉末度淮逢武陵王舉義爲元凶追兵所殺贈員外散騎侍郎父法超仕齊爲安復令卒官匠號慟氣絶身體皆冷至夜乃蘇旣而奔喪每宿江渚商侶不忍聞其哭聲梁天監元年其兄斐爲鬱林太守征俚賊爲流矢所中死於陣喪還匠迎于豫章望舟投水傍人赴救僅而得全及至家貧不時葬居父憂幷兄服歷四年不出廬戶自括髮不復櫛沐髮皆禿落哭無時聲盡則係之以泣目眥皆爛形骸枯顇皮骨裁連雖家人不復識郡縣以狀言武帝詔遣中書舍人爲其除服擢爲豫章王國左常侍匠雖即吉而毀顇逾甚外祖孫謙誡之曰主上以孝臨天下汝行過古人故擢汝此職非唯君父之命難拒故亦揚名後世所顯豈獨汝身哉匠乃拜竟以毀卒

吉翂字彥霄馮翊蓮勺人也家居襄陽翂幼有孝性年十一遭所生母憂水漿不入口殆將滅性親黨異之梁天監初父爲吳興原鄉令爲吏所誣逮詣廷尉翂年十五號泣衢路祈請公卿行人見者皆爲隕涕其父理雖清白而恥爲吏訊乃虛自引咎罪當大辟翂乃撾登聞鼓乞代父命武帝異之尚以其童幼疑

受教於人敕廷尉蔡法度嚴加脅誘取其款實法度乃還寺盛陳徽纆厲色問
曰爾求代父死敕已相許便應伏法然刀鋸至劇審能死不且爾童孺志不及
此必為人所教姓名是誰若有悔異亦相聽許對曰囚雖蒙弱豈不知死可畏
憚顧諸弟幼藐唯囚為長不忍見父極刑自延視息所以內斷胸臆上干萬乘
今欲殉身不測委骨泉壤此非細故柰何受人教邪法度知不可屈撓乃更和
顏誘語之曰主上知尊侯無罪行當釋亮觀君神儀明秀足稱佳童今若轉辭
幸父子同濟奚以此妙年苦求湯鑊翂曰凡鯤鮞螻蟻尚惜其生況在人斯豈
願齏粉但父挂深劾必正刑書故思殞仆冀延父命翂初見囚獄掾依法備加
桎梏法度矜之命脫其二械更令著一小者翂弗聽曰翂求代父死死囚豈可
減乎竟不脫械法度以聞帝乃宥其父丹陽尹王志求其在廷尉故事并諸鄉
居欲於歲首舉充純孝翂曰異哉王尹何量翂之薄夫父辱子死斯道固然若
翂有靦面目當其此舉則是因父買名一何甚辱拒之而止年十七應辟為本
州主簿出監萬年縣攝官朞月風化大行自雍還郢湘州刺史柳忱復召為主

簿後秣陵鄉人裴儉丹陽郡守臧盾揚州中正張仄連名薦捴以爲孝行純至明通易老敕付太常旌舉初捴以父陷罪因成悴疾後因廢而卒

甄恬字彥約中山無極人也世居江陵數歲喪父哀感有若成人家人矜其小以肉汁和飯飼之恬不肯食年八歲嘗問其母恨生不識父遂悲泣累日忽若有見言形貌則其父也時以爲孝感家貧養母常得珍羞及居喪廬於墓側恆有烏玄黃雜色集於廬樹恬哭則鳴哭止則止又有白鳩白雀栖宿其廬州將始興王憺表其行狀詔旌表門閭加以爵位恬官至安南行參軍

趙拔扈新城人也兄震動富於財太守樊文茂求之不已震動怒曰無厭將及我文茂聞其語聚其族誅之拔扈走免亡命聚黨至社樹呪曰文茂殺拔扈兄今欲報之若事克斫樹處更生不克卽死三宿三枿生十丈餘人間傳以爲神附者十餘萬旣殺文茂轉攻傍邑將至成都十餘日戰敗退保新城求降文茂黎州刺史文熾弟襄陽人也

韓懷明上黨人也客居荊州十歲母患尸疰每發輒危殆懷明夜於星下稽顙

祈禱時寒甚切忽聞香氣空中有人曰童子毋須臾永差無勞自苦未曉而母
平復鄉里以此異之十五喪父幾至滅性負土成墳賻助無所受免喪與鄉人
郭麻俱師南陽劉虬虬嘗一日廢講獨居涕泣懷明竊問虬家人答云是外祖
亡日時虬母亦已亡矣懷明聞之即日罷學還家就養虬歎曰韓生無丘吾之
恨矣家貧肆力以供甘脆嬉怡膝下朝夕不離母側母年九十以壽終懷明水
漿不入口一旬號哭不絕聲有雙白鳩巢其廬上字乳馴狎若家禽焉服釋乃
去及除喪蔬食終身衣衾無所改梁天監初刺史始興王憺表言之州累辟不
就卒于家
褚脩吳郡錢塘人也父仲都善周易爲當時之冠梁天監中歷位五經博士脩
少傳父業武陵王紀爲揚州引爲宣惠參軍兼限內記室脩性至孝父喪毀瘠
過禮因患冷氣及丁母憂水漿不入口二十三日每號慟輒嘔血遂以毀卒
張景仁廣平人也父梁天監初爲同縣韋法所殺景仁時年八歲及長志在復
讎普通七年遇法於公田渚手斬其首以祭父墓事竟詣郡自縛乞依刑法太

守蔡天起上言於州時簡文在鎮乃下教褒美之原其罪下屬長蠲其一戶租調以旌孝行又天監中宣城宛陵女子與母同床眠母爲猛獸所取女啼號隨挐猛獸行數十里獸毛盡落獸乃置其母而去女抱母猶有氣息經時乃絕鄉里言於郡縣太守蕭琮表上詔榜其門閭又霸城王整之姊嫁爲衞敬瑜妻年十六而敬瑜亡父母舅姑咸欲嫁之誓而不許乃截耳置盤中爲誓乃止遂手爲亡壻種樹數百株墓前柏樹忽成連理一年許還復分散女乃爲詩曰墓前一株柏根連復並枝妾心能感木頹城何足奇所住戶有燕巢常雙飛來去後忽孤飛女感其偏栖乃以縷繫腳爲誌後歲此鷰果復更來猶帶前縷女復爲詩曰昔年無偶去今春猶獨歸故人恩既重不忍復雙飛雍州刺史西昌侯藻嘉其美節乃起樓於門題曰貞義衞婦之閭又表於臺後有河東劉景昕事母孝謹母常病癖三十餘年一朝而瘳鄉里以爲景昕誠感荆州刺史湘東王繹辟爲主簿

陶子鏘字海育丹陽秣陵人也父延尚書比部郎兄尚宋末爲倖臣所怨被繫

子鏘公私緣訴流血稽顙行路嗟傷逢謝超宗下車相訪回入縣詣建康令勞彥遠曰豈忍見人昆季如此而不留心勞感之兄得釋母終居喪盡禮與范雲隣雲每聞其哭聲必動容改色欲相申薦會雲卒初子鏘母嗜蓴母沒後恆以供奠梁武義師初至此年冬營蓴不得子鏘痛恨慟哭而絕久之乃蘇遂長斷蓴味

成景儁字超范陽人也祖興仕魏爲五兵尚書父安樂淮陽太守梁天監六年常邕和殺安樂以城內附景儁謀復讎因殺魏宿預城主以地南入普通六年邕和爲鄱陽內史景儁購人刺殺之未久重購邕和家人鴆殺其子弟噍類俱盡武帝義之每爲屈法景儁家讎既雪每思報効後除北豫州刺史侵魏所向必推其智勇時以比馬仙琕兼有政績見懷北豫州吏人樹碑紀德卒謚曰忠烈云

李慶緒字孝緒廣漢郪人也父爲人所害慶緒九歲而孤爲兄所養日夜號泣志在復讎投州將陳顯達仍於部伍白日手刃其仇自縛歸罪州將義而釋之

梁天監中爲東莞太守丁母憂去職廬于墓側每慟嘔血數升後爲巴郡太守號良吏累遷衞尉封安陸縣侯益州一二百年無復貴仕慶緒承恩至此便欲西歸尋徙太子右衞率未拜而卒

謝藺字希如陳郡陽夏人晉太傅安之八世孫也父經北中郎諮議參軍藺五歲時父未食乳媪欲令先飯藺終不進舅阮孝緒聞之歎曰此兒在家則曾子之流事君則藺生之匹因名曰藺稍授以經史過目便能諷誦孝緒每曰吾家陽元也及丁父憂晝夜號慟毀瘠骨立母阮氏常自守視譬抑之服闋吏部尚書蕭子顯嘉其至行擢爲王府法曹行參軍累遷外兵記室參軍時甘露降士林館藺獻頌武帝嘉之有詔使製北兗州刺史蕭楷德政碑又奉詔令製宣城王奉述中庸頌後爲兼散騎常侍使魏會侯景入附境上交兵藺母旣慮不得還感氣而卒及藺還入境夜夢不祥旦便投列馳歸及至號慟嘔血氣絶久之水漿不入口每哭眼耳口鼻皆血流經月餘日因夜臨而卒所製詩賦碑頌數十篇子貞

貞字元正幼聰敏有至性祖母阮氏先苦風眩每發便一二日不能飲食貞時
年七歲祖母不食貞亦不食往往如此母王氏授以論語孝經讀訖便誦八歲
嘗爲春日閑居詩從舅王筠奇之謂所親曰至如風定花猶落乃追步惠連矣
年十三尤善左氏春秋工草隸蟲篆十四丁父艱號頓於地絕而復蘇者數矣
初貞父蘭以憂毀卒家人賓客復憂貞從父洽族兄暠乃共請華嚴寺長爪禪
師爲貞說法仍譬以母須侍養不宜毀滅乃少進饘粥及魏剋江陵入長安暠
逃難番禺貞母出家于宣明寺及陳武帝受禪暠還鄉里供養貞母將二十年
初貞在周嘗侍周武帝愛弟趙王招讀招厚禮之聞其獨處必晝夜涕泣私問
知母在鄉乃謂曰寡人若出居藩當遣侍讀還家後數年招果出因辭面奏請
放貞還帝奇招仁愛遣隨聘使杜子暉歸國是歲陳太建五年也始自周還時
始興王叔陵爲揚州刺史引祠部侍郎阮卓爲記室辟貞爲主簿尋遷府錄事
參軍領丹陽丞貞知叔陵有異志因與卓自疎每有宴遊輒以疾辭未嘗參預
叔陵雅重之弗之罪也及叔陵肆逆唯貞與卓不坐再遷南平王友掌記室事

府長史汝南周確新除都官尚書請貞爲讓表後主覽而奇之及問知貞所作因敕舍人施文慶曰謝貞在王家未有祿秩可賜米百石以母憂去職頃之敕起還府累啓固辭敕不許貞哀毀羸瘠終不能之官舍吏部尚書姚察與貞友善及貞病篤問以後事貞曰孤子舋禍所集將隨灰壤族子凱等粗自成立已有疏付之此固不足仰塵厚德弱兒年甫六歲名靖字依仁情累所不能忘敢以爲託是夜卒後主問察曰謝貞有何親屬察以靖答卽敕長給衣糧初貞之病有遺疏告族子凱氣絕之後若依僧家尸陁林法是吾所願正恐過爲獨異可用薄板周身載以露車覆以草席坎山次而埋之又靖年尚小未閑人事但可三月施小床設香水盡卿兄弟相厚之情卽除之無益之事勿爲也

殷不害字長卿陳郡長平人也祖汪齊豫章王行參軍父高明梁尚書兵部郎不害性至孝居父憂過禮由是少知名家世儉約居甚貧窶有弟五人皆幼弱不害事老母養小弟勤劇無所不至士大夫以篤行稱之年十七仕梁爲廷尉平長於政事兼飾以儒術名法有輕重不便者輒上書言之多見納用大同五

年兼東宮通事舍人時朝政多委東宮不害與舍人庾肩吾直日奏事梁武帝
嘗謂肩吾曰卿是文學之士吏事非卿所長何不使殷不害來邪其見知如此
簡文以不害善事親賜其母蔡氏錦裙襦氈席被褥單複畢備侯景之亂不害
從簡文入臺及臺城陷簡文在中書省景帶甲將兵入朝陛見過謁簡文左右
甚不遜侍衛者莫不驚恐辟易唯不害與中庶子徐摛侍側不動簡文爲景所
幽遣人請不害與居處景許之不害供侍益謹梁元帝立以不害爲中書郎兼
廷尉卿魏平江陵失母所在時甚寒雪凍死者塡滿溝壑不害行哭尋求聲不
暫輟過見死人溝中卽投身捧視舉體凍僵水漿不入口者七日始得母屍憑
屍而哭每輒氣絶行路皆爲流涕卽江陵權殯與王褒庾信俱入長安自是蔬
食布衣枯槁骨立見者莫不哀之太建七年自周還陳除司農卿遷晉陵太守
在郡感疾詔以光祿大夫徵還養疾後主卽位加給事中初不害之還也周留
其長子僧首因居關中禎明三年陳亡僧首來迎不害道卒年八十五不害弟
不佞

不佞字季卿少立名節居父喪以至孝稱好讀書尤長吏術梁承聖初爲武康令時兵荒饑饉百姓流移不佞循撫招集繈負至者以千數會魏尅江陵而母卒道路隔絕久不得奔赴四載之中晝夜號泣居處飲食常爲居喪之禮陳武帝受禪除婁令至是第四兄不齊始於江陵迎母喪柩歸葬不佞居處之節如始聞問若此者又三年身自負土手植松柏每歲時伏臘必三日不食文帝時兼尚書右丞遷東宮通事舍人及廢帝嗣立宣帝爲太傅錄尚書輔政甚爲朝望所歸不佞素以名節自立又受委東宮乃與僕射到仲舉中書舍人劉師知尚書左丞王暹等謀矯詔出宣帝衆人猶豫未敢先發不佞乃馳詣相府面宣詔旨令相王還第及事發仲舉等皆伏誅宣帝雅重不佞特赦之免其官而已及卽位以爲軍師始興王諮議參軍後兼尚書左丞加通直散騎常侍卒官不佞兄不疑不占不齊並早亡事第二寡嫂張氏甚謹所得祿奉不入私室長子梵童位尚書金部郎

司馬暠字文昇河內温人也高祖柔之晉侍中以南頓王孫紹齊文獻王攸後

父子產卽梁武帝之外兄也位岳陽太守暠幼聰警有至性年十二丁內艱哀慕過禮水漿不入口殆經一旬每號慟必至悶絶父每喻之令進粥然猶毀瘠骨立服闋以姻戚子弟入問訊梁武帝見其羸疾歎息久之字其小字謂其父曰昨見羅兒面顏顦顇使人惻然便是不墜家風爲有子矣後累遷正員郎丁父艱哀毀愈甚廬于墓側日進薄麥粥一升墓在新林連接山阜舊多猛獸暠結廬數載豺狼絶迹常有兩鳩栖宿廬所馴狎異常承聖中除太子庶子魏剋江陵隨例入長安而梁宗屠戮太子殯瘞失所及周受禪暠以宮臣乃抗表求還江陵改葬辭甚酸切周朝優詔答之卽敕荆州以禮安厝陳太建八年自周還宣帝特降殊禮歷位通直散騎常侍太中大夫卒有集十卷子延義字希忠少沉敏好學初隨父入關丁母憂喪過于禮及暠還都延義乃躬負靈櫬晝伏宵行冒履冰霜手足皸瘃至都遂致攣廢數年乃愈位司徒從事中郎

張昭字德明吳郡吳人也幼有孝性父熯常患消渴嗜鮮魚昭乃身自結網捕魚以供朝夕弟乾字玄明聰敏好學亦有至性及父卒兄弟並不衣綿帛不食

鹽酢曰唯食一升麥屑粥每一感慟必致歐血隣里聞之皆爲涕泣父服未終母陸氏又卒兄弟遂六年哀毀形容骨立家貧未得大葬遂布衣蔬食十有餘年杜門不出屏絶人事時衡陽王伯信臨郡舉乾孝廉固辭不就兄弟並因毀成疾昭一眼失明乾亦中冷苦癖年並未五十終于家子胤俱絶宣帝時有太原王知玄者僑居會稽剡縣居家以孝聞及丁憂哀毀而卒帝嘉之詔改所居青苦里爲孝家里

論曰自澆風一起人倫毀薄蓋抑引之教導俗所先變里旌閭義存勸奬是以漢世士務修身故忠孝成俗至于乘軒服冕非此莫由晉宋以來風衰義缺刻身厲行事薄膏腴若使孝立閨庭忠被史策多發溝畎之中非出衣簪之下以此而言聲教不亦卿大夫之恥乎

南史卷七十四

南史卷七十四考證

吉翂傳冀延父命○監本缺冀字今增入

甄恬傳又有白鳩白雀栖宿其廬○一本無白鳩二字

褚脩傳脩少傳父業○梁書此下有兼通孝經論語善尺牘頗解文章數語

謝藺傳且便投列馳歸○列一本作劾

殷不害傳大同五年兼東宮通事舍人○監本缺事字今從閣本增正

南史卷七十四考證

南史卷七十五

唐　李延壽撰

列傳第六十五

隱逸上

陶潛　宗少文孫測　從弟彧之　沈道虔

孔淳之　周續之　戴顒

翟法賜　雷次宗　郭希林

劉凝之　龔祈　朱百年

關康之辛普明　樓惠明　漁父　褚伯玉

顧歡盧度　杜京產孔道徽　剡縣小兒　京產子栖

易有君子之道四焉語默之謂也故有入廟堂而不出徇江湖而永歸隱避紛紜情迹萬品若道義內足希微兩亡藏景窮巖蔽名愚谷解桎梏於仁義示形神於天壤則名教之外別有風猷故堯封有非聖之人孔門謬鷄黍之客次則

揚獨往之高節重去就之虛名或慮全後悔事歸知殆或道有不申行吟山澤皆用宇宙而成心借風雲以爲氣求志達道未或非然故須含貞養素文以藝業不爾則與夫樵者在山何殊異也若夫陶潛之徒或仕不求聞退不譏俗或全身幽履服道儒門或遁迹江湖之上或藏名巖石之下斯並向時隱淪之徒歟今並綴緝以備隱逸篇焉又齊梁之際有釋寶誌者雖處非顯晦而道合希夷求其行事蓋亦俗外之徒也故附之云

陶潛字淵明或云字深明名元亮尋陽柴桑人晉大司馬侃之曾孫也少有高趣宅邊有五柳樹故嘗著五柳先生傳云先生不知何許人不詳姓字閑靜少言不慕榮利好讀書不求甚解每有會意欣然忘食性嗜酒而家貧不能恆得親舊知其如此或置酒招之造飲輒盡期在必醉既醉而退曾不吝情去留環堵蕭然不蔽風日短褐穿結簞瓢屢空晏如也嘗著文章自娛頗示己志忘懷得失以此自終其自序如此蓋以自況時人謂之實錄親老家貧起爲州祭酒不堪吏職少日自解而歸州召主簿不就躬耕自資遂抱羸疾江州刺史檀道

濟往候之偃臥瘠餒有日矣道濟謂曰夫賢者處世天下無道則隱有道則至今子生文明之世奈何自苦如此對曰潛也何敢望賢志不及也道濟饋以粱肉麾而去之後爲鎮軍建威參軍謂親朋曰聊欲絃歌以爲三徑之資可乎執事者聞之以爲彭澤令不以家累自隨送一力給其子書曰汝旦夕之費自給爲難今遣此力助汝薪水之勞此亦人子也可善遇之公田悉令吏種秫稻妻子固請種粳乃使二頃五十畝種秫五十畝種粳郡遣督郵至縣吏白應束帶見之潛歎曰我不能爲五米斗折腰向鄉里小人卽日解印綬去職賦歸去來以遂其志曰歸去來兮田園將蕪胡不歸旣自以心爲形役奚惆悵而獨悲悟已往之不諫知來者之可追實迷塗其未遠覺今是而昨非舟遙遙以輕颺風飄飄而吹衣問征夫以前路恨晨光之熹微乃瞻衡宇載欣載奔僮僕歡迎弱子候門三徑就荒松菊猶存攜幼入室有酒盈罇引壺觴而自酌盼庭柯以怡顏倚南牕而寄傲審容膝之易安園日涉而成趣門雖設而常關策扶老以流憩時矯首而遐觀雲無心以出岫鳥勸飛而知還景翳翳其將入撫孤松而盤

桓歸去來兮請息交而絶遊世與我而相遺復駕言兮焉求悅親戚之情話樂琴書以消憂農人告余以春及將有事於西疇或命巾車或棹扁舟旣窈窕以窮壑亦崎嶇而經丘木欣欣以向榮泉涓涓而始流善萬物之得時感吾生之行休已矣乎寓形宇內復幾時曷不委心任去留胡爲遑遑欲何之富貴非吾願帝鄉不可期懷良辰以孤往或植杖而芸耔登東臯以舒嘯臨清流而賦詩聊乘化以歸盡樂夫天命復奚疑義熙末徵爲著作佐郎不就江州刺史王弘欲識之不能致也潛嘗往廬山弘令潛故人龐通之齎酒具於半道栗里要之潛有脚疾使一門生二兒舉籃輿及至欣然便共飲酌俄頃弘至亦無忤也先是顏延之爲劉柳後軍功曹在尋陽與潛情款後爲始安郡經過潛每往必酣飲至醉弘欲要延之一坐彌日不得延之臨去留二萬錢與潛潛悉送酒家稍就取酒嘗九月九日無酒出宅邊菊叢中坐久之逢弘送酒至卽便就酌醉而後歸潛不解音聲而畜素琴一張每有酒適輒撫弄以寄其意貴賤造之者有酒輒設潛若先醉便語客我醉欲眠卿可去其眞率如此郡將候潛逢其酒熟

取頭上葛巾漉酒畢還復著之潛弱年薄宦不潔去就之迹自以曾祖晉世宰輔恥復屈身後代自宋武帝王業漸隆不復肯仕所著文章皆題其年月義熙以前明書晉氏年號自永初以來唯云甲子而已與子書以言其志幷爲訓戒曰吾年過五十而窮苦荼毒性剛才拙與物多忤自量爲己必貽俗患僶俛辭事使汝幼而飢寒耳常感孺仲賢妻之言敗絮自擁何慚兒子此既一事矣但恨隣靡二仲室無萊婦抱茲苦心良獨罔罔少來好書偶愛閑情開卷有得便欣然忘食見樹木交蔭時鳥變聲亦復歡爾有喜嘗言五六月北窗下臥遇涼風暫至自謂是羲皇上人意淺識陋日月遂往疾患以來漸就衰損親舊不遺每有藥石見救自恐大分將有限也汝輩幼小家貧無役柴水之勞何時可免念之在心苦何可言然雖不同生當思四海皆兄弟之義鮑叔敬仲分財無猜歸生伍舉班荊道舊遂能以敗爲成因喪立功他人尙爾況共父之人哉潁川韓元長漢末名士身處卿佐八十而終兄弟同居至於沒齒濟北氾幼春晉時操行人也七世同財家人無怨色詩云高山景行汝其慎哉又爲命子詩以貽

之元嘉四年將復徵命會卒世號靖節先生其妻翟氏志趣亦同能安苦節夫
耕於前妻鋤於後云
宗少文南陽湼陽人也祖承宜都太守父繇之湘鄉令母同郡師氏聰辯有學
義教授諸子少文善居喪爲鄉閭所稱宋武帝旣誅劉毅領荆州問毅府諮議
參軍申永曰今日何施而可永曰除其宿釁倍其惠澤貫敘門次顯擢才能如
此而已武帝納之乃辟少文爲主簿不起問其故答曰栖丘飲谷三十餘年武
帝善其對而止少文妙善琴書圖畫精於言理每游山水往輒忘歸征西長史
王敬弘每從之未嘗不彌日也乃下入廬山就釋慧遠考尋文義兄臧爲南平
太守逼與俱還乃於江陵三湖立宅閑居無事武帝召爲太尉行參軍驃騎道
憐命爲記室參軍並不就二兄早卒孤累甚多家貧無以相贍頗營稼穡人有
餉饋並受之武帝敕南郡長給吏役又數致餼賚後子弟從仕乃悉不復受武
帝開府辟召下書召少文與鴈門周續之並爲太尉掾皆不起宋受禪及元嘉
中頻徵並不應妻羅氏亦有高情與少文協趣羅氏沒少文哀之過甚旣乃悲

情頗釋謂沙門釋慧堅曰死生之分未易可達三復至教方能遣哀衡陽王義季爲荆州親至其室與之歡宴命爲諮議參軍不起好山水愛遠遊西陟荆巫南登衡岳因結宇衡山欲懷尚平之志有疾還江陵歎曰老疾俱至名山恐難徧覩唯澄懷觀道臥以游之凡所游履皆圖之於室謂之撫琴動操欲令衆山皆響古有金石弄爲諸桓所重桓氏亡其聲遂絕唯少文傳焉文帝遣樂師楊觀就受之少文孫測亦有祖風

測字敬微一字茂深家居江陵少靜退不樂人閒歎曰家貧親老不擇官而仕先哲以爲美談余竊有惑誠不能潛感地金冥致江鯉但當用天之道分地之利孰能食人厚祿憂人重事乎齊驃騎豫章王嶷徵爲參軍不起測答府云何爲謬傷海鳥橫斤山木母喪身自負土植松柏嶷復遣書請之辟爲參軍測答曰性同鱗羽愛止山壑眷戀松雲輕迷人路縱宕巖流有若狂者忽不知老至而今鬢已白豈容課虛責有限魚鳥慕哉永明三年詔徵太子舍人不就欲游名山乃寫祖少文所作尚子平圖於壁上測長子賓宦在都知父此旨便求祿

還爲南郡丞付以家事刺史安陸王子敬長史劉寅以下皆贈送之測無所受
齎老子莊子二書自隨子孫拜辭悲泣測長嘯不視遂往廬山止祖少文舊宅
魚復侯子響爲江州厚遺贈遺測曰少有狂疾尋山採藥遠來至此量腹而進
松木度形而衣薜蘿淡然已足豈容當此橫施子響命駕造之測不見後子響
不告而來奄至所住測不得已巾褐對之竟不交言子響不悅而退侍中王秀
之彌所欽慕乃令陸探微畫其形與己相對又貽書曰昔人有圖畫僑札輕以
自方耳王儉亦雅重之贈以蒲褥笴席頃之測送弟喪還西仍留舊宅永業寺
絕賓友唯與同志庾易劉虬宗人尚之等往來講說荊州刺史隨王子隆至鎮
別駕宗忻口致勞問測笑曰貴賤理隔何以及此竟不答建武二年徵爲司徒
主簿不就卒測善畫自圖阮籍遇蘇門於行鄣上坐臥對之又畫永業佛影臺
皆爲妙作好音律善易老續皇甫謐高士傳三卷嘗游衡山七嶺著衡山廬山
記尚之字敬之亦好山澤徵辟一無所就以壽終
彧之字叔粲少文從父弟也早孤事兄恭謹家貧好學雖文義不逮少文而真

澹過之徵辟一無所就宋元嘉初大使陸子真觀採風俗三詣或之每辭疾不見告人曰我布衣草萊之人少長壟畝何宜枉軒冕之客子真還表薦之又不就徵卒於家

沈道虔吳興武康人也少仁愛好老易居縣北石山下孫恩亂後飢荒縣令庾肅之迎出縣南廢頭里爲立宅臨溪有山水之玩時復還石山精廬與諸孤兄子共釜庾之資困不改節受琴於戴逵王敬弘深貴重之郡州府凡十二命皆不就有人竊其園菜者外還見之乃自逃隱待竊者去後乃出人又拔其屋後大筍令人止之曰惜此筍欲令成林更有佳者相與乃令人買大筍送與之盜者慚不取道虔使置其門內而還常以捃拾自資同捃者或爭穟道虔諫之不止悉以其所得與之爭者愧恧後每事輒云勿令居士知冬月無複衣戴顒聞而迎之爲作衣服幷與錢一萬及還分身上衣及錢悉供諸兄弟子無衣者鄉里少年相率受學道虔常無食以立學徒武康令孔欣之厚相資給受業者咸得有成宋文帝聞之遣使存問賜錢三萬米二百斛悉供孤兄子嫁娶徵員外

散騎侍郎不就累世事佛推父祖舊宅爲寺至四月八日每請像請像之日輒
舉家感慟焉道虔年老菜食恆無經日之資而琴書爲樂孜孜不倦文帝敕郡
縣使隨時資給卒子慧鋒修父業不就州辟
孔淳之字彥深魯人也祖惔尚書祠部郎父粲祕書監徵不就淳之少有高尚
愛好墳籍爲太原王恭所稱居會稽剡縣性好山水每有所游必窮其幽峻或
旬日忘歸嘗游山遇沙門釋法崇因留共止遂停三載法崇歎曰緬息人外三
十年矣今乃傾蓋于茲不覺老之將至也及淳之還乃不告以姓除著作佐郎
太尉參軍並不就居喪至孝廬于墓側服闋與徵士戴顒王弘之及王敬弘等
共爲人外之游又申以婚姻敬弘以女適淳之子尚遂以烏羊繫所乘車轅提
壺爲禮至則盡歡共飲迄暮而歸或怪其如此答曰固亦農夫田父之禮也會
稽太守謝方明苦要之不能致使謂曰苟不入吾郡何爲入吾郭淳之笑曰潛
游者不識其水巢棲者非辯其林飛沉所至何問其主終不肯往茅室蓬戶庭
草蕪徑唯牀上有數帙書元嘉初復徵爲散騎侍郎乃逃于上虞縣界家人莫

知所在弟默之爲廣州刺史出都與別司徒王弘要淳之集冶城即日命駕東歸遂不顧也元嘉七年卒默之儒學注穀梁春秋默之子熙先事在范曄傳

周續之字道祖鴈門廣武人也其先過江居豫章建昌縣續之八歲喪母哀戚過於成人奉兄如事父豫章太守范寧於郡立學招集生徒遠方至者甚衆續之年十二詣寧受業居學數年通五經五緯號曰十經名冠同門稱爲顏子既而閑居讀老易入廬山事沙門釋慧遠時彭城劉遺人遁迹廬山陶深明亦不應徵命謂之尋陽三隱劉毅鎮姑熟命爲撫軍參軍徵太學博士並不就江州刺史每相招請續之不尙峻節頗從之游常以嵇康高士傳得出處之美因爲之注武帝北討世子居守迎續之館於安樂寺延入講禮月餘復還山江州刺史劉柳薦之武帝俄辟太尉掾不就武帝北伐還鎮彭城遣使迎之禮賜甚厚每曰眞高士也尋復南還武帝踐阼復召之上爲開館東郭外招集生徒乘輿降幸幷見諸生問續之禮記慠不可長與我九齡射於矍圃之義辯析精奧稱爲名通續之素患風痺不復堪講乃移病鍾山景平元年卒通毛詩六義及禮

論注公羊傳於世無子兄子景遠有續之風
戴顒字仲若譙郡銍人也父逵兄勃並隱遯有高名顒十六遭父憂幾於毀滅
因此長抱羸患以父不仕復修其業父善琴書顒並傳之凡諸音律皆能揮手
會稽剡縣多名山故世居剡下顒及兄勃並受琴於父父沒所傳之聲不忍復
奏各造新弄勃制五部顒制十五部顒又制長弄一部並傳於世中書令王綏
嘗攜客造之勃等方進豆粥綏曰聞卿善琴試欲一聽不答綏恨而去桐廬縣
又多名山兄弟復共游之因留居止勃疾患醫藥不給顒謂勃曰顒隨兄得閑
非有心於語默兄今疾篤無可營療顒當干祿以自濟耳乃求海虞令事垂行
而勃卒乃止桐廬僻遠難以養疾及出居吳下吳下士人共爲築室聚石引水
植林開澗少時繁密有若自然乃述莊周大旨著逍遥論禮記中庸篇三吳將
守及郡內衣冠要其同游野澤堪行便去不爲矯介衆論以此多之宋國初建
元嘉中徵並不就衡陽王義季鎮京口長史張邵與顒姻通迎來止黃鵠山山
北有竹林精舍林澗甚美顒憩于此澗義季亟從之游顒服其野服不改常度

爲義季鼓琴並新聲變曲其三調游弦廣陵止息之流皆與世異文帝每欲見之嘗謂黄門侍郎張敷曰吾東巡之日當宴戴公山下也以其好音長給正聲伎一部顒合何嘗白鵠二聲以爲一調號爲清曠自漢世始有佛像形制未工逵特善其事顒亦參焉宋世子鑄丈六銅像於瓦官寺既成面恨瘦工人不能改乃迎顒看之顒曰非面瘦乃臂胛肥耳及減臂胛瘦患即除無不歎服十八年卒無子景陽山成顒已亡矣上歎曰恨不得使戴顒觀之

翟法賜尋陽柴桑人也曾祖湯祖莊父矯並高尚不仕逃避徵辟法賜少守家業立室廬山頂喪親後便不復還家不食五穀以獸皮及結草爲衣雖鄉親中表莫得見焉徵辟一無所就後家人至石室尋求因復遠徙違避徵聘遁跡幽深卒於巖石閒

雷次宗字仲倫豫章南昌人也少入廬山事沙門釋慧遠篤志好學尤明三禮毛詩隱退不受徵辟宋元嘉十五年徵至都開館於鷄籠山聚徒教授置生百餘人會稽朱膺之潁川庾蔚之並以儒學總監諸生時國子學未立上留意藝

文使丹陽尹何尚之立玄學太子率更令何承天立史學司徒參軍謝元立文學凡四學並建車駕數至次宗館資給甚厚久之還廬山公卿以下並設祖道後又徵詣都爲築室於鍾山西巖下謂之招隱館使爲皇太子諸王講喪服經次宗不入公門乃使自華林東門入延賢堂就業二十五年卒于鍾山子肅之頗傳其業

郭希林武昌人也曾祖翻晉世高尚不仕希林少守家業徵召一無所就卒子蒙亦隱居不仕

劉凝之字隱安小名長生南郡枝江人也父期公衡陽太守兄盛公高尚不仕凝之慕老萊嚴子陵爲人推家財與弟及兄子立屋於野外非其力不食州里重其行辟召一無所就妻梁州刺史郭銓女也遣送豐麗凝之悉散之屬親妻亦能不慕榮華與凝之共居儉苦夫妻共乘蒲笨車出市買易周用之外輒以施人爲村里所誣一年三輸公調求輒與之又嘗認其所著屐笑曰僕著已敗今家中覓新者備君此人後田中得所失屐送還不肯復取臨川王義慶衡陽

王義季鎮江陵並遣使存問凝之答書曰頓首稱僕不爲百姓禮人或譏焉凝之曰昔老萊向楚王稱僕嚴陵亦抗禮光武未聞巢許稱臣堯舜時戴顒與衡陽王義季書亦稱僕荊州年饑義季慮凝之餒斃餉錢十萬凝之大喜將錢至市門觀有飢色者悉分與之俄頃立盡性好山水一旦攜妻子泛江湖隱居衡山之陽登高嶺絕人迹爲小屋居之採藥服食妻子皆從其志卒年五十九

龔祈字盖道武陵漢壽人也從祖玄之父黎人並不應徵辟祈風姿端雅容止可觀中書郎范述見之歎曰此荊楚之僊人也自少及長徵辟一無所就時或賦詩而言不及世事卒年四十二

朱百年會稽山陰人也祖凱之晉左衞將軍父濤揚州主簿百年少有高情親亡服闋攜妻孔氏入會稽南山伐樵採若爲業以樵若置道頭輒爲行人所取明旦已復如此人稍怪之積久方知是朱隱士所賣須者隨其所堪多少留錢取樵若而去或遇寒雪樵若不售無以自資輒自榜船送妻還孔氏天晴迎之有時出山陰爲妻買繒采五三尺好飲酒遇醉或失之頗言玄理時爲詩詠往

往有高勝之言隱迹避人唯與同縣孔顗友善顗亦嗜酒相得輒酣對盡歡百年室家素貧母以冬月亡衣並無絮自此不衣緜帛嘗寒時就顗宿衣悉裌布飲酒醉眠顗以臥具覆之百年不覺也既覺引臥具去體謂顗曰緜定奇溫因流涕悲慟顗亦爲之傷感除太子舍人不就顏竣爲東陽州發教餉百年穀五百斛不受時山陰又有寒人姚吟亦有高趣爲衣冠所重竣餉吟米二百斛吟亦辭之百年卒山中蔡興宗爲會稽太守餉百年妻米百斛百年妻遣婢詣郡門奉辭固讓時人美之以比梁鴻妻

關康之字伯愉河東楊人也世居京口寓居南平昌少而篤學姿狀豐偉下邳趙繹以文義見稱康之與友善特進顏延之等當時名士十許人入山候之見其散髮被黃布帊席松葉枕一塊白石而臥了不相眄延之等咨嗟而退不敢干也晉陵顧悅之難王弼易義四十餘條康之申王難顧遠有情理又爲毛詩義經籍疑滯多所論釋嘗就沙門支僧納學算妙盡其能徵辟一無所就棄絕人事守志閑居弟雙之爲臧質車騎參軍與質俱下至赭圻病卒瘞於水濱康

之時得病小差牽以迎喪因得虛勞病寢頓二十餘年時有閒日輒臥論文義宋孝武卽位遣大使巡行天下使反薦康之宜加徵聘不見省康之性清約獨處一室希與妻子相見不通賓客弟子以業傳受尤善左氏春秋齊高帝爲領軍時素好此學送本與康之康之手自點定又造禮論十卷高帝絶賞愛之及崩遺詔以入玄宮康之以宋明帝太始初與平原明僧紹俱徵辭以疾時又有河南辛普明東陽樓惠明皆以篤行聞普明字文達少就康之受業至性過人居貧與兄共處一帳兄亡仍帳施靈蚊甚多通夕不得寢而終不道侵螫僑居會稽會稽士子高其行當葬兄皆送金爲贈後至者不復受人問其故答曰本以兄墓不周故不逆親友之意今實已足豈可利亡者餘贈邪齊豫章王嶷爲揚州徵爲議曹從事不就惠明字智遠立性貞固有道術居金華山舊多毒害自惠明居之無復辛螫之苦藏名匿迹人莫之知宋明帝召不至齊高帝徵又不至文惠太子在東宮苦延方至仍又辭歸俄自金華輕棹西下及就路回之豐安旬日之閒唐寓之祅賊入城塗地唯豐安獨全時人以爲有先覺齊武帝

敕爲立館

漁父者不知姓名亦不知何許人也太康孫緬爲尋陽太守落日逍遥渚際見一輕舟陵波隱顯俄而漁父至神韻蕭灑垂綸長嘯緬甚異之乃問有魚賣乎漁父笑而答曰其釣非釣寧賣魚者邪緬益怪焉遂褰裳涉水謂曰竊觀先生有道者也終朝鼓枻良亦勞止吾聞黃金白璧重利也駟馬高蓋榮勢也今方王道文明守在海外隱鱗之士靡然向風子胡不贊緝熙之美何晦用其若是也漁父曰僕山海狂人不達世務未辯賤貧無論榮貴乃歌曰竹竿籊籊河水浟浟相忘爲樂貪餌吞鉤非夷非惠聊以忘憂於是攸然鼓棹而去緬字伯緒太子僕與曾之子也有學義宋明帝甚知之位尚書左丞東中郎司馬

褚伯玉字元璩吳郡錢塘人也高祖含始平太守父逷征虜參軍伯玉少有隱操寡慾年十八父爲之昏婦入前門伯玉從後門出遂往剡居瀑布山性耐寒暑時人比之王仲都在山三十餘年隔絕人物王僧達爲吳郡苦禮致之伯玉不得已停郡信宿纔交數言而退寧朔將軍丘珍孫與僧達書曰聞褚先生出

居貴館此子滅景雲棲不事王侯抗高木食有年載矣自非折節好賢何以致之昔文舉棲冶城安道入昌門於茲而三焉却粒之士飡霞之人乃可暫致不宜久羈君當思遂其高步成其羽化望其還策之日暫紆清塵亦願助爲譬說僧達答曰褚先生從白雲游舊矣古之逸人或留慮兒女或使華陰成市而此子索然唯朋松石介於孤峯絕嶺者積數十載近故要其來此冀慰日夜比談討芝桂借訪荔蘿若已窺煙液臨滄洲矣知君欲見之輒當申譬宋孝建二年散騎常侍樂詢行風俗表薦伯玉加徵聘本州議曹從事不就齊高帝即位手詔吳會二郡以禮迎遣又辭疾上不欲違其志敕於剡白石山立太平館居之建元元年卒年八十六伯玉常居一樓上仍葬樓所孔珪從其受道法爲於館側立碑

顧歡字景怡一字玄平吳興鹽官人也家世寒賤父祖並爲農夫歡獨好學年六七歲知推六甲家貧父使田中驅雀歡作黃雀賦而歸雀食稻過半父怒欲撻之見賦乃止鄉中有學舍歡貧無以受業於舍壁後倚聽無遺忘者夕則然

松節讀書或然糠自照及長篤志不倦聞吳興東遷邵玄之能傳五經文句假爲書師從之受業同郡顧顗之臨縣見而異之遣諸子與游及孫憲之並受經焉年二十餘更從豫章雷次宗諮玄儒諸義母亡水漿不入口六七日廬于墓次遂隱不仕於剡天台山開館聚徒受業者常近百人歡早孤讀詩至哀哀父母輒執書慟泣由是受學者廢蓼莪篇不復講焉晚節服食不與人通每旦出戶山烏集其掌取食好黃老通解陰陽書爲數術多劾驗初以元嘉中出都寄住東府忽題柱云三十年二月二十一日因東歸後元凶弒逆是其年月日也弟子鮑靈綬門前有一株樹大十餘圍上有精魅數見影歡印樹樹即枯死山陰白石村多邪病村人告訴求哀歡往村中爲講老子規地作獄有頃見狐狸黿鼉自入獄中者甚多即命殺之病者皆愈又有病邪者問歡歡曰家有何書答曰唯有孝經而已歡曰可取仲尼居置病人枕邊恭敬之自差也而後病者果愈後人問其故答曰善禳惡正勝邪此病者所以差也齊高帝輔政徵爲揚州主簿及踐阼乃至稱山谷臣顧歡上表進政綱一卷時員外郎劉思効表陳

議言優詔並稱美之歡東歸上賜麈尾素琴永明元年詔徵爲太學博士同郡
顧黯爲散騎侍郎黯字長孺有隱操與歡不就徵會稽孔珪嘗登嶺尋歡共談
四本歡曰蘭石危而密宣國安而疎士季似而非公深謬而是總而言之其失
則同曲而辯之其塗則異何者同昧其本而競談其末猶未識辰緯而意斷南
北羣迷暗爭失得無準情長則申意短則屈所以四本並通莫能相塞夫中理
唯一豈容有二四本無正失中故也於是著三名論以正之尚書劉澄臨川王
常侍朱廣之並立論難與之往復而廣之才理尤精詰也廣之字處深吳郡錢
塘人也善清言初歡以佛道二家教異學者互相非毀乃著夷夏論曰夫辯是
與非宜據聖典道經云老子入關之天竺維衛國國王夫人名曰淨妙老子因
其晝寢乘日精入淨妙口中後年四月八日夜半時剖右腋而生墜地即行七
步於是佛道興焉此出玄妙內篇佛經云釋迦成佛有塵劫之數出法華無量
壽或爲國師道士儒林之宗出瑞應本起歡論之曰五帝三皇不聞有佛國師
道士無過老莊儒林之宗孰出周孔若孔老非聖誰則當之然二經所說如合

符契道則佛也佛則道也其聖則符其跡則反或和光以明近或曜靈以示遠
道濟天下故無方而不入智周萬物故無物而不爲其入不同其爲必異各成
其性不易其事是以端委搢紳諸華之容翦髮曠衣羣夷之服擎跽磬折侯甸
之恭狐蹲狗踞荒流之肅棺殯槨葬中夏之風火焚水沉西戎之俗全形守禮
繼善之教毀貌易性絶惡之學豈伊同人爰及異物鳥王獸長往往是佛無窮
世界聖人代興或昭五典或布三乘在鳥而鳥鳴在獸而獸吼教華而華言化
夷而夷語耳雖舟車均於致遠而有州陸之節佛道齊乎達化而有夷夏之別
若謂其致既均其法可換者而車可涉川舟可行陸乎今以中夏之性效西戎
之法既不全同又不全異下育妻孥上絶宗祀嗜欲之物皆以禮伸孝敬之典
獨以法屈悖禮犯順曾莫之覺弱喪忘歸孰識其舊且理之可貴者道也事之
可賤者俗也捨華效夷義將安取若以道邪道固符合矣若以俗邪俗則大乖
矣屢見刻舷沙門守株道士交諍小大互相彈射或域道以爲兩或混俗以爲
一是牽異以爲同破同以爲異則乖爭之由淆亂之本也尋聖道雖同而法有

左右始乎無端終乎無末泥洹仙化各是一術佛號正眞道稱正一一歸無死
眞會無生在名則反在實則合但無生之教賒無死之化切切法可以進謙弱
賒法可以退夸強佛教文而博道教質而精精非麤人所信博非精人所能佛
言華而引道言實而抑抑則明者獨進引則昧者競前佛經繁而顯道經簡而
幽幽則妙門難見顯則正路易遵此二法之辯也聖匠無心方圓有體器既殊
用教亦易施佛是破惡之方道是興善之術興善則自然爲高破惡則勇猛爲
貴佛跡光大宜以化物道跡密微利用爲己優劣之分大略在茲夫蹲夷之儀
婁羅之辯各出彼俗自相聆解猶蟲躍鳥聒何足述効歡雖同二法而意黨道
教宋司徒袁粲託爲道人通公駮之其略曰白日停光恆星隱照誕降之應事
在老先似非入關方昭斯瑞又西域之記佛經之說俗以膝行爲禮不慕蹲坐
爲恭道以三遶爲虔不尙踞傲爲肅豈專戎土爰亦茲方襄童謁帝膝行而進
趙王見周三環而止今佛法垂化或因或革清信之士容衣不改息心之人服
貌必變變本從道不遵彼俗俗風自殊無患其亂孔老釋迦其人或同觀方設

教其道必異孔老教俗爲本釋氏出世爲宗發軫既殊其歸亦異又仙化以變形爲上泥洹以陶神爲先變形者白首還緇而未能無死陶神者使塵惑日損湛然常存泥洹之道無死之地乖詭若此何謂其同歡答曰案道經之作著自西周佛經之來始乎東漢年踰八百代懸數十若謂黄老雖久而濫在釋前是吕尚盜陳恆之齊劉季竊王莽之漢也又夷俗長跽法與華異翹左跂右全是蹲踞故周公禁之於前仲尼誡之於後又佛起於戎豈非戎俗素惡邪道出於華豈非華風本善邪今華風既變惡同戎狄佛來破之良有以矣佛道實貴故戒業可遵戎俗實賤故言貌可棄今諸華士女氏族弗革而露首偏踞濫用夷禮又若觀風流教其道必異佛非東華之道道非西夷之法魚鳥異川永不相關安得老釋二教交行八表今佛既東流道亦西邁故知俗有精麤教有文質然則道教執本以領末佛教救末以存本請問所歸異在何許若以翦落爲異則胥靡翦落矣若以立像爲異則俗巫立像矣此非所歸歸在常住常住之象常道孰異神仙有死權便之說神仙是大化之總稱非窮妙之至名至名無名

其有者二十七品仙變成真真變成神或謂之聖各有九品品極則入空寂無爲無名若服食茹芝延壽萬億壽盡則死藥極則枯此修考之士非神仙之流也明僧紹正二教論以爲佛明其宗老全其生守生者蔽明宗者通今道家稱長生不死名補天曹大乖老莊立言本理文惠太子竟陵王子良並好釋法吳興孟景翼爲道士太子召入玄圃衆僧大會子良使景翼禮佛景翼不肯子良送十地經與之景翼造正一論大略曰寶積云佛以一音廣說法老子云聖人抱一以爲天下式一之爲妙空玄絕於有境神化贍於無窮爲萬物而無爲處一數而無數莫之能名強號爲一在佛曰實相在道曰玄牝道之大象卽佛之法身以不守之守守法身以不執之執執大象但物有八萬四千行說有八萬四千法法乃至於無數行亦達於無央等級隨緣須導歸一歸一曰回向向正卽無邪邪觀既遣億善日新三五四六隨用而施獨立不改絕學無憂曠劫諸聖共遵斯一老釋未始於嘗分迷者分之而未合億善徧修修徧成聖雖十號千稱終不能盡終不能盡豈可思議司徒從事中郎張融作門律云道之與佛

遙極無二吾見道士與道人戰儒墨道人與道士辯是非昔有鴻飛天首積遠
難亮越人以爲鳧楚人以爲乙人自楚越鴻常一耳以示太子僕周顒顒難之
曰虛無法性其寂雖同位寂之方其旨則別論所謂逗極無二者爲逗極於虛
無當無二於法性耶足下所宗之本一物爲鴻乙耳驅馳佛道無免二末未知
高鑒緣何識本輕而宗之其有旨乎往復文多不載歡口不辯善於著論又注
王弼易二繫學者傳之知將終賦詩言志曰五塗無恆宅三清有常舍精氣因
天行游魂隨物化鵬鷃適大海蜩鳩之桑柘達生任去留善死均日夜委命安
所乘何方不可駕翹心企前覺融然從此謝自剋死日自擇葬時卒於剡山時
年六十四身體香軟道家謂之屍解仙化焉還葬舊墓木連理生墓側縣令江
山圖表狀武帝詔歡諸子撰歡文議三十卷又始興人盧度字孝章亦有道術
少隨張永北侵魏永敗魏人追急阻淮水不得過度心誓曰若得免死從今不
復殺生須臾見兩楯流來接之得過然後隱居盧陵西昌三顧山鳥獸隨之夜
有鹿觸其壁度曰汝壞我壁鹿應聲去屋前有池養魚皆名呼之次第來取食

乃去逆知死年月與親友別永明末以壽終

杜京產字景齊吳郡錢塘人也祖運劉毅衛軍參軍父道鞠州從事善彈棋京產少恬靜閑意榮宦頗涉文義專修黃老會稽孔顗清剛有峻節一見而爲款交郡命主簿州辟從事稱疾去與同郡顧歡同契始寧東山開舍授學齊建元中武陵王曅爲會稽齊高帝遣儒士劉瓛入東爲曅講瓛故往與之游曰杜生當今之臺尙也京產請瓛至山舍講書傾資供待子栖躬自屣履爲瓛生徒下食孔珪周顒謝瀹並致書以通殷勤永明十年珪及光祿大夫陸澄祠部尙書虞悰太子右率沈約司徒右長史張融表薦京產徵爲奉朝請不至於會稽日門山聚徒教授建武初徵員外散騎侍郎京產曰莊生持釣豈爲白璧所回辭疾不就卒會稽山陰人孔道徽守志業不仕與京產友善道徽父祐至行通神隱於四明山嘗見山谷中有數百斛錢視之如瓦石不異採樵者競取入手即成沙礫曾有鹿中箭來投祐祐爲之養創愈然後去太守王僧虔與張緒書曰孔祐敬康曾孫也行動幽祇德標松桂引爲主簿遂不可屈此古之遺德也道

徵少厲高行能世其家風隱居南山終身不窺都邑豫章王嶷爲揚州辟西曹書佐不至鄉里宗慕之道徵兄子總有操行遇飢寒不可得衣食縣令吳興丘仲孚薦之除竟陵王侍郎竟不至永明中會稽鍾山有人姓蔡不知名隱山中養鼠數千頭呼來即來遣去即去言語狂易時謂之謫仙不知所終京產高祖子恭以來及子栖世傳五斗米道不替栖字孟山善清言能彈琴刺史齊豫章王嶷聞其名辟議曹從事仍轉西曹書佐竟陵王子良數致禮接國子祭酒何胤掌禮又重栖以爲學士掌昏冠儀以父老歸養栖肥白長壯及京產病旬日間便皮骨自支京產亡水漿不入口七日晨夜不罷哭不食鹽菜每營買祭奠身自看視號泣不自持朔望節歲絕而復續嘔血數升時何胤謝朏並隱東山遺書敦譬誡以毀滅至祥禫暮夢見其父慟哭而絕初胤兄點見栖歎曰卿風韻如此雖獲嘉譽不永年矣卒時年三十六當時咸嗟惜焉建武二年剡縣有小兒年八歲與母俱得赤班病母死家人以小兒猶惡不令其知小兒疑之問云母嘗數問我病昨來覺聲羸今不復問何也因自投下牀扶匐至母尸側頓

絕而死鄉隣告之縣令宗善才求表廬事竟不行

南史卷七十五

珍傲宋版邽

南史卷七十五考證

宗測傳荆州刺史隨王子隆至遣别駕宗忻口致勞問○忻一本作昕

宗彧之傳宋元嘉初大使陸子真觀採風俗○真監本作貞今從閣本

沈道虔傳道虔常無食以立學徒武康令孔欣之厚相資給受業者咸得有成

○監本脫者字今從閣本增入

孔淳之傳祖惔尚書祠部郎○惔一本作琰

關康之傳河東楊人也○楊監本訛揚今改正

蚊甚多通夕不得寢而終不道侵螫○道監本訛聞今改從閣本

顧歡傳司徒從事中郎張翮作門律○翮南本作融

南史卷七十五考證

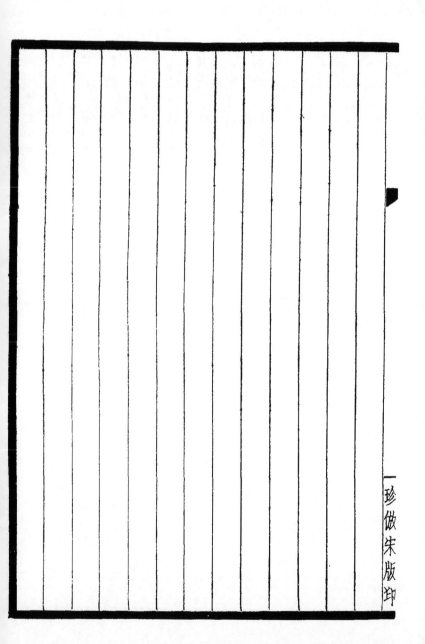

南史卷七十六

唐　李延壽　撰

列傳第六十六

隱逸下

臧榮緒　吳苞趙僧巖　蔡薈　孔嗣之　徐伯珍婁幼瑜

沈麟士　阮孝緒　鄧郁　陶弘景釋寶誌

諸葛璩　劉慧斐兄慧鏡　慧鏡子曇淨　范元琰

庾詵　張孝秀　庾承先　馬樞

臧榮緒東莞莒人也祖奉先建陵令父庸人國子助教榮緒幼孤躬自灌園以供祭祀母喪後乃著嫡寢論掃灑堂宇置筵席朔望輒拜薦焉甘珍未嘗先食純篤好學括東西晉爲一書紀錄志傳百一十卷隱居京口教授齊高帝爲揚州刺史徵榮緒爲主簿不到建元中司徒褚彥回啓高帝稱述其美以置祕閣榮緒惇愛五經謂人曰昔呂尚奉丹書武王致齋降位李釋教誡並有禮敬之

儀因甄明至道乃著拜五經序論常以宣尼庚子日生其日陳五經拜之自號
披褐先生又以飲酒亂德言常爲誡永明六年卒初榮緒與關康之俱隱在京
口時號爲二隱

吳苞字天蓋一字懷德濮陽鄄城人也儒學善三禮及老莊宋太始中過江聚
徒教學冠黃葛巾竹麈尾蔬食二十餘年與劉瓛俱於褚彥回宅講授瓛講禮
苞講論語孝經諸生朝聽瓛晚聽苞也齊隆昌元年徵爲太學博士不就始安
王遙光及江祏徐孝嗣共爲立館於鍾山下教授朝士多到門焉當時稱其儒
者自劉瓛以後聚徒講授唯苞一人而已以壽終時有趙僧巖蔡薈皆有景行
慕苞爲人僧巖北海人寥廓無常人不能測與劉善明友善明爲青州欲舉爲
秀才大驚拂衣而去後忽爲沙門栖遲山谷常以一壺自隨一旦謂弟子曰吾
今夕當死壺中大錢一千以通九泉之路臘燭一挺以照七尺之尸至夜而亡
時人以爲知命蔡薈字休明陳留人清抗不與俗人交李撝謂江斆曰古人稱
安貧清白曰夷湼而不緇曰白至如蔡休明者可不謂之夷白乎又有魯國孔

嗣之字敬伯宋時與齊高帝俱爲中書舍人並非所好自廬江郡守去官隱居鍾山朝廷以爲太中大夫卒

徐伯珍字文楚東陽太末人也祖父並郡掾史伯珍少孤貧學書無紙常以竹箭若葉甘蕉及地上學書山水暴出漂溺宅舍村鄰皆奔走伯珍累牀而坐誦書不輟叔父璠之與顏延之友善還祛蒙山立精舍講授伯珍往從學積十年究尋經史游學者多依之太守琅邪王曇生吳郡張淹並加禮辟伯珍應召便退如此者凡十二焉徵士沈儼造膝談論申以素交吳郡顧歡摘出尚書滯義伯珍酬答甚有條理儒者宗之好釋氏老莊兼明道術歲嘗旱伯珍筮之如期而雨舉動有禮過曲木之下趨而避之早喪妻晚不復重娶自比曾參宅南九里有高山班固謂之九巖山後漢龍丘萇隱處也山多龍鬚檉柏望之五采世呼爲婦人巖二年伯珍移居之階戶之間木生皆連理門前生梓樹一年便合抱館東石壁夜忽有赤光洞然俄爾而滅白雀一雙棲其戶牖論者以爲隱德之感焉刺史豫章王辟議曹從事不就家甚貧窶弟兄四人皆白首相對時人

呼爲四皓建武四年卒年八十四受業生凡千餘人伯珍同郡婁幼瑜字季亦
聚徒教授不應徵辟彌爲臨川王暎所賞異著禮捃拾三十卷
沈驎士字雲禎吳興武康人也祖膺期晉太中大夫父虔之宋樂安令驎士幼
而俊敏年七歲聽叔父岳言玄賓散言無所遺失岳撫其肩曰若斯文不絕其
在爾乎及長博通經史有高尚之心親亡居喪盡禮服闋忌日輒流淚彌旬居
貧織簾誦書口手不息鄉里號爲織簾先生嘗爲人作竹誤傷手便流淚而還
同作者謂曰此不足損何至涕零答曰此本不痛但遺體毀傷感而悲耳嘗行
路隣人認其所著屐驎士曰是卿屐邪卽跣而反隣人得屐送前者還之驎士
曰非卿屐邪笑而受之宋元嘉末文帝令僕射何尚之抄撰五經訪舉學士縣
以驎士應選不得已至都尚之深相接及至尚之謂子偃曰山藪故多奇士沈
驎士黃叔度之流也豈可澄清淆濁邪汝師之驎士嘗苦無書因游都下歷觀
四部畢乃歎曰古人亦何人哉少時稱疾歸鄉不與人物通養孤兄子義著鄉
曲或勸之仕答曰魚縣獸檻天下一契聖人玄悟所以每履吉先吾誠未能景

行坐忘何爲不希企曰損乃作玄散賦以絶世太守孔山士辟不應宗人徐州刺史曇慶侍中懷文左率勃來候之驎士未嘗答也隱居餘干吳差山講經教授從學士數十百人各營屋宇依止其側時爲之語曰差山中有賢士開門教授居成市驎士重陸機連珠每爲諸生講之征北張永爲吳興請驎士入郡驎士聞郡後堂有好山水卽戴安道游吳興因古墓爲山池也欲一觀之乃往停數月永欲請爲功曹驎士曰明府德履沖素留心山谷是以被褐負杖忘其疲病必欲飾混沌以蛾眉冠越客於文冕走雖不敏請附高鄉有蹈東海死耳不忍受此黔劓永乃止昇明末太守王奐永明中中書郎沈約並表薦之徵皆不就乃與約書曰名者實之賓本所不庶中央無心空勤南北爲惠反凶將在於斯驎士無所營求以篤學爲務恆憑素几鼓素琴不爲新聲負薪汲水幷日而食守操終老讀書不倦遭火燒書數千卷年過八十耳目猶聽明以反故抄寫火下細書復成二三千卷滿數十篋時人以爲養身靜嘿所致製黑蝶賦以寄意著周易兩繫莊子內篇訓註易經禮記春秋尙書論語孝經喪服老子要略

數十卷梁天監元年與何點同徵又不就二年卒於家年八十五以楊王孫皇
甫謐深達生死而終禮矯俗乃自爲終制遺令氣絕剔被取三幅布以覆屍及
斂仍移布於屍下以爲斂服反被左右兩際以周上不復製覆被不須沐浴唅
珠以米裙衫先着褌凡二服上加單衣幅巾履枕棺中唯此依士安用孝經既
殯不復立靈座四節及祥權鋪席於地以設玄酒之奠人家相承漆棺今不復
爾亦不須旐成服後卽葬作冢令小後祔更作小冢於濱合葬非古也冢不須
聚土成墳使上與地平王祥終制亦爾葬不須轜車靈舫魌頭也不得朝夕下
食祭奠之法至于葬唯清水一盃子彝奉而行之州鄉皆稱歎焉
阮孝緒字士宗陳留尉氏人也父彥之宋太尉從事中郎以清幹流譽孝緒七
歲出繼從伯胤之胤之母周氏卒遺財百餘萬應歸孝緒孝緒一無所納盡以
歸胤之姊瑯琊王晏之母聞者咸歎異之乳人憐其傳重辛苦輒竊玉羊金獸
等物與之孝緒見而駭愕啓彥之送還王氏幼至孝性沉靜雖與童兒游戲恆
以穿池築山爲樂年十三徧通五經十五冠而見其父彥之彥之誡曰三加彌

尊人倫之始宜思自勖以庇爾躬答曰願迹松子於瀛海追許由於穹谷庶保促生以免塵累自是屛居一室非定省未嘗出戶家人莫見其面親友因呼爲居士年十六父喪不服緜纊雖蔬菜有味亦吐之外兄王晏貴顯屢至其門孝緒度之必至顛覆聞其笳管穿籬逃匿不與相見曾食醬美問之云是王家所得便吐餐覆醬及晏誅親戚咸爲之懼孝緒曰親而不黨何坐之及竟獲免梁武起兵圍建鄴家貧無以爨僮妾竊鄰人墓樵以繼火孝緒知之乃不食更令撤屋而炊所居以一鹿牀爲精舍以樹環繞天監初御史中丞任昉尋其兄履之欲造而不敢望而歎曰其室雖邇其人甚遠其爲名流所欽尙如此自是欽慕風譽者莫不懷刺斂衽望塵而息殷芸欲贈以詩昉曰趣舍既異何必相干芸乃止唯與比部郎裴子野交子野薦之尙書徐勉言其年十餘歲隨父爲湘州行事不書官紙以成親之清白論其志行粗類管幼安以采章如似皇甫謐天監十二年詔公卿舉士祕書監傅照上疏薦之與吳郡范元琰俱徵並不到陳郡袁峻謂曰往者天地閉賢人隱今世路已清而子猶遁可乎答曰昔周德

雖與夷齊不厭薇蕨漢道方盛黃綺無悶山林爲仁由己何關人世況僕非往
賢之類邪初謝朏及伏暅應徵天子以爲隱者苟立虛名以要顯譽故孝緒與
何胤並得遂其高志後於鍾山聽講母王氏忽有疾兄弟欲召之母曰孝緒至
性冥通必當自到果心驚而反隣里嗟異之合藥須得生人薓舊傳鍾山所出
孝緒躬歷幽險累日不逢忽見一鹿前行孝緒感而隨後至一所遂滅就視果
獲此草母得服之遂愈時皆言其孝感所致有善筮者張有道曰見子隱迹而
心難明自非考之龜蓍無以驗也及布卦既揲五爻曰此將爲咸應感之法非
嘉遁之兆孝緒曰安知後爻不爲上九果成遁卦有道歎曰此所謂肥遁無不
利象實應德心迹并也孝緒曰雖獲遁卦而上九爻不發升遐之道便當高謝
許生乃著高隱傳上自炎皇終于天監末斟酌分爲三品言行超逸名氏弗傳
爲上篇始終不耗姓名可錄爲中篇挂冠人世栖心塵表爲下篇湘東王著忠
臣傳集釋氏碑銘丹陽尹錄研神記並先簡孝緒而後施行南平元襄王聞其
名致書要之不赴曰非志驕富貴但性畏廟堂若使麏麚可驂何以異夫驥騄

初建武末青溪宮東門無故自崩大風拔東宮門外楊樹或以問孝緒孝緒曰

青溪皇家舊宅齊爲木行東爲木位今東門自壞木其衰矣武帝禁畜讖緯孝

緒兼有其書或勸藏之答曰昔劉德重淮南祕要適爲更生之禍杜瓊所謂不

如不知此言美矣客有求之答曰己所不欲豈可嫁禍於人乃焚之鄱陽忠烈

王妃孝緒姊也王嘗命駕欲就之游孝緒鑿垣而逃卒不肯見王悵然歎息王

諸子篤渭陽之情歲時之貢無所受納未嘗相見竟不之識或問其故孝緒曰

我本素賤不應爲王侯姻戚邂逅所逢豈關始願劉歊嘗以米饋之孝緒不納

歊亦棄之末年以蔬食斷酒其恆供養石像先有損壞心欲補之罄心敬禮經

一夜忽然完復衆並異之大同二年正月孝緒自筮卦吾壽與劉著作同年及

劉杳卒孝緒曰劉侯逝矣吾其幾何其年十月卒年五十八梁簡文在東宮隆

恩厚贈子恕等述先志不受顧協以爲恩異常均議令恭受門徒追論德行諡

曰文貞處士所著七錄削繁等一百八十一卷並行於世初孝緒所撰高隱傳

中篇所載一百三十七人劉歊劉訏覽其書曰昔嵇康所贊缺一自擬今四十

之數將待吾等成邪對曰所謂荀君雖少後事當付鍾君若素車白馬之日輒
獲麟於二子歡訏果卒乃益二傳及孝緒亡訏兄絜錄其所遺行次篇末成絕
筆之意云

南嶽鄧先生名郁荆州建平人也少而不仕隱居衡山極峻之嶺立小板屋兩
間足不下山斷穀三十餘載唯以澗水服雲母屑日夜誦大洞經梁武帝敬信
殊篤爲帝合丹帝不敢服起五嶽樓貯之供養道家吉日躬往禮拜白日神仙
魏夫人忽求臨降乘雲而至從少嫗三十並著絳紫羅繡袿襴年皆可十七八
許色豔桃李質勝瓊瑤言語良久謂郁曰君有仙分所以故來尋當相候至天
監十四年忽見二青鳥悉如鶴大鼓翼鳴舞移晷方去謂弟子等曰求之甚勞
得之甚逸近青鳥既來期會至矣少日無病而終山內唯聞香氣世未嘗有武
帝後令周捨爲鄧玄傳具序其事

陶弘景字通明丹陽秣陵人也祖隆王府參軍父貞孝昌令初弘景母郝氏夢
兩天人手執香鑪來至其所已而有娠以宋孝建三年丙申歲夏至日生幼有

異操年四五歲恆以荻爲筆畫灰中學書至十歲得葛洪神仙傳晝夜硏尋便
有養生之志謂人曰仰靑雲覩白日不覺爲遠矣父爲妾所害弘景終身不娶
及長身長七尺七寸神儀明秀朗目踈眉細形長額聳耳耳孔各有十餘毛出
外二寸許右膝有數十黑子作七星文讀書萬餘卷一事不知以爲深耻善琴
棋工草隸未弱冠齊高帝作相引爲諸王侍讀除奉朝請雖在朱門閉影不交
外物唯以披閱爲務朝儀故事多所取焉家貧求宰縣不遂永明十年脫朝服
挂神虎門上表辭祿詔許之賜以束帛敕所在月給伏苓五斤白蜜二升以供
服餌及發公卿祖之征虜亭供帳甚盛車馬塡咽咸云宋齊以來未有斯事於
是止于句容之句曲山恆曰此山下是第八洞宮名金陵華陽之天周回一百
五十里昔漢有咸陽三茅君得道來掌此山故謂之茅山乃中山立館自號華
陽陶隱居人間書札卽以隱居代名始從東陽孫游嶽受符圖經法徧歷名山
尋訪仙藥身旣輕捷性愛山水每經澗谷必坐臥其間吟詠盤桓不能已已謂
門人曰吾見朱門廣廈雖識其華樂而無欲往之心望高巖瞰大澤知此難立

止自恆欲就之且永明中求祿得輒差舛若不爾豈得爲今日之事豈唯身有
仙相亦緣勢使之然沈約爲東陽郡守高其志節累書要之不至弘景爲人員
通謙謹出處冥會心如明鏡遇物便了言無煩舛有亦隨覺永元初更築三層
樓弘景處其上弟子居其中賓客至其下與物遂絶唯一家僮得至其所本便
馬善射晚皆不爲唯聽吹笙而已特愛松風庭院皆植松每聞其響欣然爲樂
有時獨游泉石望見者以爲仙人性好著述尙奇異顧惜光景老而彌篤尤明
陰陽五行風角星算山川地理方圓產物醫術本草帝代年歷以算推知漢熹
平三年丁丑冬至加時在日中而天實以乙亥冬至加時在夜半凡差三十八
刻是漢歷後天二日十二刻也又以歷代皆取其先妣母后配饗地祇以爲神
理宜然碩學通儒咸所不悟又常造渾天象高三尺許地居中央天轉而地不
動以機動之悉與天相會云修道所須非止史官用是深慕張良爲人云古賢
無比齊末爲歌曰水丑木爲梁字及梁武兵至新林遣弟子戴猛之假道奉表
及聞議禪代弘景援引圖讖數處皆成梁字令弟子進之武帝既早與之游及

即位後恩禮愈篤書問不絕冠蓋相望弘景既得神符祕訣以爲神丹可成而苦無藥物帝給黃金朱砂曾青雄黃等後合飛丹色如霜雪服之體輕及帝服飛丹有驗益敬重之每得其書燒香虔受帝使造年歷至己巳歲而加朱點實太清三年也帝手敕招之錫以鹿皮巾後屢加禮聘並不出唯畫作兩牛一牛散放水草之間一牛著金籠頭有人執繩以杖驅之武帝笑曰此人無所不作欲斅曳尾之龜豈有可致之理國家每有吉凶征討大事無不前以諮詢月中常有數信時人謂爲山中宰相二宮及公王貴要參候相繼贈遺未嘗脫時多不納受縱留者即作功德天監四年移居積金東澗弘景辟穀導引之法自隱處四十許年年逾八十而有壯容仙書云眼方者壽千歲弘景末年一眼有時而方曾夢佛授其菩提記云名爲勝力菩薩乃詣鄮縣阿育王塔自誓受五大戒後簡文臨南徐州欽其風素召至後堂以葛巾進見與談論數日而去簡文甚敬異之天監中獻丹於武帝中大通初又獻二丹其一名善勝一名成勝並爲佳寶無疾自知應逝逆剋亡日仍爲告逝詩大同二年卒時年八十五顏色

不變屈申如常香氣累日氛氳滿山遺令既沒不須沐浴不須施牀止兩重席於地因所著舊衣上加生祴裙及臂衣韎冠巾法服左肘錄鈴右肘藥鈴佩符絡左腋下繞腰穿環結於前釵符於髻上通以大袈裟覆衾蒙首足明器有車馬道人道士並在門中道人左道士右百日內夜常然燈旦常香火弟子遵而行之詔贈太中大夫諡曰貞白先生弘景妙解術數逆知梁祚覆沒預制詩云夷甫任散誕平叔坐論空豈悟昭陽殿遂作單于宮詩祕在篋裏化後門人方稍出之大同末人士競談玄理不習武事後侯景篡果在昭陽殿初弘景母夢青龍無尾自己升天弘景果不妻無子從兄以子松喬嗣所著學苑百卷孝經論語集注帝代年歷本草集注效驗方肘後百一方古今州郡記圖像集要及玉匱記七曜新舊術疏占候合丹法式共祕密不傳及撰而未訖又十部唯弟子得之時有沙門釋寶誌者不知何許人有於宋太始中見之出入鍾山往來都邑年已五六十矣齊宋之交稍顯靈跡被髮徒跣語嘿不倫或被錦袍飲啖同於凡俗恆以鏡銅剪刀鑷屬挂杖負之而遨或徵索酒肴或累日不食預言

未兆識他心智一日中分身易所遠近驚赴所居噂喈齊武帝忿其惑衆收付
建康獄旦日咸見游行市里既而檢校猶在獄中其夜又語獄吏門外有兩輿
食金鉢盛飯汝可取之果是文惠太子及竟陵王子良所供養縣令呂文顯以
啓武帝帝乃迎入華林園少時忽重著三布帽亦不知於何得之俄而武帝崩
文惠太子豫章文獻王相繼薨齊亦於此季矣靈味寺沙門釋寶亮欲以納被
遺之未及有言寶誌忽來牽被而去蔡仲熊嘗問仕何所至了自不答直解杖
頭左索繩擲與之莫之解仲熊至尚書左丞方知言驗永明中住東宮後堂從
平旦門中出入末年忽云門上血污衣褰裳走過至鬱林見害果以犢車載屍
出自此門舍故閹人徐龍駒宅而帝頸血流於門限焉梁武帝尤深敬事嘗問
年祚遠近答曰元嘉元嘉帝欣然以爲享祚倍宋文之年雖剃鬚髮而常冠下
裙帽納袍故俗呼爲誌公好爲讖記所謂誌公符是也高麗聞之遣使齎綵帽
供養天監十三年卒將死忽移寺金剛像出置戶外語人云菩薩當去旬日無
疾而終先是琅邪王筠至莊嚴寺寶誌遇之與交言歡飲至亡敕命筠爲碑蓋

先覺也

諸葛璩字幼玟琅邪陽都人也世居京口璩幼事徵士關康之博涉經史復師

徵士臧榮緒榮緒著晉書稱璩有發擿之功方之壺遂齊建武初南徐州行事

江祀薦璩於明帝言璩安貧守道悅禮敦詩如其簡退可揚清厲俗請辟爲議

曹從事帝許之璩辭不赴陳郡謝朓爲東海太守下教揚其風概餉穀百斛梁

天監中舉秀才不就璩性勤於誨誘後生就學者日至居宅狹陋無以容之太

守張友爲起講舍璩處身清正妻子不見喜慍之色旦夕孜孜講誦不輟時人

益以此宗之卒於家璩所著文章二十卷門人劉曒集而錄之

劉慧斐字宣文彭城人也父元直淮南太守慧斐少博學能屬文起家梁安成

王法曹行參軍嘗還都途經尋陽游於匡山遇處士張孝秀相得甚歡遂有終

焉之志因不仕居東林寺又於山北構園一所號曰離垢園時人仍謂爲離垢

先生慧斐尤明釋典工篆隸在山手寫佛經二千餘卷常所誦者百餘卷晝夜

行道孜孜不怠遠近欽慕之簡文臨江州遺以几杖論者云自遠法師沒後將

二百年始有張劉之盛矣元帝及武陵王等書問不絕大同三年卒慧斐兄慧鏡安成內史初元直居郡得罪慧鏡歷詣朝士乞哀懇惻甚至遂以孝聞子曇淨字元光篤行有父風解褐安成王國左常侍父卒於郡曇淨奔喪不食飲者累日絕而又蘇每哭輒嘔血服闋因毀成疾會有詔士姓各舉四科曇淨叔父慧斐舉以應孝行武帝用爲海寧令曇淨又以兄未爲縣因以讓兄乃除安西行參軍父亡後事母尤淳至身營飧粥不以委人母疾衣不解帶及母亡水漿不入口者殆一旬母喪權瘞藥王寺時天寒曇淨身衣單布衣廬於瘞所晝夜哭臨不絕聲哀感行路未期而卒

范元琰字伯珪一字長玉吳郡錢塘人也祖悅之太學博士徵不至父靈瑜居父憂以毀卒元琰時童孺哀慕盡禮親黨異之及長好學博通經史兼精佛義然謙敬不以所長驕人祖母患癰恆自含吮與人言常恐傷物居家不出城市雖獨居如對賓客見者莫不改容憚之家貧唯以園蔬爲業嘗出行見人盜其菘元琰遽退走母問其故具以實答母問盜者爲誰答曰向所以退畏其愧恥

今啓其名願不泄也於是母子祕之或有涉溝盜其筍者元琰因伐木爲橋以度之自是盜者大慚一鄉無復草竊齊建武初徵爲曹虎平西參軍不至于時始安王遙光爲揚州謂徐孝嗣曰曹虎參軍豈是禮賢之職欲以西曹書佐聘之會遙光敗不果時人以爲恨沛國劉瓛深加器異嘗表稱之天監九年縣令管慧辯上言義行揚州刺史臨川王宏辟命不至卒于家

庾詵字彥寶新野人也幼聰警篤學經史百家無不該綜緯候書射棊算機巧並一時之絕而性託夷簡特愛林泉十畝之宅山池居半蔬食弊衣不修產業遇火止出書數簣坐於池上有爲火來者答云唯恐損竹乘舟從沮中山舍還載米一百五十石有人寄載三十石及至宅寄載者曰君三十斛我百五十斛詵嘿然不言恣其取足隣人有被執爲盜見劾妄款詵詵矜之乃以書質錢二萬令門生詐爲其親代之酬備隣人獲免謝詵詵曰吾矜天下無辜豈期謝也梁武帝少與詵善及起兵署爲平西府記室參軍詵不屈平生少所游狎河東柳惲欲與交拒而弗納普通中詔以爲黃門侍郎稱疾不起晚年尤遵釋教宅

內立道場環繞禮懺六時不輟誦法華經每日一徧後夜中忽見一道人自稱
願公容止甚異呼詵爲上行先生授香而去中大通四年因寢忽驚覺曰願公
復來不可久住顏色不變言終而亡年七十八舉室咸聞空中唱上行先生已
生彌陁淨域矣武帝聞而下詔諡貞節處士以顯高烈詵所撰帝歷二十卷易
林二十卷續伍端休江陵記一卷晉朝雜事五卷總抄八十卷行於世子曼倩
字世華亦早有令譽元帝在荊州爲中錄事每出帝常目送之謂劉之遴曰荊
南信多君子後轉諮議參軍所著喪服儀文字體例老子義疏算經及七曜歷
術幷所製文章凡九十五卷子季才有學行承聖中位中書侍郎江陵平隨例
入長安

張孝秀字文逸南陽宛人也徙居尋陽曾祖須無祖僧監父希並別駕從事孝
秀長六尺餘白皙美鬚眉仕州中從事史遇刺史陳伯之叛孝秀與州中士大
夫謀襲之事覺逃於盆水側有商人寘諸褚中展轉入東林伯之得其母郭以
蠟灌殺之孝秀遣妻妾入匡山修行學道服闋建安王召爲別駕因去職歸山

居于東林寺有田數十頃部曲數百人率以力田盡供山衆遠近歸慕赴之如市孝秀性通率不好浮華常冠穀皮巾躡蒲履手執并閭皮麈尾服寒食散盛冬臥於石上博涉羣書專精釋典僧有虧戒律者集衆佛前作羯磨而笞之多能改過善談論工隸書凡諸藝能莫不明習普通三年卒室中皆聞非常香粱簡文甚傷悼焉與劉慧斐書述其貞白云

庾承先字子通穎川鄢陵人也少沉靜有志操是非不涉於言喜愠不形於色人莫能窺也弱歲受學於南陽劉虬强記敏識出於羣輩玄經釋典靡不該悉九流七略咸所精練辟功曹不就乃與道士王僧鎮同游衡岳晚以弟疾還鄉里遂居土臺山粱鄱陽忠烈王在州欽其風味要與游處令講老子遠近名僧咸來赴集論難鋒起異端競至承先徐相酬答皆得所未聞忠烈王尤所欽重中大通三年廬山劉慧斐至荆州承先與之有舊往從之荆峽學徒因請承先講老子湘東王親命駕臨聽論議終日留連月餘乃還山王親祖道并贈篇什隱者美之其年卒刺史厚有贈賻門人黃士龍讓曰先師平素食不求飽衣不

求輕凡有贈遺皆無所受臨終之日誡約家門薄棺周形巾褐爲斂雖蒙賚及不敢輕承教旨以違平生之操錢布輒付使反時論高之

馬樞字要理扶風郿人也祖靈慶齊竟陵王錄事參軍樞數歲而孤爲其姑所養六歲能誦孝經論語老子及長博極經史尤善佛經及周易老子義梁邵陵王綸爲南徐州刺史素聞其名引爲學士綸時自講大品經令樞講維摩老子周易同日發題道俗聽者二千人王欲極觀優劣乃謂衆曰與馬學士論義必使屈服不得空立客主於是數家學者各起問端樞乃依次剖判開其宗旨然後枝分派別轉變無窮論者拱默聽受而已綸甚嘉之尋遇侯景之亂綸舉兵援臺乃留書二萬卷付樞樞肆志尋覽殆將周遍乃喟然歎曰吾聞貴爵位者以巢由爲桎梏愛山林者以伊呂爲管庫束名實則芻芥柱下之言翫清虛則糠粃席上之說稽之篤論亦各從其好也比求志之士望塗而息豈天之不惠高尚何山林之無聞甚乎乃隱于茅山有終焉之志陳天嘉元年文帝徵爲度支尚書辭不應命時樞親故並居京口每秋冬之際時往游焉及鄱陽王爲南

徐州刺史欽其高尚鄙不能致乃卑辭厚意令使邀之樞固辭以疾門人勸請不得已乃行王别築室以處之樞惡其崇麗乃於竹林間自營茅茨而居每以王公餽餉辭不獲已者率十分受一樞少屬亂離凡所居處盜賊不入依託者常數百家目精洞黃能視闇中物有白鷰一雙巢其庭樹馴狎櫩廡時至几案春來秋去幾三十年太建十三年卒撰道覺論行于世

論曰夫獨往之人皆稟偏介之性不能摧志屈道借譽期通若使夫遇見信之主逢時來之運豈其放情江海取逸丘樊不得已而然故也且巖壑閑遠水石清華雖復崇門八襲高城萬雉莫不蓄壤開泉髣髴林澤故知松山桂渚非止素玩碧澗清潭翻成麗矚挂冕東都夫何難之有

南史卷七十六

南史卷七十六考證

臧榮緒傳自號披褐先生○披監本訛彼今改正

吳苞傳朧燭一挺○朧應作蠟今各本俱同仍之

沈麟士傳走雖不敏請附高卿有蹈東海死耳○卿一本作節

昇明末太守王奐永明中中書郎沈約並表薦之○並監本訛呈今改從南本

陶弘景傳梁武帝尤深敬事問年祚遠近○祚南本作數今從監本

南史卷七十六考證

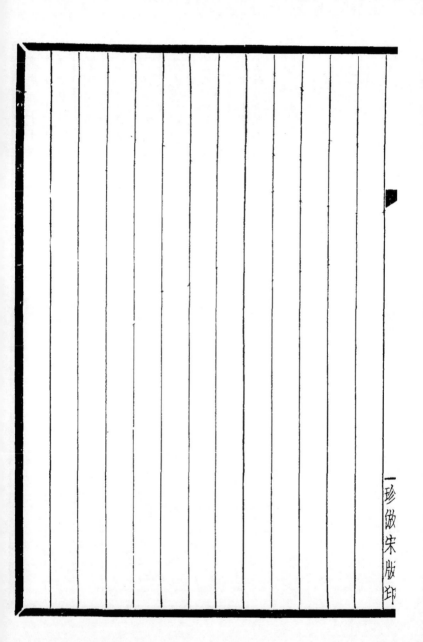

南史卷七十七

唐　李延壽　撰

列傳第六十七

恩倖

戴法興（戴明寶）　徐爰　阮佃夫　紀僧真
劉係宗　茹法亮　呂文顯　茹法珍（梅蟲兒）
周石珍　陸驗（徐驎）　司馬申　施文慶
沈客卿　孔範

夫鮑魚芳蘭在於所習中人之性可以上下然則謀於管仲齊桓有邵陵之師邇於易牙小白掩陽門之扇夫以霸者一身且有洿隆之别況下於此胡可勝言者乎故古之哲王莫不斯慎自漢氏以來年且千祀而近習用事無乏於時莫不官由近親情因狎重至如中書所司掌在機務漢元以令僕用事魏明以監令專權在晉中朝常爲重寄故公曾之歎恨於失職于時舍人之任位居九

品江左置通事郎管司詔誥其後郎還爲侍郎而舍人亦稱通事元帝用琅邪
劉超以謹慎居職宋文世秋當周赳並出寒門孝武以來士庶雜選如東海鮑
照以才學知名又用魯郡巢尙之江夏王義恭以爲非選帝遣尙之送尙書四
十餘牒宣敕論辯義恭乃歎曰人主誠知人及明帝世胡毋顥阮佃夫之徒專
爲佞倖矣齊初亦用久勞及以親信關讞表啓發署詔敕頗涉辭翰者亦爲詔
文侍郎之局復見侵矣建武世詔命始不關中書專出舍人省內舍人四人所
直四省其下有主書令史舊用武官宋改文吏人數無員莫非左右要密天下
文簿板籍入副其省萬機嚴祕有如尙書外司領武官有制局監外監領器仗
兵役亦用寒人爰及梁陳斯風未改其四代之被恩倖者今立以爲篇以繼前
史之作云爾

戴法興會稽山陰人也家貧父碩子以販紵爲業法興二兄延壽延與並修立
延壽善書法興好學山陰有陳戴者家富有錢三千萬鄉人或云戴碩子三兒
敵陳戴三千萬錢法興與少賣葛山陰市後爲尙書倉部令史大將軍彭城王義

康於尚書中覓了了令史得法興等五人以法興爲記室令史義康敗仍爲孝武征虜撫軍記室掾及從江州仍補南中郎典籤帝於巴口建義法興與典籤戴明寶蔡閑俱轉參軍督護上卽位並爲南臺侍御史同兼中書通事舍人法興等專管內務權重當時孝建元年爲南魯郡太守解舍人侍太子於東宮大明二年以南下預密謀封法興吳昌縣男明寶湘鄉縣男閑時已卒追加爵封法興轉太子旅賁中郎將孝武親覽朝政不任大臣而腹心耳目不得無所委寄法興頗知古今素見親待雖出侍東宮而意任隆密魯郡巢尚之人士之末元嘉中侍始興王濬讀書亦涉獵文史爲上所知孝建初補東海國侍郎仍兼中書通事舍人凡選授遷轉誅賞大處分上皆與法興尚之參懷內外諸雜事多委明寶上性嚴暴睚眦之閒動至罪戮尚之每臨事解釋多得全免殿省甚賴之而法興明寶大通人事多納貨賄凡所薦達言無不行天下輻湊門外成市家產並累千金明寶驕縱尤甚長子敬爲揚州從事與上爭買御物六宮嘗出敬威服騎馬於車左右馳驟去來上大怒賜敬死繫明寶尚方尋被原釋委

任如初孝武崩前廢帝即位法興遷越騎校尉時太宰江夏王義恭錄尚書事
任同總己而法興與尚之執權日久威行內外義恭積相畏服至是懾憚尤甚廢
帝未親萬機凡詔敕施爲悉決法興之手尚書中事無大小專斷之顏師伯義
恭守空名而已尚之甚聰敏時百姓欲爲孝武立寺疑其名尚之應聲曰宜名
天保詩云天保下報上也時服其機速廢帝年已漸長凶志轉成欲有所爲法
興每相禁制謂帝曰官所爲如此欲作營陽邪帝意稍不能平所愛幸閹人華
願兒有盛寵賜與金帛無算法興常加裁減願兒甚恨之帝嘗使願兒出入市
里察聽風謠而道路之言謂法興爲眞天子帝爲贗天子願兒因此告帝曰外
閒云宮中有兩天子官是一人戴法興是一人官在深宮中人物不相接法興
與太宰顏柳一體往來門客恆有數百內外士庶莫不畏服之法興是孝武左
右復久在宮闈今將他人作一家深恐此坐席非復官許帝遂免法興官徙付
遠郡尋於家賜死法興臨死封閉庫藏使家人謹錄鑰牡死一宿又殺其二子
截法興棺焚之籍沒財物法興能爲文章頗行於世死後帝敕巢尚之曰不謂

法與積疊累愆遂至於此吾今自覽萬機卿等宜竭誠盡力尚之時爲新安王子鸞撫軍中兵參軍淮陵太守乃解舍人轉爲撫軍諮議參軍太守如故明帝初復以尚之兼中書通事舍人南清河太守累遷黃門侍郎出爲新安太守病卒戴明寶南東海丹徒人亦歷員外散騎侍郎給事中孝武時帶南清河太守前廢帝卽位權任悉歸法興而明寶輕矣明帝初天下反叛以明寶舊人屢經戎事復委任之後坐納貨賄繫尚方尋被宥位宣城太守昇明初老拜太中大夫病卒武陵國典書令董元嗣與法興明寶等俱爲孝武南中郎典籤元嘉三十年奉使還都會元凶弒立遣元嗣南還報上以徐湛之等反上時在巴口元嗣具言弒狀上遣元嗣下都奉表於劭既而上舉義兵劭詔責元嗣元嗣答云始下未有反謀劭不信備加考掠不服遂死孝武事剋贈員外散騎侍郎使文士蘇寶生爲之誄焉大明中又有奚顯度者南東海郯人官至員外散騎侍郎孝武嘗使主領人功而苛虐無道動加捶撲暑雨寒雪不聽暫休人不堪命或自經死時建康縣考囚或用方材壓額及踝脛人間謠曰寧得建康壓額不能

受奚度拍又相戲曰勿反顧付奚度其酷暴如此前廢帝嘗戲云顯度刻虐爲
百姓疾比當除之左右因唱爾即日宣殺焉時人比之孫皓殺岑昏
徐爰字長玉南琅邪開陽人也本名瑗後以與傅亮父同名亮啓改爲爰初爲
晉琅邪王大司馬府中典軍從北征微密有意理爲武帝所知少帝在東宮入
侍左右文帝初又見親任遂至殿中侍御史元嘉十二年轉南臺御史始興王
濬後行參軍復侍太子於東宮遷員外散騎侍郎文帝每出軍常懸授兵略二
十九年重遣王玄謨等北侵配爰五百人隨軍碻磝銜中旨臨時宣示孝武至
新亭江夏王義恭南奔爰時在殿內詐劭追義恭因即得南走時孝武將即大
位軍府造次不曉朝章爰素諳其事及至莫不喜悅以兼太常丞撰立儀注後
兼尚書右丞遷左丞先是元嘉中使著作郎何承天草創國史孝武初又使奉
朝請山謙之南臺御史蘇寶生踵成之孝建六年又以爰領著作郎使終其業
爰雖因前作而專爲一家之書上表起元義熙爲王業之始載序宣力爲功臣
之斷於是內外博議太宰江夏王義恭等二十五人同爰宜以義熙元年爲斷

散騎常侍巴陵王休若尚書金部郎檀道鸞二人謂宜以元興三年爲始太學博士虞龢謂宜以開國爲宋公元年詔曰項籍聖公編錄二漢前史已有成例桓玄傳宜在宋典餘如爰議孝武崩營景寧陵以本官兼將作大匠爰便僻善事人能得人主微旨頗涉書傳尤悉朝儀元嘉初便入侍左右預參顧問長於附會又飾以典文故爲文帝所任遇大明世委寄尤重朝廷大禮儀非爰議不行雖復當時碩學所解過之者既不敢立異議所言亦不見從孝武崩公除後晉安王子勛侍讀博士諮爰宜習業與不爰答曰居喪讀喪禮習業何嫌少日始安王子真博士諮爰爰曰小功廢業三年喪何容讀書其專斷乖謬皆如此前廢帝凶暴無道殿省舊人多見罪黜唯爰巧於將迎始終無忤誅羣公後以爰爲黃門侍郎領射聲校尉著作如故封吳平縣子寵待隆密羣臣莫二帝每出行常與沈慶之山陰公主同輦爰亦預焉明帝即位以黃門侍郎改領長水校尉兼尚書左丞明年除太中大夫著作並如故爰執權日久上在藩素所不悅及景和世屈辱卑約爰禮敬甚簡益銜之泰始三年詔暴其罪徙交州及行

又詔除廣州統內郡有司奏以爲宋隆太守除命旣下爰已至交州久之聽還仍除南康郡丞明帝崩還都以爰爲濟南太守復除中散大夫元徽三年卒年八十二爰子希秀甚有學解亦閑篆隸正覺禪靈二寺碑即希秀書也爰之徙交州明帝召希秀謂曰比當令卿父還希秀再拜答曰臣父年老恐不及後恩帝大嗟賞即召爰還希秀位驍騎將軍淮南太守子泓甚閑吏職而在事刻薄於人少恩仕齊歷位臺郎秣陵建康令湘東太守

阮佃夫會稽諸暨人也明帝初出閤選爲主衣後又請爲世子師甚見信待景和末明帝被拘於殿內住在祕書省爲帝所疑大禍將至佃夫與王道隆李道兒及帝左右琅邪淳于文祖謀共廢立時直閤將軍柳光世亦與帝左右蘭陵繆方盛丹陽周登之有密謀未知所奉登之與明帝有舊方盛等乃使登之結佃夫佃夫大悅先是帝立皇后普暫撤諸王奄人明帝左右錢藍生亦在例事畢未被遣密使藍生候帝慮事泄藍生不欲自出帝動止輒以告淳于文祖令報佃夫景和元年十一月二十九日晡時帝出華林園建安王休仁山陽王休

祐山陰主並侍側明帝猶在祕書省不被召益懼佃夫以告外監典事東陽朱幼又告主衣吳興壽寂之細鎧主南彭城姜產之產之又語所領細鎧將臨淮王敬則幼又告中書舍人戴明寶並響應明寶幼欲取其日向曉佃夫等勸取開門鼓幼預約勒內外使錢藍生密報建安王休仁等時帝欲南巡腹心直閤將軍宗越等其夕並聽出外裝束唯有隊主樊僧整防華林閣是柳光世鄉人光世要之卽受命姜產之又要隊副陽平聶慶及所領壯士會稽富靈符吳郡俞道龍丹陽宋逵之陽平田嗣並聚於慶省佃夫慮力少更欲招合壽寂之曰謀廣或泄不煩多人時巫覡言後堂有鬼其夕帝於竹林堂前與巫共射之建安王休仁等山陰主並從帝素不悅寂之見輒切齒寂之既與佃夫等成謀又慮禍至抽刀前入姜產之隨其後淳于文祖繆方盛周登之富靈符聶慶田嗣王敬則俞道龍宋逵之又繼進休仁聞行聲甚疾謂休祐曰作矣相隨奔景陽山帝見寂之至引弓射之不中乃走寂之追殺之事定宣令宿衛曰湘東王受太后令除狂主今已太平明帝卽位論功壽寂之封應城縣侯產之汝南縣侯

佃夫建城縣侯王道隆吳平縣侯淳于文祖陽城縣侯李道兒新渝縣侯繆方
盛劉陽縣侯周登之曲陵縣侯富靈符惠懷縣子聶慶建陽縣子田嗣將樂縣
子王敬則重安縣子命道隆茶陵縣子宋遠之零陵縣子佃夫還南臺侍御史
薛索兒度淮爲寇山陽太守程天祚又反佃夫與諸軍破薛索兒降天祚後轉
太子步兵校尉南魯郡太守侍太子於東宮泰始四年以本官兼游擊將軍及
輔國將軍蓋次陽與二衞參員直次陽字崇基平昌安丘人也位冠軍將軍卒
時佃夫及王道隆楊運夫並執權亞於人主巢戴大明之世方之蔑如也嘗正
旦應合朔尚書奏還元會佃夫曰元正慶會國之大禮何不還合朔日邪其不
稽古如此大通貨賄凡事非重賂不行人有餉絹二百疋嫌少不答書宅舍園
池諸王邸第莫及女妓數十藝貌冠絕當時金玉錦繡之飾宮掖不逮也每製
一衣造一物都下莫不法效焉於宅內開瀆東出十許里塘岸整潔汎輕舟奏
女樂中書舍人劉休嘗詣之遇佃夫出行中路相逢要休同反就席便命施設
一時珍羞莫不畢備凡諸火劑並皆始熟如此者數十種佃夫常作數千人饌

以待賓客故造次便辦類皆如此雖晉世王石不能過也泰始初軍功既多爵秩無序佃夫僕從附隸皆受不次之位捉車人武賁中郎將傍馬者員外郎朝士貴賤莫不自結而矜傲無所降意入其室者唯吳興沈勃吳郡張澹數人而已明帝晏駕後廢帝卽位佃夫權任轉重兼中書通事舍人加給事中輔國將軍餘如故欲用張澹爲武陵郡衞將軍袁粲以下皆不同而佃夫稱敕施行又廬江何恢有妓張耀華美而有寵爲廣州刺史將發要佃夫飲設樂見張氏悅之頻求恢曰恢可得此人不可得也佃夫拂衣出戶曰惜指失掌邪遂諷有司以公事彈恢凡如此粲等並不敢執元徽三年遷黃門侍郎領右衞將軍明年改領驍騎將軍遷南豫州刺史歷陽太守猶管內任時廢帝猖狂好出游走始出宮猶整羽儀隊仗俄而棄部伍單騎與數人相隨或出郊野或入市鄽內外莫不憂懼佃夫密與直閤將軍申伯宗步兵校尉朱幼于天寶謀共廢帝立安成王五年春帝欲往江乘射雉帝每出常留隊仗在樂游苑前棄之而去佃夫欲稱太后令喚隊仗還閉城門分人守石頭東府遣人執帝廢之自爲揚州刺

史輔政與幼等已成謀會帝不成向江乘故事不行于天寶因以其謀告帝帝
乃收佃夫幼伯宗於光祿外部賜死佃夫幼等罪止一身其餘無所問幼泰始
初爲外監配衣諸軍征討有濟辦之能遂官涉三品爲奉朝請南高平太守封
安浦縣侯于天寶其先胡人豫竹林堂功元徽中封鄂縣子發佃夫謀以爲清
河太守右軍將軍昇明中齊高帝以其反覆賜死壽寂之位太子屯騎校尉南
泰山太守多納貨賄請謁無窮有一不從便切齒罵詈常云利刀在手何憂不
辦鞭尉吏斫邏將後爲有司所奏徙送越州至豫章謀叛乃殺之姜產之位南
濟陽太守後北侵魏戰敗見殺王道隆吳興烏程人兄道迄涉學善書形貌又
美吳興太守王韶之謂人曰有子弟如王道迄無所少道隆亦知書泰始二年
兼中書通事舍人道隆爲明帝所委過於佃夫而和謹自保不妄毀傷人執權
旣久家產豐積豪麗雖不及佃夫而精整過之元徽二年桂陽王休範舉兵乃
以討佃夫道隆及楊運長爲名休範奄至新亭見殺楊運長宣城懷安人素善
射爲射師性謹慤爲明帝委信及卽位親遇甚厚後廢帝卽位與佃夫俱兼通

事舍人以平桂陽王休範功封南城縣子運長質木廉正修身甚清不事園宅不受餉遺而凡鄙無識唯與寒人潘智徐文盛厚善動止施爲必與二人量議文盛爲奉朝請預平桂陽王休範封廣晉縣男順帝卽位運長爲宣城太守尋還家沈攸之反運長有異志齊高帝遣驃騎司馬崔文仲誅之

紀僧真丹陽建康人也少隨逐征西將軍蕭思話及子惠開皆被賞遇惠開性苛僧真以微過見罰既而委任如舊及罷益州還都不得志而僧真事之愈謹惠開臨終歎曰紀僧真方當富貴我不見也以僧真託劉彥節周顒初惠開在益州土反被圍危急有道人謂之曰城圍尋解檀越貴門後方大興無憂外賊也惠開密謂僧真曰我子弟見在者並無異才政是蕭道成耳僧真憶其言乃請事齊高帝隨從在淮陰以閑書題令答遠近書疏自寒官歷至高帝冠軍府參軍主簿僧真夢蒿艾生滿江驚而白之高帝曰詩人採蕭蕭卽艾也蕭生斷流卿勿廣言其見親如此後除南臺御史高帝領軍功曹上將廢立謀之袁粲褚彥回僧真啓上曰今朝廷猖狂人不自保天下之望不在袁褚明公豈得默

己坐受夷滅存亡之機仰希熟慮高帝納之高帝欲度廣陵起兵僧真又曰主上雖復狂釁而累代皇基猶固磐石今百口北度何必得俱縱得廣陵城天子居深宮施號令目明公爲逆何以避此如其不勝則應北走竊謂此非萬全策也上曰卿顧家豈能逐我行邪僧真頓首稱無貳昇明元年除員外郎帶東武城令尋除給事中高帝坐東府高樓望石頭城僧真在側上曰諸將勸我誅袁劉我意未願便爾及沈攸之事起從高帝入朝堂石頭反夜高帝遣衆軍掩討宮城中望石頭火光及叫聲甚盛人懷不測僧真謂衆曰叫聲不絕是必官軍所攻火光起者賊不容自燒其城此必官軍勝也尋而啓石頭平上出頓新亭使僧真領千人在帳內初上在領軍府令僧真學上手迹下名至是報答書疏皆付僧真上觀之笑曰我亦不復能別也初上在淮陰修理城得古錫趺九枚下有篆文莫能識者僧真省事獨曰何須辯此文字此自久遠之物錫而有九九錫之徵也高帝曰卿勿妄言及上將拜齊公已剋日有楊祖之謀於臨軒作難僧真請上更選吉辰尋而祖之事覺上曰無卿言亦當致小狼狽此亦何異

呼沲之冰轉齊國中書舍人建元初帶東燕令封新陽縣男轉羽林監遷尚書主客郎太尉中兵參軍兼中書舍人高帝疾甚令僧真典遺詔永明元年丁父喪起爲建威將軍尋除南太山太守又爲舍人僧真容貌言吐雅有士風武帝嘗目送之笑曰人生何必計門戶紀僧真堂堂貴人所不及也諸權要中最被眄遇後除前軍將軍遭母喪開冢得五色兩頭蛇武帝崩僧真號泣思慕明帝以僧真歷朝驅使建武初除游擊將軍兼司農待之如舊欲令僧真臨郡僧真啓進其弟僧猛爲鎮蠻護軍晉熙太守永泰元年除司農卿明帝崩掌山陵事出爲廬陵內史卒于官僧猛後卒於晉熙太守兄弟皆有風姿舉止並善隸書僧猛又能飛白書作飛白賦僧真子交卿甚有解用宋時道人楊法持與高帝有舊元徽末宣傳密謀昇明中以爲僧正建元初罷道爲寧朔將軍封州陵男二年遣法持爲軍主領支軍救援朐山永明四年坐役使將客奪其鮭稟削封卒

劉係宗丹陽人也少便書畫爲宋竟陵王誕子景粹侍書誕舉兵廣陵城內皆

死敕沈慶之赦係宗以爲東宮侍書泰始中爲主書以寒宦累至勳品元徽初爲奉朝請兼中書通事舍人員外郎封始興南亭侯帶秣陵令齊高帝廢蒼梧明旦呼正直舍人虞整醉不能起係宗歡喜奉敕高帝曰今天地重開是卿盡力之日使寫諸處分敕令及四方書疏使主書十人書吏二十人配之事皆稱旨高帝卽位除龍驤將軍建康令永明初爲右軍將軍淮陵太守兼中書通事舍人母喪自解起復本職四年白賊唐寓之起宿衞兵東討遣係宗隨軍慰勞遍至遭賊郡縣百姓被驅逼者悉無所問還復人伍係宗還上曰此段有征無戰以時平蕩百姓安帖甚快也賜係宗錢帛上欲修白下城難於動役係宗啓謫役在東人丁隨寓之爲逆者上從之後車駕出講武上履行白下城曰劉係宗爲國家得此一城永明中魏使書常令係宗題答祕書局皆隸之再爲少府鬱林卽位除寧朔將軍宣城太守係宗久在朝省閑於職事武帝常云學士輩不堪經國唯大讀書耳經國一劉係宗足矣沈約王融數百人於事何用其重吏事如此建武二年卒官

茹法亮吳興武康人也宋大明中出身爲小史歷齋幹扶侍孝武末年鞭罰過度校獵江右選白衣左右百八十人皆面首富室從至南州得鞭者過半法亮憂懼因緣啓出家得爲道人明帝初罷道結事阮佃夫累至齊高帝冠軍府行參軍及武帝鎮盆城須舊驅使人法亮求留爲武帝江州典籤除南臺御史帶松滋令法亮便僻解事善於承奉稍見委信建元初度東宮主書除奉朝請補東宮通事舍人武帝即位仍爲中書通事舍人除員外郎帶南濟陰太守與會稽呂文度臨海呂文顯並以姦佞諂事武帝文度爲外監專制兵權領軍將軍守虛位而已天文寺常以上將星占文度吉凶文度尤見委信上嘗云公卿中有憂國如文度者復何憂天下不寧文度既見委用大納財賄廣開宅宇盛起土山奇禽怪樹皆聚其中後房羅綺王侯不能及又啓上籍被却者悉充遠戍百姓嗟怨或逃亡避咎富陽人唐寓之因此聚黨爲亂鼓行而東乃於錢塘縣僭號以新城戍爲僞宮以錢塘縣爲僞太子宮置百官皆備三吳却籍者奔之衆至三萬竊稱吳國僞年號興平其源始於虞玩之而成於文度事見虞玩之

傳法亮文度並勢傾天下太尉王儉常謂人曰我雖有大位權寄豈及茹公永明二年封望蔡縣男七年除臨淮太守轉竟陵王司徒中兵參軍巴東王子響於荊州殺僚佐上遣軍西上使法亮宣旨安撫子響法亮至江津子響呼法亮疑畏不肯往又求見傳詔法亮又不遣故子響怒遣兵破尹略軍事平法亮至江陵誅賞處分皆稱敕斷決軍還上悔誅子響法亮被責少時親任如舊廣開宅宇杉齋光麗與延昌殿相埒延昌殿武帝中齋也宅後爲魚池釣臺土山樓館長廊將一里竹林花藥之美公家苑囿所不能及鬱林即位除步兵校尉時有綦母珍之居舍人之任凡所論薦事無不允內外要職及郡丞尉皆論價而後施行貨賄交至旬月之間累至千金帝給珍之宅宅邊又有空宅從即併取輒令材官營作不關詔旨材官將軍細作丞相語云寧拒至尊敕不可違舍人命珍之母隨弟欽之作暨陽令欽之罷縣還珍之迎母至湖熟輒將青鷺百人自隨鼓角橫吹都下富人追從者百數欽之自行佐作縣還除廬陵王驃騎正將軍又詐宣敕使欽之領青鷺珍之有一銅鏡背有三公字常語人云徵祥如

此何患三公不至乃就蔣王廟乞願得三公封郡王啓帝求封朝議未許又自
陳曰珍之西州伏事侍從入宮契闊心膂竭盡誠力王融姦謀潛構自非珍之
翼衞扶侍事在不測今惜千戶侯誰爲官使者又有牒自論於朝廷曰當世祖
晏駕之時內外紛擾珍之手抱至尊口行處分忠誠契闊人誰不知今希千戶
侯於分非過乃許三百戶瞋恚形於言色進爲五百戶又不肯受明帝議誅之
乃許封汝南縣有杜文謙者吳郡錢塘人帝爲南郡王文謙侍五經文句歷太
學博士出爲溧陽令未之職會明帝知權蕭諶用事文謙乃謂珍之曰天下事
可知灰盡粉滅匪朝伊夕不早爲計吾徒無類矣珍之曰計將安出答曰先帝
故人多見擯斥今召而使之誰不慷慨近聞王洪軌與趙越常徐僧亮萬靈會
共語皆攘袂搥牀君其密報周奉叔使萬靈會魏僧勔殺蕭諶則宮內之兵皆
我用也卽勒兵入尚書斬蕭令兩都伯力耳其次則遣荊卿豫讓之徒因諮事
左手頓其胸則方寸之刃足以立事亦萬世一時也今舉大事亦死不舉事亦
死二死等耳死社稷可乎若遲疑不斷復少日錄君稱敕賜死父母爲殉在眼

中矣珍之不能用時徐龍駒亦當得封珍之恥與龍駒共詔因求別立事未及行而事敗珍之在西州時有一手板相者云當貴每以此言動帝又圖黃門郎帝嘗問之曰西州時手板何在珍之曰此是黃門手板官何須問帝大笑珍之時爲左將軍南彭城太守領中書通事舍人正直宿宣旨使郎往蔣王廟祈福因收送廷尉與周奉叔杜文謙同死文謙有學行善言吐其父聞其死曰吾所以憂者恐其不得死地耳今以忠義死復何恨哉王經母所以欣王經之義也時人美其言龍駒以奄人本給安陸侯後度東宮爲齋師帝即位以後便倖見寵凡諸鄙黷雜事皆所誘勸位羽林監後閣舍人黃門署令淮陵太守帝爲龍駒置嬪御妓樂常住含章殿著黃綸帽被貂裘南面向桉代帝畫敕內左右侍直與帝不異前代趙忠張讓之徒莫之能比封惠懷縣男事未行明帝請誅之懇至乃見許曹道剛廢帝之日直閤省蕭諶先入若欲論事兵隨後奄進以刀刺之洞胸死因進宮內廢帝直後徐僧亮甚怒大言於衆曰吾等荷恩今日應死報又見殺道剛字景昭彭城人性質直帝雖與之狎而未嘗敢訓帝悅市里

雜事以爲歡樂道剛輒避之益州人韓護善騎馬帝嘗呼入華林園令騎大賞狎之道剛出謂明帝主上猶是小兒左右皆須正人使日見禮則近聞韓護與天子齊馬並馳此道人君於危地道剛欲殺之既而遣人刺殺護及道剛死張融謂劉繪曰道剛似不爲諂亦復不免也答曰夫徑寸之珠非不寶也而蚌之所病云何不療之哉此道剛所以死也明帝卽位高武舊人鮮有存者法亮以主者久事故不見疑位任如故先是延昌殿爲武帝陰室藏諸服御二少帝並居西殿及明帝居東齋開陰室出武帝白紗帽防身刀法亮歔欷流涕永泰元年王敬則事平法亮復受敕宣慰諸郡無所納受東昏卽位出法亮爲大司農中書權利之職法亮不樂去固辭不受既而代人已到法亮垂涕而出卒官

呂文顯臨海人也昇平初爲齊高帝錄尚書省事累遷殿中御史後爲秣陵令封劉陽縣男永明元年爲中書通事舍人文顯臨事以刻覈被知三年帶南清河太守與茹法亮等迭出入爲舍人並見親幸多四方餉遺並造大宅聚山開池時中書舍人四人各住一省世謂之四戶既總重權勢傾天下晉宋舊制宰

人之官以六年爲限近世以六年過久又以三周爲期謂之小滿而還換去來又不依三周之制送故迎新吏人疲於道路四方守宰餉遺一年咸數百萬舍人茹法亮於衆中語人曰何須覓外祿此一戶內年辦百萬蓋約言之也其後玄象失度史官奏宜修祈禳之禮王儉聞之謂上曰天文乖忤此禍由四戶仍奏文顯等專擅愆和極言其事上雖納之而不能改也文顯累遷左中郎將南東莞太守故事府州部內論事皆籤前直敘所論之事後云謹籤日月下又云某官某籤故府州置典籤以典之本五品吏宋初改爲七職宋氏晚運多以幼少皇子爲方鎭時主皆以親近左右領典籤典籤之權稍重大明泰始長王臨蕃素族出鎭莫不皆出內教命刺史不得專其任也宗慤爲豫州吳喜公爲典籤慤刑政所施喜公每多違執慤大怒曰宗慤年將六十爲國竭命政得一州如斗大不能復與典籤共臨喜公稽顙流血乃止自此以後權寄彌隆典籤遞互還都一歲數反時主輒與間言訪以方事刺史行事之美惡係於典籤之口莫不折節推奉恆慮不及於是威行州郡權重蕃君劉道濟柯孟孫等姦慝發

露雖卽顯戮而權任之重不異明帝輔政深知之始制諸州急事宜密有所論不得遣典籤還都而典籤之任輕矣後以文顯守少府見任使歷建武永元之世尚書右丞少府卿卒官

茹法珍會稽人梅蟲兒吳興人齊東昏時並爲制局監俱見愛幸自江祏始安王遙光等誅後及左右應敕捉刀之徒並專國命人間謂之刀敕權奪人主都下爲之語曰欲求貴職依刀敕須得富豪事御刀時又有新蔡人徐世檦尤見寵信自殿內主帥爲直閤驍騎將軍凡諸殺戮皆世檦所勸殺徐孝嗣後封臨汝縣子陳顯達事起加輔國將軍雖用護軍崔慧景爲都督而兵權實在世檦當時權勢傾法珍蟲兒又謂法珍蟲兒曰何世天子無要人但阿儂貨主惡耳法珍等與之爭權遂以白帝帝稍惡其凶強世檦竊欲生心左右徐僧重密知之發其事收得千餘人仗及咒詛文又畫帝十餘形像備爲刑斬刻射支解之狀而自作己像著通天冠袞服題云徐氏皇帝永元二年事發乃族之自是法珍蟲兒並爲外監口稱詔敕中書舍人王晅之與相脣齒專掌文翰其餘二十

餘人皆有勢力崔慧景平後法珍封餘干縣男蟲兒封竟陵縣男崔慧景之平
曲赦都下及南兗州本以宥賊黨而羣凶用事刑辟不依詔書無罪家富者不
論赦令莫不受戮籍其家產與慧景深相關爲盡力而家貧者一無所問始安
顯達時亦已如此至慧景平復然或說王咺之云赦書無信人情大惡咺之曰
政當復有赦耳復赦羣小誅戮亦復如先帝自羣公誅後無復忌憚無日不游
走所有潘妃本姓俞名尼子王敬則妓也或云宋文帝有潘妃在位三十年於
是改姓曰潘其父寶慶亦從改焉帝呼寶慶及法珍爲阿丈蟲兒及東冶營兵
俞靈韻爲阿兄帝與法珍等俱詣寶慶帝躬自汲水助廚人作膳爲市中雜語
以爲諧謔又帝輕騎戎服往諸刀敕家游宴有吉凶輒往慶弔奄人王寶孫年
十三四號爲倀子最有寵參預朝政雖王咺之蟲兒之徒亦下之控制大臣移
易敕詔乃至騎馬入殿詆訶天子公卿見之莫不懾息其佐成昏亂者法珍蟲
兒及王咺之俞寶慶俞靈韻祝靈勇范亮之徐僧重時崇濟芮安泰劉文泰呂
文慶胡耀光繆買養章道之楊敬子李粲之周管之范曇濟石曇悅張惡奴王

勝公王懷藻梅師濟鄒伯兒史元益王靈範席休文解滂及太史令駱文叔大巫朱光尚凡三十一人又有奄官王寶孫王法昭許朗之許伯孫方佛念馬僧猛盛劭王竺兒隨要袁係世等十人梁武平建鄴皆誅又朱興光爲茹法珍所疾得罪被繫豐勇之與王珍國相知行殺皆免初左右刀敕之徒悉號爲鬼宮中訛云趙鬼食鴨劚諸鬼盡著調當時莫解梁武平建鄴東昏死羣小一時誅滅故稱爲諸鬼也俗間以細剉肉糅以薑桂曰劚意者以凶黨皆當細剉而烹之也

周石珍建康之廝隸也世以販絹爲業梁天監中稍遷至宣傳左右身長七尺頗閑應對後遂至制局監帶開陽令歷位直閤將軍太清三年封南豐縣侯猶領制局臺城未陷已射書與侯景相結門初開石珍猶侍左右時賊遣其徒入直殿內或驅驢馬出入殿庭武帝方坐文德殿怪問之石珍曰皆丞相甲士上曰何物丞相對曰侯丞相上怒叱之曰是名侯景何謂丞相石珍求媚於賊乃養其黨田遷以爲己子遷亦父事之景簒位制度羽儀皆石珍自出景平後及

中書舍人嚴亶等送于江陵亶本爲齋監居臺省積久多閑故實在賊居要亞於石珍及簡文建立亶學北人著靴上殿無肅恭之禮有怪之者亶曰吾豈畏劉禪乎從景圍巴陵郡呌曰荆州那不送降及至江陵將刑于市泣謂石珍曰吾等死亦是罪盈石珍與其子昇相抱哭亶謂監刑人曰倩語湘東王不有廢也君何以與俱要斬自是更殺賊黨以板柙舌釘釘之不復得語

陸驗徐驎並吳郡吳人驗少而貧苦落魄無行邑人郁吉卿者甚富驗傾身事之吉卿貸以錢米驗借以商販遂致千金因出都下散貲以事權貴朱异其邑子也故嘗有德遂言於武帝拔之與徐驎兩人遞爲少府丞大市令驗本無藝業而容貌特醜先是外國獻生犀其形甚陋故閭里咸謂驗爲生犀驗驎並以苛刻爲務百賈畏之异尤與之昵世人謂之三蠹司農卿傅岐梗直士也嘗謂异曰卿任參國鈞榮寵如此比日所聞鄙穢狼藉若使聖主發悟欲免得乎异曰外間謗讟知之久矣心苟無媿何卹人言岐謂人曰朱彥和將死矣恃諂以求容肆辯以拒諫聞難而不懼知惡而不改天奪其鑒其能久乎驗竟以侵削

爲能數年遂登列棘鳴珮珥貂並肩英彥仕至太子右衞率卒贈右衞將軍遠近聞其死莫不快之驎素爲邵陵王綸所憾太清二年爲綸所殺

司馬申字季和河內溫人也祖慧遠梁都水使者父玄通梁尚書左戶郎申早有風鑒十四便善弈棋嘗隨父候吏部尚書到溉時梁州刺史陰子春領軍朱异在焉呼與棋申每有妙思异觀而奇之因引申游處太清之難父母俱沒因此自誓擔土菜食終身梁元帝承制累遷鎭西外兵記室參軍及侯景寇郢州申隨都督王僧辯據巴陵每進策皆見行用僧辯歎曰此生要鞭汗馬或非所長若使撫衆守城必有奇績僧辯之討陸納也于時賊衆奄至左右披靡申躬蔽僧辯蒙楯而前會裴之横救至賊乃退僧辯顧而笑曰仁者必有勇豈虛言哉陳太建中除秣陵令在職以清能見紀有白雀集于縣庭復爲東宮通事舍人叔陵之肆逆也事既不捷出據東府申馳召右衞將軍蕭摩訶帥兵先至追斬之後主深嘉焉以功除太子左衞率封文始縣伯兼中書通事舍人遷右衞將軍歷事三帝內掌機密頗作威福性忍害好飛書以譖毀朝之端士遍罹其

殃參預謀謨乃於外宣說以爲己力省中祕事往往泄漏性又果敢善應對能
候人主顏色有忤己者必有微言譖之附己者因機進之是以朝廷內外皆從
風靡初尚書右僕射沈君理卒朝廷議以毛喜代之申慮喜預政乃短喜於後
主曰喜臣之妻兄高帝時稱陛下有酒德請逐去宮臣陛下寧忘之邪喜由是
廢錮又與施文慶李脫兒比周譖殺傅縡奪任忠部曲以配蔡徵孔範是以文
武解體至於覆滅申嘗晝寢於尚書下省有烏啄其口流血及地時論以爲譖
賢之效也後加散騎常侍右衛舍人如故至德四年卒後主嗟悼久之贈侍中
護軍將軍進爵爲侯諡曰忠及葬後主自爲製誌銘子琇嗣官至太子舍人
施文慶不知何許人也家本吏門至文慶好學頗涉書史陳後主之在東宮文
慶事焉及即位擢爲中書舍人仍屬叔陵作亂隋師臨境軍國事務多起倉卒
文慶聰敏強記明閑吏職心算口占應時條理由是大被親幸又自太建以來
吏道疏簡百司弛縱文慶盡其力用無所縱捨分官聯事莫不振懼又引沈客
卿陽惠朗徐哲暨惠景等云有吏能後主信之然並不達大體督責苛碎聚斂

無厭王公大人咸共疾之後主益以文慶爲能尤更親重內外衆事無不任委
累遷太子左衞率舍人如故禎明三年湘州刺史晉熙王叔文在職既久大得
人和後主以其據有上流陰忌之自度素與羣臣少恩恐不爲用無所任者乃
擢文慶爲都督湘州刺史配以精兵欲令西上仍徵叔文還朝文慶深喜其事
然懼居外後執事者持己短長因進其黨沈客卿以自代未發間二人共掌機
密時隋軍大舉分道而進尚書僕射袁憲驃騎將軍蕭摩訶及文武羣臣共議
請於京口採石各置兵五千幷出金翅二百緣江上下以爲防備文慶恐無兵
從己廢其述職而客卿又利文慶之任己得專權俱言於朝曰必有論議不假
面陳但作文啓即爲通奏憲等以爲然二人齎啓入白後主曰此是常事邊城
將帥足以當之若出人船必恐驚擾及隋軍臨江閒諜驟至憲等慇懃奏請至
于再三文慶等曰元會將逼南郊之日太子多從今若出兵事便廢闕後主曰
今且出兵若北邊無事因以水軍從郊何爲不可又對曰如此則聲聞鄰境便
謂國弱後又以貨動江總總內爲之游說後主重違其意而迫羣官之請乃令

付外詳議又抑憲等由是未決而隋師濟江後主性怯懦不達軍事晝夜啼泣臺內處分一以委之文慶既知諸將疾己恐其有功乃奏曰此等怏怏素不服官迫此事機那可專信凡有所啓請經略之計並皆不行尋敕文慶領兵頓于樂游苑陳亡隋晉王廣以文慶受委不忠曲爲諂佞以蔽耳目比黨數人並於石闕前斬之以謝百姓

沈客卿吳興武康人也美風采善談論博涉羣書與施文慶少相親昵仕陳累遷至尚書儀曹郎聰明有口辯頗知故事每朝廷體式吉凶儀注凡所疑議客卿斟酌裁斷理雖有不經而衆莫能屈事多施行至德初以爲中書舍人兼步兵校尉掌金帛局以舊制軍人士人二品清官並無關市之稅後主盛修宮室窮極耳目府庫空虛有所興造恆苦不給客卿每立異端唯以刻削百姓爲事奏請不問士庶並責關市之估而又增重其舊於是以陽惠朗爲太市令暨慧景爲尚書金倉都令史二人家本小吏考校簿領毫釐不差紏謫嚴急百姓嗟怨而客卿居舍人總以督之每歲所入過於常格數十倍後主大悅尋加客卿

散騎常侍左衞將軍舍人如故惠朗慧景奉朝請禎明三年客卿遂與文慶俱
掌機密隋師至文慶出頓樂游苑內外事客卿總焉臺城失守隋晉王以客卿
重賦厚斂以悅於上與文慶暨慧景陽惠朗等俱斬於石闕前徐哲不知何許
人施文慶引爲制局監掌刑法亦與客卿同誅
孔範字法言會稽山陰人也曾祖景偉齊散騎常侍祖滔梁海鹽令父岱歷職
清顯範少好學博涉書史陳太建中位宣惠江夏王長史後主即位爲都官尚
書與江總等並爲狎客範容止都雅文章贍麗又善五言詩尤見親愛後主性
愚佷惡聞過失每有惡事範必曲爲文飾稱揚贊美時孔貴人絕愛幸範與孔
氏結爲兄妹寵遇優渥言聽計從朝廷公卿咸畏範因驕矜以爲文武才能舉
朝莫及從容白後主曰外間諸將起自行伍匹夫敵耳深見遠慮豈其所知後
主以問施文慶文慶畏範益以爲然自是將帥微有過失即奪其兵分配文吏
隋師將濟江羣官請爲備防文慶沮壞之後主未決範奏曰長江天塹古來限
隔虜軍豈能飛度邊將欲作功勞妄言事急臣自恨位卑虜若能來定作太尉

公矣或妄言北軍馬死範曰此是我馬何因死去後主笑以爲然故不深備尋
而隋將賀若弼陷南徐州執城主莊元始韓擒虎陷南豫州敗水軍都督高文
泰與中領軍魯廣達頓于白塔寺後主多出金帛募人立功範素於武士不接
莫有至者唯負販輕薄多從之高麗百濟崐崘諸夷並受督時任蠻奴請不戰
而己度江攻其大軍又司馬消難言於後主曰弼若登高舉烽與韓擒虎相應
鼓聲交震人情必離請急遣兵北據蔣山南斷淮水質其妻子重其賞賜陛下
以精兵萬人守城莫出不過十日食盡二將之頭可致闕下範冀欲立功志在
於戰乃曰司馬消難狠子野心任蠻奴淮南傖士語並不可信事遂不行隋軍
既逼蠻奴又欲爲持久計範又奏請作一決當爲官勒石燕然後主從之明日
範以其徒居中以抗隋師未陣而北範脫身遁免尋與後主俱入長安初晉王
廣所戮陳五佞人範與散騎常侍王瑳王儀御史中丞沈瓘過惡未彰故免及
至長安事並露隋文帝以其姦佞詔惑並暴其過惡名爲四罪人流之遠裔以
謝吳越之人瑳儀並琅邪人瑳刻薄貪鄙忌害才能儀候意承顏傾巧側媚又

獻其二女以求親昵璀險慘苛酷發言邪諂故同罪焉

論曰自宋中世以來宰御朝政萬機碎密不關外司尚書八坐五曹各有恆任卿以九卿六府事存副職至於冠冕搢紳仕疏人貴伏奏之務既寢趨走之勞亦息關宣所寄屬當事有所歸通驛內外切自音旨若夫竭忠盡節仕子恆圖隨方致用明君盛典舊非本舊因新以成舊者也狎非先狎因疏以成狎者也而任隔情疏殊塗一致權歸近狎異世同揆故環纓斂笏俯仰晨昏瞻幄坐而竦躬陪蘭檻而高眄探求恩色習覩威顏遷蘭變鮑久而彌信因城社之固執開壅之機長主君世振裘持領賞罰事殷能不踰漏宮省咳唾義必先知故窺盈縮於望景獲驪珠於龍睡坐歸聲勢臥震都鄙賄貺日積苞苴歲通富擬公侯威行州郡制局小司專典兵力雲陛天居亘設蘭錡羽林精卒重屯廣衞至於元戎啓轍武候還麾遮迾清道神行按蹕督察往來馳騖輦轂驅役分部親承几桉領護所攝示總成規若徵兵動衆大興人役優劇遠近斷於外監之心譴辱詆訶恣於典事之口抑符緩詔姦僞非一書死為生請謁成市左臂揮金

右手刊字紙爲銅落筆由利染故門同王署家號金穴嬙媛侍女燕秦蔡鄭之
聲璇池碧沼魚龍雀馬之翫莫不充牣錦室照徹青雲害政傷人於斯爲切況
乎主幼時昏讒慝亦何可勝也

南史卷七十七

南史卷七十七考證

戴法興傳使家人謹錄鑰牡○鑰監本訛籥今改從閣本

徐爰傳上表起元義熙爲王業之始○王業一本作三乘

紀僧真傳歷至高帝冠軍府參軍主簿○冠監本訛尉今改正

人生何必計門戶紀僧真堂堂貴人所不及也○堂堂一本作常常

茹法亮傳珍之迎母至湖熟輒將青氅百人自隨○氅一本作氅

茹法珍傳帝呼寶慶及法珍爲阿丈蟲兒及東治營兵俞靈韻爲阿兄○治各本俱訛治今從齊書劉休傳改正

孔範傳曾祖景偉齊散騎常侍○監本缺曾字今增入

南史卷七十七考證

南史卷七十八

唐　李延壽　撰

列傳第六十八

夷貊上

海南諸國　西南夷

海南諸國大抵在交州南及西南大海洲上相去或四五千里遠者二三萬里其西與西域諸國接漢元鼎中遣伏波將軍路博德開百越置日南郡其徼外諸國自武帝以來皆朝貢後漢桓帝世大秦天竺皆由此道遣使貢獻及吳孫權時遣宣化從事朱應中郎康泰通焉其所經過及傳聞則有百數十國因立記傳晉代通中國者蓋鮮故不載史官及宋齊至梁其奉正朔脩貢職航海往往至矣今采其風俗粗著者列爲海南云

林邑國本漢日南郡象林縣古越裳界也伏波將軍馬援開南境置此縣其地從廣可六百里城去海百二十里去日南南界四百餘里北接九德郡其南界

水步道二百餘里有西國夷亦稱王馬援所植二銅柱表漢家界處也其國有
金山石皆赤色其中生金金夜則出飛狀如螢火又出瑇瑁貝齒古貝沉木香
古貝者樹名也其華成時如鵝毳抽其緒紡之以作布布與紵布不殊亦染成
五色織爲斑布沉木香者土人斫斷積以歲年朽爛而心節獨在置水中則沉
故名曰沉香次浮者棧香漢末大亂功曹區連殺縣令自立爲王數世其後王
無嗣外甥范熊代立死子逸嗣晉成帝咸康三年逸死奴文篡立文本日南西
卷縣夷帥范稚家奴嘗牧牛於山澗得鱧魚二化而爲鐵因以鑄刀刀成文向
石咒曰若斫石破者文當王此國因斫石如斷芻藁文心異之范稚嘗使之商
賈至林邑因教林邑王作宮室及兵車器械王寵任之後乃讒言諸子各奔餘
國及王死無嗣文僞於隣國迓王子置毒於漿中殺之遂脅國人自立時交州
刺史姜莊使所親韓戢謝稚前後監日南郡並貪殘諸國患之穆帝永和三年
臺遣夏侯覽爲太守侵刻尤甚林邑素無田土貪日南地肥沃常欲略有之至
是因人之怨襲殺覽以其屍祭天留日南三年乃還林邑交州刺史朱藩後遣

督護劉雄戍日南文復滅之進寇九德郡害吏人遣使告藩願以日南北境横
山爲界藩不許文歸林邑尋復屯日南文死子佛立猶屯日南征西將軍桓溫
遣督護滕畯九真太守灌邃討之追至林邑佛乃請降安帝隆安三年佛孫須
達復寇日南九德諸郡無歲不至殺傷甚多交州遂致虛弱須達死子敵真立
其弟敵鎧攜母出奔敵真追恨不能容其母弟捨國而之天竺禪位於其甥國
相藏驎固諫不從其甥立而殺藏驎藏驎子又攻殺之而立敵鎧同母異父弟
曰文敵文敵復爲扶南王子當根純所殺大臣范諸農平其亂自立爲王諸農
死子陽邁立陽邁初在孕其母夢生兒有人以金席藉之其色光麗夷人謂金
之精者爲陽邁若中國云紫磨者因以爲名宋永初二年遣使貢獻以陽邁爲
林邑王陽邁死子咄立慕其父復曰陽邁其國俗居處爲閣名曰干闌門戶皆
北向書樹葉爲紙男女皆以横幅古貝繞腰以下謂之干漫亦曰都漫穿耳貫
小環貴者著革屣賤者跣行自林邑扶南以南諸國皆然也其王者著法服加
瓔珞如佛像之飾出則乘象吹螺擊鼓罩古貝繖以古貝爲幡旗國不設刑法

有罪者使象蹋殺之其大姓號婆羅門嫁娶必用八月女先求男由賤男而貴
女同姓還相婚姻使婆羅門引壻見婦握手相付咒曰吉利吉利爲成禮死者
焚之中野謂之火葬其寡婦孤居散髮至老國王事尼乾道鑄金銀人像大十
圍元嘉初陽邁侵暴日南九德諸郡交州刺史杜弘文建牙欲討之聞有代乃
止八年又寇九德郡入四會浦口交州刺史阮彌之遣隊主相道生帥兵赴討
攻區粟城不剋乃還十二年十五年十六年十八年每遣使貢獻獻亦陋薄而
寇盜不已文帝忿其違慠二十三年使交州刺史檀和之振武將軍宗慤伐之
和之遣司馬蕭景憲爲前鋒陽邁聞之懼欲輸金一萬斤銀十萬斤銅三十萬
斤還所略日南戶其大臣𣑯僧達諫止之乃遣大帥范扶龍戍其北界區粟城
景憲攻城剋之乘勝即剋林邑陽邁父子並挺身逃奔獲其珍異皆是未名之
寶又銷其金人得黃金數十萬斤和之高平金鄉人檀憑之子也以功封雲杜
縣子孝建三年爲南兗州刺史坐酣飲黷貨迎獄中女子入內免官禁錮後病
死見胡神爲祟追贈左將軍謚曰襄子孝武孝建二年林邑又遣長史范龍跋

奉使貢獻除龍跋揚武將軍大明二年林邑王范神成又遣長史范流奉表獻金銀器香布諸物明帝泰豫元年又遣使獻方物齊永明中范文贊累遣使貢獻梁天監九年文贊子天凱奉獻白猴詔加持節督緣海諸軍事威南將軍林邑王死子弼毳跋摩立奉表貢獻普通七年王高戍勝鎧遣使獻方物詔以爲持節督緣海諸軍事綏南將軍林邑王大通元年又遣使貢獻大通二年行林邑王高戍律陁羅跋摩遣使貢獻詔以爲持節督緣海諸軍事綏南將軍林邑王六年又遣使獻方物廣州諸山並狸獠種類繁熾前後屢爲侵暴歷世患之宋孝武大明中合浦大帥陳檀歸順拜龍驤將軍檀乞官軍征討未附乃以檀爲高興太守遣前朱提太守費沈龍驤將軍武期南伐并通朱崖道並無功輒殺檀而反沈下獄死

扶南國日南郡之南海西大灣中去日南可七千里在林邑西南三千餘里城去海五百里有大江廣十里從西流東入海其國廣輪三千餘里土地洿下而平博氣候風俗大較與林邑同出金銀銅錫沉木香象犀孔翠五色鸚鵡其南

界三千餘里有頓遜國在海崎上地方千里城去海十里有五王並羈屬扶南頓遜之東界通交州諸賈人其西界接天竺安息徼外諸國往還交易其市東西交會日有萬餘人珍物寶貨無不有又有酒樹似安石榴采其花汁停甕中數日成酒頓遜之外大海洲中又有毗騫國去扶南八千里傳其王身長丈二頭長三尺自古不死莫知其年王神聖國中人善惡及將來事王皆知之是以無敢欺者南方號曰長頸王國俗有室屋衣服噉粳米其人言語小異扶南有山出金金露生石上無央限也國法刑人並於王前噉其肉國內不受估客有往者亦殺而噉之是以商旅不敢至王常樓居不血食不事鬼神其子孫生死如常人唯王不死扶南王數使與書相報答常遺扶南王純金五十人食器形如圓盤又如瓦塸名爲多羅受五升又如椀者受一升王亦能作天竺書書可三千言說其宿命所由與佛經相似並論善事又傳扶南東界卽大漲海海中有大洲洲上有諸薄國國東有馬五洲復東行漲海千餘里至自然大洲其上有樹生火中洲左近人剝取其皮紡績作布以爲手巾與蕉麻無異而色微青

黑若小垢洿則投火中復更精絜或作燈炷用之不知盡扶南國俗本粿文身被髮不製衣裳以女人爲王號曰柳葉年少壯健有似男子其南有激國有事鬼神者字混填夢神賜之弓乘賈人舶入海混填晨起卽詣廟於神樹下得弓便依夢乘舶入海遂至扶南外邑柳葉人衆見舶至欲劫取之混填卽張弓射其舶穿度一面矢及侍者柳葉大懼舉衆降混填填乃教柳葉穿布貫頭形不復露遂君其國納柳葉爲妻生子分王七邑其後王混盤況以詐力間諸邑令相疑阻因舉兵攻併之乃選子孫中分居諸邑號曰小王盤況年九十餘乃死立中子盤盤以國事委其大將范蔓盤盤立三年死國人共舉蔓爲王蔓勇健有權略復以兵威攻伐旁國咸服屬之自號扶南大王乃作大船窮漲海開國十餘闢地五六千里次當伐金鄰國蔓遇疾遣太子金生代行蔓姉子旃因篡蔓自立遣人詐金生而殺之蔓死時有乳下兒名長在人間至年二十乃結國中壯士襲殺旃旃大將范尋又攻殺長而代立更繕國內起觀閣遊戲之朝旦中晡三四見客百姓以蕉蔗龜鳥爲禮國法無牢獄有訟者先齋三日乃燒斧

極赤令訟者捧行七步又以金鐶鷄卵投沸湯中令探取之若無實者手即爛有理者則不又於城溝中養鰐魚門外圈猛獸有罪者輒以餧猛獸及鰐魚魚獸不食爲無罪三日乃放之鰐大者長三丈餘狀似鼉有四足喙長六七尺兩邊有齒利如刀劍常食魚遇得麞鹿及人亦噉之蒼梧以南及外國皆有之吳時遣中郎康泰宣化從事朱應使於尋國國人猶裸唯婦人著貫頭泰應謂曰國中實佳但人褻露可怪耳尋始令國內男子著橫幅橫幅今于漫也大家乃截錦爲之貧者乃用布晉武帝太康中尋始遣使貢獻穆帝升平元年王竺旃檀奉表獻馴象詔以勞費停之其後王憍陳如本天竺婆羅門也有神語曰應王扶南憍陳如心悅南至盤盤扶南人聞之舉國欣戴迎而立焉復改制度用天竺法憍陳如死後王持梨陁跋摩宋文帝元嘉十一年十二年十五年奉表獻方物齊永明中王憍陳如闍耶跋摩遣使貢獻梁天監二年跋摩復遣使送珊瑚佛像幷獻方物詔授安南將軍扶南王其國人皆醜黑拳髮所居不穿井數十家共一池引汲之俗事天神天神以銅爲像二面者四手四面者八手手

各有所持或小兒或鳥獸或日月其王出入乘象嬪侍亦然王坐則偏踞翹膝垂左膝至地以白疊敷前設金盆香爐於其上國俗居喪則剃除鬚髮死者有四葬水葬則投之江流火葬則焚爲灰燼土葬則瘞埋之鳥葬則棄之中野人性貪吝無禮義男女恣其奔隨十年十三年跋摩累遣使貢獻其年死庶子留陁跋摩殺其嫡弟自立十六年遣使竺當抱老奉表貢獻十八年復遣使送天竺旃檀瑞像婆羅樹葉幷獻火齊珠鬱金蘇合等香普通元年中大通二年大同元年累遣使獻方物五年復遣使獻生犀又言其國有佛髮長一丈二尺詔遣沙門釋曇寶隨使往迎之先是三年八月武帝改造阿育王佛塔出舊塔下舍利及佛爪髮髮青紺色衆僧以手伸之隨手長短放之則旋屈爲蠡形按僧伽經云佛髮青而細猶如藕莖絲佛三昧經云我昔在宮沐頭以尺量髮長一丈二尺放已右旋還成蠡文則與帝所得同也阿育王卽鐵輪王王閻浮提一天下佛滅度後一日一夜役鬼神造八萬四千塔此卽其一吳時有尼居其地爲小精舍孫綝尋毀除之塔亦同滅吳平後諸道人復於舊處建立焉晉元帝

初度江更修飾之至簡文咸安中使沙門安法程造小塔未及成而亡弟子僧
顯繼而修立至孝武太元九年上金相輪及承露其後有西河離石縣胡人劉
薩何遇疾暴亡而心猶暖其家未敢便殯經七日更蘇說云有兩吏見錄向西
北行不測遠近至十八地獄隨報重輕受諸楚毒觀世音語云汝緣未盡若得
活可作沙門洛下齊城丹陽會稽並有阿育王塔可往禮拜乃若壽終則不墮
地獄語竟如墜高巖忽然醒寤因此出家名慧達遊行禮塔次至丹陽未知塔
處及登越城四望見長干里有異氣因就禮拜果是先阿育王塔所屢放光明
由是定知必有舍利乃集衆就掘入一丈得三石碑並長六尺中一碑有鐵函
函中有銀函函中又有金函盛三舍利及髮爪各一枚髮長數尺即還舍利近
北對簡文所造塔西造一層塔十六年又使沙門僧尚加爲三層即是武帝所
開者也初穿土四尺得龍窟及昔人所捨金銀環釧釵鑷等諸雜寶物可深九
尺許至石磉磉下有石函函內有鐵壺以盛銀坩坩內有金鏤罌盛三舍利如
粟粒大圓正光潔函內有琉璃椀椀內得四舍利及髮爪爪有四枚並爲沉香

色至其月二十七日帝又到寺禮拜設無礙大會大赦是日以金鉢盛水泛舍
利其最小者隱不出帝禮數十拜舍利乃於鉢內放光旋回久之乃當中而止
帝問大僧正慧念曰見不可思議事不慧念答曰法身常住湛然不動帝曰弟
子欲請一舍利還臺供養至九月五日又於寺設無礙大會遣皇太子王侯朝
貴等奉迎是日風景明淨傾都觀屬所設金銀供具等物並留寺供養幷施錢
一千萬爲寺基業至四年九月十五日帝又至寺設無礙大會竪二剎各以金
甖次玉甖重盛舍利及爪髮內七寶塔內又以石函盛寶塔分入兩剎剎下及
王侯妃主百姓富室所捨金銀環釧等珍寶充積十一年十一月二日寺僧又
請帝於寺發般若經題爾夕二塔俱放光明敕鎮東邵陵王綸製寺大功德碑
文先是二年改造會稽鄮縣塔開舊塔中出舍利遣光宅寺釋敬脫等四僧及
舍人孫照暫迎還臺帝禮拜竟即送還縣入新塔下此縣塔亦是劉薩何所得
也晉咸和中丹楊尹高悝行至張侯橋見浦中五色光長數尺不知何怪乃令
人於光處得金像無有光趺悝乃下車載像還至長干巷首牛不肯進悝乃令

馭人任牛所之牛徑牽至寺悝因留像付寺僧每至夜中常放光明又聞空中有金石之響經一歲臨海漁人張係世於海口忽見有銅花趺浮出取送縣縣人以送臺乃施像足宛然合會簡文咸安元年交州合浦人董宗之採珠沒水底得佛光燄交州送臺以施於像又合焉自咸和中得像至咸安初歷三十餘年光趺始具初高悝得像後有西域胡僧五人來詣悝曰昔於天竺得阿育王造像來至鄴下逢胡亂埋於河邊今尋覓失所五人嘗一夜俱夢見像曰已出江東爲高悝所得悝乃送此五僧至寺見像歔欷涕泣像便放光照燭殿宇又瓦官寺慧邃欲摸寫像形寺主僧尙慮損金色謂邃曰若能令像放光回身西向乃可相許慧邃便懇拜請其夜像卽轉坐放光回身西向明旦便許摸之像趺先有外國書莫有識者後有三藏那跋摩識之云是阿育王爲第四女所造也及大同中出舊塔舍利敕市寺側數百家宅地以廣寺域造諸堂殿幷瑞像周回閣等窮於輪奐焉其圖諸經變並吳人張繇運手繇丹青之工一時冠絕西南夷訶羅陁國宋元嘉七年遣使奉表曰伏承聖主信重三寶興立塔寺周

滿世界今故遣使一人表此微心

呵羅單國都闍婆洲元嘉七年遣使獻金剛指環赤鸚鵡鳥天竺國白疊古貝葉波國古貝等物十年呵羅單國王毗沙跋摩奉表曰常勝天子陛下諸佛世尊常樂安隱三達六通爲世間導是名如來是故至誠五體敬禮其後爲子所篡奪十三年又上表二十六年文帝詔曰呵羅單婆皇婆達三國頻越遐海款化納貢遠誠宜甄可並加除授乃遣使策命之二十九年又遣長史婆和沙彌獻方物

婆皇國元嘉二十六年國王舍利婆羅跋摩遣使獻方物四十一種文帝策命之爲婆皇國王二十八年復遣使貢獻孝武孝建三年又遣長史竺那婆智奉表獻方物以那婆智爲振威將軍大明三年獻赤白鸚鵡大明八年明帝泰始二年又遣使貢獻明帝以其長史竺須羅遠前長史振威將軍竺那婆智並爲龍驤將軍

婆達國元嘉二十六年國王舍利不陵伽跋摩遣使獻方物文帝策命之爲婆

達國王二十六年二十八年復遣使獻方物
闍婆達國元嘉十二年國王師黎婆達呵陁羅跋摩遣使奉表曰宋國大主大
吉天子足下教化一切種智安隱天人師降伏四魔成等正覺轉尊法輪度脫
衆生我雖在遠亦霑靈潤
槃槃國元嘉孝建大明中並遣使貢獻梁中大通元年四年其王使使奉表累
送佛牙及畫塔幷獻沉檀等香數十種六年八月復遣使送菩提國舍利及畫
塔圖幷菩提樹葉詹糖等香
丹丹國中大通二年其王遣使奉表送牙像及畫塔二軀幷獻火齊珠古貝雜
香藥大同元年復遣使獻金銀琉璃雜寶香藥等物
干陁利國在海南洲上其俗與林邑扶南略同出斑布古貝檳榔檳榔特精好
爲諸國之極宋孝武世王釋婆羅那鄰陁遣長史竺留陁獻金銀寶器梁天監
元年其王瞿曇修跋陁羅以四月八日夢一僧謂曰中國今有聖主十年之後
佛法大興汝若遣使貢奉禮敬則土地豐樂商旅百倍若不信我則境土不得

自安初未之信既而又夢此僧曰汝若不信我當與汝往觀乃於夢中至中國拜覲天子既覺心異之陁羅本工畫乃寫夢中所見武帝容質飾以丹青仍遣使幷畫工奉表獻玉盤等物使人既至摸寫帝形以還其國比本畫則符同焉因盛以寶函日加敬禮後跋陁死子毗針邪跋摩立十七年遣長史毗員跋摩奉表獻金芙蓉雜香藥等普通元年復遣使獻方物

狼牙修國在南海中其界東西三十日行南北二十日行北去廣州二萬四千里土氣物產與扶南略同偏多棧沉婆律香等其俗男女皆袒而被髮以古貝爲干漫其王及貴臣乃加雲霞布覆胛以金繩爲絡帶金環貫耳女子則布以瓔珞繞身其國累磚爲城重門樓閣王出乘象有幡旄旗鼓罩白蓋兵衞甚嚴國人說立國以來四百餘年後嗣衰弱王族有賢者國人歸向之王聞乃加囚執其鎖無故自斷王以爲神因不敢害乃逐出境遂奔天竺天竺妻以長女俄而狼牙王死大臣迎還爲王二十餘年死子婆伽達多立天監十四年遣使阿撤多奉表

婆利國在廣州東南海中洲上去廣州二月日行國界東西五十日行南北二十日行有一百三十六聚土氣暑熱如中國之盛夏穀一歲再熟草木常榮海出文螺紫貝有石名玣貝羅初采之柔軟及刻削爲物暴乾之遂大硬其國人披古貝如帊及爲都縵王乃用斑絲者以瓔珞繞身頭著金冠高尺餘形如弁綴以七寶之飾帶金裝劍偏坐金高坐以銀蹬支足侍女皆爲金花雜寶之飾或持白毦拂及孔雀扇王出以象駕輿輿以雜香爲之上施羽蓋珠簾其導從吹螺擊鼓王姓憍陳如自古未通中國問其先及年數不能記自言白淨王夫人卽其國女天監十六年遣使奉表獻金席等普通三年其王頻伽復遣使珠智獻白鸚鵡青蟲兜鍪琉璃器古貝螺杯雜香藥等數十種

中天竺國在大月支東南數千里地方三萬里一名身毒漢世張騫使大夏見邛竹杖蜀布國人云市之身毒卽天竺也從月支高附西南至西海東至盤越列國數十每國置王其名雖異皆身毒也漢時羈屬月支其俗土著與月支同而卑濕暑熱人畏戰弱於月支國臨大江名新陶源出崐崙分爲五江總名恆

水其水甘美下有真鹽色正白如水精土出犀象貂鼠瑇瑁火齊金銀銅鐵金縷織成金罽細靡白疊好裘毾氈火齊狀如雲母色如紫金有光曜別之則蟬翼積之則如紗縠之重沓也西與大秦安息交市海中多大秦珍物珊瑚琥珀金碧珠璣琅玕鬱金蘇合蘇合是諸香汁煎之非自然一物也又云大秦人采蘇合先笮其汁以爲香膏乃賣其滓與諸國賈人是以展轉來達中國不大香也鬱金獨出罽賓國華色正黃而細與芙蓉華裏被蓮者相似國人先取以上佛寺積日槁乃糞去之賈人以轉賣與他國也漢桓帝延熹九年大秦王安敦遣使自日南徼外來獻漢世唯一通焉其國人行賈往往至扶南日南交阯其南徼諸國人少有到大秦者孫權黃武五年有大秦賈人字秦論來到交阯太守吳邈遣送詣權權問論方土風俗論具以事對時諸葛恪討丹陽獲黝歙短人論見之曰大秦希見此人權以男女各十人差吏會稽劉咸送論咸於道物故乃徑還本國也漢和帝時天竺數遣使貢獻後西域反叛遂絕至桓帝延熹三年四年頻從日南徼外來獻魏晉世絕不復通唯吳時扶南王范旃遣親人

蘇勿使其國從扶南發投拘利口循海大灣中正西北入歷灣邊數國可一年餘到天竺江口逆水行七千里乃至焉天竺王驚曰海濱極遠猶有此人乎即令觀視國內仍差陳宋等二人以月支馬四疋報旃勿積四年方至其時吳遣中郎康泰使扶南及見陳宋等具問天竺土俗云佛道所興國也人敦厖土饒沃其王號茂論所都城郭水泉分流繞于渠壍下注大江其宮殿皆雕文鏤刻街曲市里屋舍樓觀鍾鼓音樂服飾香華水陸通流百賈交會器玩珍瑋恣心所欲左右嘉維舍衛葉波等十六大國去天竺或二三千里共尊奉之以爲在天地之中天監初其王屈多遣長史竺羅達奉表獻琉璃唾壺雜香古貝等物

天竺迦毗黎國元嘉五年國王月愛遣使奉表獻金剛指環摩勒金環諸寶物赤白鸚鵡各一頭明帝泰始二年又遣貢獻以其使主竺扶大竺阿珍並爲建威將軍元嘉十八年蘇摩黎國王那羅跋摩遣使獻方物孝武孝建二年斤陁利國王釋婆羅那隣陁遣長史竺留陁及多獻金銀寶器後廢帝元徽元年婆黎國遣使貢獻凡此諸國皆事佛道佛道自後漢明帝法始東流自此以來其

教稍廣别爲一家之學元嘉十二年丹陽尹蕭摹之奏曰佛化被于中國已歷四代而自頃以來更以奢競爲重請自今以後有欲鑄銅像者悉詣臺自聞興造塔寺精舍皆先列言須許報然後就功詔可又沙汰沙門罷道者數百人孝武大明二年有曇標道人與羌人高闍謀反上因是下詔所在精加沙汰後有違犯嚴其誅坐於是設諸條禁自非戒行精苦並使還俗而諸寺尼出入宮掖交關妃后此制竟不能行先是晉世庾冰始創議欲使沙門敬王者後桓玄復述其義並不果行大明六年孝武使有司奏沙門接見皆盡敬詔可前廢帝初復舊孝武寵姬殷貴妃薨爲之立寺貴妃子子鸞封新安王故以新安爲寺號前廢帝殺子鸞乃毀廢新安寺驅斥僧徒尋又毀中興天寶諸寺明帝定亂下令修復宋世名僧有道生道人彭城人父爲廣戚令道生爲沙門法大弟子幼而聰悟年十五便能講經及長有異解立頓悟義時人推服元嘉十一年卒於廬山沙門慧琳爲之誄慧琳者秦郡秦縣人姓劉氏少出家住冶城寺有才章兼內外之學爲廬陵王義真所知嘗著均善論頗貶裁佛法云有白學先生以

爲中國聖人經綸百世其德弘矣智周萬變天人之理盡矣道無隱旨教罔遺
筌聽叡迪哲何負於殊論哉有黑學道士陋之謂不照幽冥之塗弗及來生之
化雖尙虛心未能虛事不逮西域之深也爲客主詶答其歸以爲六度與五教
並行信順與慈悲齊立論行於世舊僧謂其貶黜釋氏欲加擯斥文帝見論賞
之元嘉中遂參權要朝廷大事皆與議焉賓客輻湊門車常有數十兩四方贈
賂相係勢傾一時方筵七八座上恆滿琳著高屐披貂裘置通呈書佐權侔宰
輔會稽孔顗嘗詣之遇賓客塡咽暄涼而已顗慨然曰遂有黑衣宰相可謂冠
履失所矣注孝經及莊子逍遙篇文論傳於世又有慧嚴慧議道人並住東安
寺學行精整爲道俗所推時鬬場寺多禪僧都下爲之語曰鬬場禪師窟東安
談義林孝武大明四年於中興寺設齋有一異僧衆莫之識問名答言名明慧
從天安寺來忽然不見天下無此寺名乃改中興曰天安寺大明中外國沙門
摩訶衍苦節有精理於都下出新經勝鬘經尤見重釋學
師子國天竺旁國也其地和適無冬夏之異五穀隨人種不須時節其國舊無

人止有鬼神及龍居之諸國商估來共市易鬼神不見其形但出珍寶顯其所堪價商人依價取之諸國人聞其土樂因此競至或有住者遂成大國晉義熙初始遣使獻玉像經十載乃至像高四尺二寸玉色潔潤形制殊特殆非人工此像歷晉宋在瓦官寺先有徵士戴安道手製佛像五軀及顧長康維摩畫圖世人號之三絕至齊東昏遂毀玉像前截臂次取身爲嬖妾潘貴妃作釵釧宋元嘉五年其王刹利摩訶遣使奉表貢獻十二年又遣使奉獻梁大通元年後王迦葉伽羅訶黎邪使使奉表貢獻

南史卷七十八

南史卷七十八考證

林邑國傳故名曰沈香次浮者棧香○棧梁書作箋

扶南國傳王當樓居○當梁書作常今各本俱同仍之

開國十餘闢地五六千里○餘監本訛徐今改正

橫幅今干漫也○漫梁書作縵

穆帝升平元年王竺旃檀奉表獻馴象○王各本訛天今從梁書

火葬則焚爲灰燼○爲監本訛於今從閣本

大同三年累遣使獻方物五年復遣使獻生犀○三年監本誤九年今從梁書

及下五年改正

詔遣沙門釋曇寶隨使往迎之○曇梁書作雲

干陁利國傳宋孝武世王釋婆羅那鄰陁○鄰一本作憐

婆利國傳有石名坩貝羅○梁書坩作蚶

其國人披古貝如帊及爲都縵王乃用班絲者○梁書古作吉者作布

南史卷七十八考證

唐　李延壽撰

列傳第六十九

夷貊下

東夷　西戎　蠻　西域諸國　北狄

東夷之國朝鮮爲大得箕子之化其器物猶有禮樂云魏時朝鮮以東馬韓辰韓之屬世通中國自晉過江泛海來使有高句麗百濟而宋齊閒常通職貢梁興又有加焉扶桑國在昔未聞也梁普通中有道人稱自彼而至其言元本尤悉故幷錄焉

高句麗在遼東之東千里其先所出事詳北史地方可二千里中有遼山遼水所出漢魏世南與朝鮮獩貊東與沃沮北與夫餘接其王都於九都山下地多大山深谷無原澤百姓依之以居食澗水雖土著無良田故其俗節食好修宮室於所居之左大立屋祭鬼神又祠零星社稷人性凶急喜寇鈔其官有相加

對盧沛者古鄒加主簿優台使者帛衣先人尊卑各有等級言語諸事多與夫
餘同其性氣衣服有異本有五族有消奴部絶奴部慎奴部灌奴部桂婁部本
消奴部爲王微弱桂婁部代之其置官有對盧則不置沛者有沛者則不置對
盧俗喜歌儛國中邑落男女每夜羣聚歌戲其人潔淨自喜善藏釀跪拜申一
腳行皆走以十月祭天大會其公會衣服皆錦繡金銀以自飾大加主簿頭所
著似幘而無後其小加著折風形如弁其國無牢獄有罪者則會諸加評議重
者便殺之沒入其妻子其俗好淫男女多相奔誘已嫁娶便稍作送終之衣其
死有槨無棺好厚葬金銀財幣盡於送死積石爲封列植松柏兄死妻嫂其馬
皆小便登山國人尙氣力便弓矢刀矛有鎧甲習戰鬬沃沮東獩皆屬焉晉安
帝義熙九年高麗王高璉遣長史高翼奉表獻赭白馬晉以璉爲使持節都督
營州諸軍事征東將軍高麗王樂浪公宋武帝踐阼加璉鎮東大將軍餘官並
如故三年加璉散騎常侍增督平州諸軍事少帝景平二年璉遣長史馬婁等
來獻方物遣謁者朱邵伯王邵子等慰勞之元嘉十五年馮弘爲魏所攻敗奔

高麗北豐城表求迎接文帝遣使王白駒趙次興迎之并令高麗資遣璉不欲
弘南乃遣將孫漱高仇等襲殺之白駒等率所領七千餘人生擒漱殺仇等二
人璉以白駒等專殺遣使執送之上以遠國不欲違其意白駒等下獄見原璉
每歲遣使十六年文帝欲侵魏詔璉送馬獻八百疋孝武孝建二年璉遣長史
董騰奉表慰國哀再周并獻方物大明二年又獻肅愼氏楛矢石砮七年詔進
璉爲車騎大將軍開府儀同三司餘官並如故明帝泰始後廢帝元徽中貢獻
不絕歷齊並授爵位百餘歲死子雲立齊隆昌中以爲使持節散騎常侍都督
營平二州征東大將軍樂浪公梁武帝卽位進雲車騎大將軍天監七年詔爲
撫東大將軍開府儀同三司持節常侍都督王並如故十一年十五年累遣使
貢獻十七年雲死子安立普通元年詔安纂襲封爵持節督營平二州諸軍事
寧東將軍七年安卒子延立遣使貢獻詔以延襲爵中大通四年六年大同元
年七年累奉表獻方物太清二年延卒詔其子成襲延爵位
百濟者其先東夷有三韓國一曰馬韓二曰辰韓三曰弁韓弁韓辰韓各十二

國馬韓有五十四國大國萬餘家小國數千家總十餘萬戶百濟卽其一也後
漸強大兼諸小國其國本與句麗俱在遼東之東千餘里晉世句麗既略有遼
東百濟亦據有遼西晉平二郡地矣自置百濟郡晉義熙十三年以百濟王餘
映爲使持節都督百濟諸軍事鎮東將軍百濟王宋武帝踐阼進號鎮東大將
軍少帝景平二年映遣長史張威詣闕貢獻元嘉二年文帝詔兼謁者閭丘恩
子兼副謁者丁敬子等往宣旨慰勞其後每歲遣使奉獻方物七年百濟王餘
毗復修貢職以映爵號授之二十七年毗上書獻方物私假臺使馮野夫西河
太守表求易林式占腰弩文帝並與之毗死子慶代立孝武大明元年遣使求
除授詔許之二年慶遣上表言行冠軍將軍右賢王餘紀十一人忠勤並求顯
進於是詔並加優進明帝泰始七年又遣使貢獻慶死立子牟都都死立子牟
大齊永明中除大都督百濟諸軍事鎮東大將軍百濟王梁天監元年進大號
征東將軍尋爲高句麗所破衰弱累年遷居南韓地普通二年王餘隆始復遣
使奉表稱累破高麗今始與通好百濟更爲強國其年梁武帝詔隆爲使持節

都督百濟諸軍事寧東大將軍百濟王五年隆死詔復以其子明爲持節督百濟諸軍事綏東將軍百濟王號所都城曰固麻謂邑曰檐魯如中國之言郡縣也其國之有二十二檐魯皆以子弟宗族分據之其人形長衣服潔淨其國近倭頗有文身者言語服章略與高麗同呼帽曰冠襦曰複衫袴曰褌其言參諸夏亦秦韓之遺俗云中大通六年大同七年累遣使獻方物幷請涅槃等經義毛詩博士幷工匠畫師等並給之太清三年遣使貢獻及至見城闕荒毀並號慟涕泣侯景怒囚執之景平乃得還國

新羅其先事詳北史在百濟東南五十餘里其地東濱大海南北與句麗百濟接魏時曰新盧宋時曰新羅或曰斯羅其國小不能自通使聘梁普通二年王姓募名泰始使隨百濟奉獻方物其俗呼城曰健牟羅其邑在內曰啄評在外曰邑勒亦中國之言郡縣也國有六啄評五十二邑勒土地肥美宜植五穀多桑麻作縑布服牛乘馬男女有別其官名有子賁旱支壹旱支齊旱支謁旱支壹吉支奇貝旱支其冠曰遺子禮襦曰尉解袴曰柯半靴曰洗其拜及行與高

麗相類無文字刻木為信語言待百濟而後通焉
倭國其先所出及所在事詳北史其官有伊支馬次曰彌馬獲支次曰奴往鞮
人種禾稻紵麻蠶桑織績有薑桂橘椒蘇出黑雉真珠青玉有獸如牛名山鼠
又有大蛇吞此獸蛇皮堅不可斫其上有孔乍開乍閉時或有光射中而蛇則
死矣物產略與儋耳朱崖同地氣溫暖風俗不淫男女皆露髮富貴者以錦繡
雜采為帽似中國胡公頭食飲用籩豆其死有棺無槨封土作冢人性皆嗜酒
俗不知正歲多壽考或至八九十或至百歲其俗女多男少貴者至四五妻賤
者猶至兩三妻婦人不淫妬無盜竊少諍訟若犯法輕者沒其妻子重則滅其
宗族晉安帝時有倭王讚遣使朝貢及宋武帝永初二年詔曰倭讚遠誠宜甄
可賜除授文帝元嘉二年讚又遣司馬曹達奉表獻方物讚死弟珍立遣使貢
獻自稱使持節都督倭百濟新羅任那秦韓慕韓六國諸軍事安東大將軍倭
國王表求除正詔除安東將軍倭國王珍又求除正倭洧等十三人平西征虜
冠軍輔國將軍等號詔並聽之二十年倭國王濟遣使奉獻復以為安東將軍

倭國王二十八年加使持節都督倭新羅任那加羅秦韓慕韓六國諸軍事安東將軍如故幷除所上二十三人職濟死世子興遣使貢獻孝武大明六年詔授興安東將軍倭國王興死弟武立自稱使持節都督倭百濟新羅任那加羅秦韓慕韓七國諸軍事安東大將軍倭國王順帝昇明二年遣使上表言自昔祖禰躬擐甲冑跋涉山川不遑寧處東征毛人五十五國西服衆夷六十六國陵平海北九十五國王道融泰廓土遐畿累葉朝宗不愆于歲道逕百濟裝飾船舫而句麗無道圖欲見吞臣亡考濟方欲大舉奄喪父兄使垂成之功不獲一簣今欲練兵申父兄之志竊自假開府儀同三司其餘咸各假授以勸忠節詔除武使持節都督倭新羅任那秦韓慕韓六國諸軍事安東大將軍倭王齊建元中除武持節都督倭新羅任那加羅秦韓慕韓六國諸軍事鎮東大將軍梁武帝卽位進武號征東大將軍其南有侏儒國人長四尺又南有黑齒國裸國去倭四千餘里船行可一年至又西南萬里有海人身黑眼白裸而醜其肉美行者或射而食之文身國在倭東北七千餘里人體有文如獸其額上有三

文文直者貴文小者賤土俗歡樂物豐而賤行客不齎糧有屋宇無城郭國王
所居飾以金銀珍麗繞屋爲壍廣一丈實以水銀雨則流于水銀之上市用珍
寶犯輕罪者則鞭杖犯死罪則置猛獸食之有枉則獸避而不食經宿則赦之
大漢國在文身國東五千餘里無兵戈不攻戰風俗並與文身國同而言語異
扶桑國者齊永元元年其國有沙門慧深來至荊州說云扶桑在大漢國東二
萬餘里地在中國之東其上多扶桑木故以爲名扶桑葉似桐初生如筍國人
食之實如梨而赤績其皮爲布以爲衣亦以爲錦作板屋無城郭有文字以扶
桑皮爲紙無兵甲不攻戰其國法有南北獄若有犯輕罪者入南獄重罪者入
北獄有赦則放南獄不赦北獄在北獄者男女相配生男八歲爲奴生女九歲
爲婢犯罪之身至死不出貴人有罪國人大會坐罪人於坑對之宴飲分訣若
死別焉以灰繞之其一重則一身屏退二重則及子孫三重者則及七世名國
王爲乙祁貴人第一者爲對盧第二者爲小對盧第三者爲納咄沙國王行有
鼓角導從其衣色隨年改易甲乙年青丙丁年赤戊己年黃庚辛年白壬癸年

羆有牛角甚長以角載物至勝二十斛有馬車牛車鹿車國人養鹿如中國畜
牛以乳爲酪有赤梨經年不壞多蒲桃其地無鐵有銅不貴金銀市無租估其
昏姻法則壻往女家門外作屋晨夕灑掃經年而女不悅即驅之相悅乃成昏
昏禮大抵與中國同親喪七日不食祖父母喪五日不食兄弟伯叔姑姊妹三
日不食設坐爲神像朝夕拜奠不制衰絰嗣王立三年不親國事其俗舊無佛
法宋大明二年罽賓國嘗有比丘五人游行其國流通佛法經像教令出家風
俗遂改慧深又云扶桑東千餘里有女國容貌端正色甚潔白身體有毛髮長
委地至二三月競入水則任娠六七月產子女人胸前無乳項後生毛根白毛
中有汁以乳子百日能行三四年則成人矣見人驚避偏畏丈夫食鹹草如禽
獸鹹草葉似邪蒿而氣香味鹹梁天監六年有晉安人度海爲風所飄至一島
登岸有人居止女則如中國而言語不可曉男則人身而狗頭其聲如吠其食
有小豆其衣如布築土爲牆其形圓其戶如竇云
河南宕昌鄧至武興其本並爲氐羌之地自晉南遷九州分裂此等諸國地分

西垂提挈于魏時通江左今採其舊土編于西戎云
河南王者其先出自鮮卑慕容氏初慕容奕洛干有二子庶長曰吐谷渾嫡曰廆洛干卒廆嗣位吐谷渾避之西徙上隴度枹罕出凉州西南至赤水而居之地在河南故以爲號事詳北史其界東至疊川西隣于闐北接高昌東北通秦嶺方千餘里蓋古之流沙地焉乏草木少水潦四時恆有冰雪唯六七月雨雹甚盛若晴則風飄沙礫常蔽光景其地有麥無穀有青海方數百里放牝馬其側輒生駒土人謂之龍種故其國多善馬有屋宇雜以百子帳卽穹廬也著小袖袍小口袴大頭長裙帽女子被髮爲辮其後吐谷渾孫葉延頗識書記自謂曾祖奕洛干始封昌黎公吾蓋公孫之子也禮以王父字爲氏因姓吐谷渾亦爲國號至其末孫阿豺始通江左受官爵弟子慕延宋元嘉末又自號河南王慕延死從弟拾寅立乃用書契起城池築宮殿其小王並立宅國中有佛法拾寅死子度易侯立易侯死子休留伐立齊永明中以伐爲使持節都督西秦河沙三州鎮西將軍護羌校尉西秦河二州刺史梁興進伐爲征西將軍伐死子

休運籌襲爵位天監十三年遣使獻金裝馬腦鍾二口又表於益州立九層佛寺詔許焉十五年又遣使獻赤舞龍駒及方物其使或歲再三至或再歲一至其地與益州隣常通商賈普通元年又奉表獻方物籌死子呵羅真立大通三年詔以爲寧西將軍護羌校尉西秦河二州刺史真死子佛輔襲爵位其世子又遣使獻白龍駒於皇太子

宕昌國在河南國之東益州之西北隴西之地西羌種也宋孝武世其王梁瑾忽始獻方物梁天監四年王梁彌博來獻甘草當歸詔以爲使持節都督河梁二州諸軍事安西將軍東羌校尉河梁二州刺史隴西公宕昌王佩以金章彌博死子彌泰立大同七年復策授以父爵位其衣服風俗與河南略同

鄧至國居西涼州界羌别種也世號持節平北將軍西涼州刺史宋文帝時王象屈耽遣使獻馬梁天監元年詔以鄧至王象舒彭爲督西涼州諸軍事進號安北將軍五年舒彭遣使獻黃耆四百斤馬四疋其俗呼帽曰突何其衣服與宕昌同

武興國本仇池楊難當自立爲秦王宋文帝遣裴方明討之難當奔魏其兄子文德又聚衆葭蘆宋因授以爵位魏又攻之文德奔漢中從弟僧嗣又自立復戍葭蘆卒文德弟文度立以弟文洪爲白水太守屯武興宋世以爲武都王武興之國自於此矣難當族弟廣香又攻殺文度自立爲陰平王葭蘆鎮主死子炅立炅死子崇祖立崇祖死子孟孫立齊永明中魏南梁州刺史仇池公楊靈珍據泥切山歸齊齊武帝以靈珍爲北梁州刺史仇池公文洪死以族人集始爲北秦州刺史武都王梁天監初以集始爲持節都督秦雍二州諸軍事輔國將軍平羌校尉北秦州刺史武都王靈珍爲冠軍將軍孟孫爲假節督沙州諸軍事平羌校尉沙州刺史陰平王集始死子紹先襲爵位二年以靈珍爲持節督隴右諸軍事左將軍北涼州刺史仇池王十年孟孫死詔贈安沙將軍北雍州刺史子定襲封爵紹先死子智慧立大同元年剋復漢中智慧遣使上表求率四千戶歸梁詔許焉卽以爲東益州其國東連秦嶺西接宕昌其大姓有苻氏姜氏梁氏言語與中國同著烏皁突騎帽長身小袖袍小口袴皮鞾地植九

穀婚姻備六禮知書疏種桑麻出紬絹布漆蠟椒等山出銅鐵

書云蠻夷猾夏其作梗也已舊及于宋之方盛蓋亦屢與戎役豈詩所謂蠢爾蠻荆大邦爲讎者乎今亦編錄以備諸蠻云爾

荆雍州蠻盤瓠之後也種落布在諸郡縣宋時因晉於荆州置南蠻雍州置寧蠻校尉以領之孝武初罷南蠻併大府而寧蠻如故蠻之順附者一戶輸穀數斛其餘無雜調而宋人賦役嚴苦貧者不復堪命多逃亡入蠻蠻無徭役强者又不供官稅結黨連郡動有數百千人州郡力弱則起爲盜賊種類稍多戶口不可知也所在多深險居武陵者有雄溪樠溪辰溪酉溪武溪謂之五溪蠻而宜都天門巴東建平江北諸郡蠻所居皆深山重阻人跡罕至焉前世以來屢爲人患少帝景平二年宜都蠻帥石寧等一百二十三人詣闕上獻文帝元嘉六年建平蠻張維之等五十人七年宜都蠻田生等一百一十三人並詣闕獻見其後沔中蠻大動行旅殆絕天門漊中令宋矯之徭賦過重蠻不堪命十八年蠻田向求等爲寇破漊中虜掠百姓荆州刺史衡陽王義季遣行參軍曾孫

念討破之免矯之官二十年南郡臨沮當陽蠻反縛臨沮令傅僧驥荆州刺史南譙王義宣遣中兵參軍王諶討破之先是雍州刺史劉道產善撫諸蠻前後不附者皆引出平土多緣沔爲居及道產亡蠻又反叛至孝武出爲雍州羣蠻斷道臺遣軍主沈慶之連年討蠻所向皆平事在慶之傳二十八年正月龍山雉水蠻寇鈔涅陽縣南陽太守朱韶遣軍討之失利韶又遣二千人係之蠻乃散走是歲湍水諸蠻因險爲寇雍州刺史隨王誕遣使說之又遣軍討沔北諸蠻襲濁山如口蜀松三砦剋之又圍斗錢柏義諸砦蠻悉力距戰軍大破之孝武大明中建平蠻向光侯寇暴峽川巴東太守王濟荆州刺史朱修之遣軍討之光侯走清江清江去巴東千餘里時巴東建平宜都天門四郡蠻爲寇諸郡人戸流散百不存一明帝順帝世尤甚荆州爲之虛弊云

豫州蠻廩君後也盤瓠廩君事並具前史西陽有巴水蘄水希水赤亭水西歸水謂之五水蠻所在並深岨種落熾盛歷世爲盜賊北接淮汝南極江漢地方數千里宋元嘉二十八年西陽蠻殺南川令劉臺二十九年新蔡蠻破大雷戍

略公私船入湖有亡命司馬黑石逃在蠻中共爲寇文帝遣太子步兵校尉沈慶之討之孝武大明四年又遣慶之討西陽蠻大剋獲而反司馬黑石徒黨三人其一名智黑石號曰太公以爲謀主一人名安陽號譙王一人名續之號梁王蠻文山羅等討禽續之爲蠻世財所篡山羅等相率斬世財父子六人豫州刺史王玄謨遣殿中將軍郭元封慰勞諸蠻使縛送亡命蠻乃執智安陽二人送詣玄謨孝武使於壽陽斬之明帝初即位四方反叛及南賊敗於鵲尾西陽蠻田益之田義之成邪財田光興等起義攻郢州剋之以益之爲輔國將軍都統四山軍事又以蠻戶立宋安光城二郡以義之爲宋安太守光興爲光城太守封益之邊城縣王成邪財陽城縣王成邪財死子婆思襲爵云

玉門以西達于西海考之漢史通爲西域高昌迄于波斯則其所也自晉宋以還雖有時而至論其風土甚未能詳今略備西域諸國編之于次云

高昌國初闞氏爲主其後爲河西王沮渠茂虔弟無諱襲破之其王闞爽奔於蠕蠕無諱據之稱王一世而滅於魏其國人又推麴氏爲王名嘉魏授爲車騎

將軍司空公都督秦州諸軍事秦州刺史金城郡公在位二十四年卒國謚曰
昭武王子堅堅嗣位魏授使持節驃騎大將軍散騎常侍都督瓜州刺史西平
郡公開府儀同三司高昌王其國蓋車師之故地南接河南東近敦煌西次龜
茲北隣敕勒置四十六鎮交河田地高寧臨川橫截柳婆滂林新興寧由始昌
篤進白刃等鎮官有四鎮將軍及置雜號將軍長史司馬門下校郎中兵校郎
通事舍人通事令史諮議諫議校尉主簿國人言語與華略同有五經歷代史
諸子集面貌類高麗辮髮垂之於背著長身小袖袍縵襠袴女子頭髮辮而不
垂著錦纈纓絡環釧昏姻有六禮其地高燥築土爲城架木爲屋土覆其上寒
暑與益州相似備植九穀人多噉麵及牛羊肉出良馬蒲桃酒石鹽多草木有
草實如繭繭中絲如細纑名曰白疊子國人取織以爲布布甚軟白交市用焉
有朝烏者旦旦集王殿前爲行列不畏人日出然後散去梁大同中子堅遣使
獻鳴鹽枕蒲桃良馬氍毹等物
滑國者車師之別種也漢永建元年八滑從班勇擊北虜有功勇上八滑爲後

部親漢侯自魏晉以來不通中國至梁天監十五年其王厭帶夷栗陁始遣使獻方物普通元年遣使獻黃師子白貂裘波斯錦等物七年又奉表貢獻魏之居伐都滑猶爲小國屬蠕蠕後稍強大征其旁國波斯盤盤罽賓焉耆龜茲疎勒姑墨于闐句般等國開地千餘里土地温暖多山川少樹木有五穀國人以麪及羊肉爲糧其獸有師子兩脚駱駝野驢有角人皆善騎射著小袖長身袍用金玉爲帶女人被裘頭上刻木爲角長六尺以金銀飾之少女子兄弟共妻無城郭氈屋爲居東向開戶其王坐金牀隨太歲轉與妻並坐接客無文字以木爲契與旁國通則使旁國胡爲胡書羊皮爲紙無職官事天神火神每日則出戶祀神而後食其跪一拜而止葬以木爲槨父母死其子截一耳葬訖卽吉其言語待河南人譯然後通

呵跋檀周古柯胡密丹等國並滑旁小國也凡滑旁之國衣服容貌皆與滑同普通元年使使隨滑使來貢獻方物

白題國王姓支名史稽毅其先蓋匈奴之別種胡也漢灌嬰與匈奴戰斬白題

騎一人是也在滑國東去滑六日行西極波斯土地出粟麥瓜果食物略與滑同普通三年遣使獻方物

龜茲者西域之舊國也自晉度江不通至梁普通二年王尼瑞摩珠那勝遣使奉表貢獻

于闐者西域之舊國也梁天監九年始通江左遣使獻方物十三年又獻波羅婆步障十八年又獻琉璃罌大同七年又獻外國刻玉佛

渴盤陁國于闐西小國也西隣滑國南接罽賓國北連沙勒國都在山谷中城周回十餘里國有十二城風俗與于闐相類衣吉貝布著長身小袖袍小口袴地宜小麥資以爲糧多牛馬駱駝羊等出好氈王姓葛沙氏梁中大同七年始通江左遣獻方物

末國漢世且末國也勝兵萬餘戶北與丁零東與白題西與波斯接土人翦髮著氈帽小袖衣爲衫則開頸而縫前多牛羊騾驢其王安末深盤梁普通五年始通江左遣使來貢獻

波斯國其先有波斯匿王者子孫以王父字爲氏因爲國號國有城周回三十二里城高四丈皆有樓觀城內屋宇數百千間城外佛寺二三百所西去城十五里有土山山非過高其勢連接甚遠中有鷲鳥噉羊土人極以爲患國中有優鉢曇花鮮華可愛出龍駒馬鹹地生珊瑚樹長一二尺亦有虎魄馬腦真珠玫瑰等國內不以爲珍市買用金銀昏姻法下娉財訖女壻將數十人迎婦壻著金線錦袍師子錦袴戴天冠婦亦如之婦兄弟便來捉手付度夫婦之禮於茲永畢國西及南俱與婆羅門國北與汎慄國接梁中大通二年始通江左遣使獻佛牙

北狄種類實繁蠕蠕爲族蓋匈奴之別種也魏自南遷因擅其地故無城郭隨水草畜牧以穹廬居辮髮衣錦小袖袍小口袴深雍鞾其地苦寒七月流澌亘河宋昇明中遣王洪軏使焉引之共謀魏齊建元三年洪軏始至是歲通使求并力攻魏其相國刑基祇羅回表言京房讖云卯金卒草肅應王歷觀圖緯伐宋者齊又獻師子皮袴褶其國後稍侵弱永明中爲丁零所破更爲小國而移

其居粲天監十四年遣使獻馬貂裘普通元年又遣使獻方物是後數歲一至焉大同七年又獻馬一疋金一斤其國能以術祭天而致風雪前對皎日後則泥潦橫流故其戰敗莫能追及或於中夏爲之則不能兩閒其故葢以暵云

論曰自晉氏南度介居江左北荒西裔隔礙莫通至於南徼東邊界壤所接洎宋元嘉撫運爰命干戈象浦之絶威震冥海於是鞮譯相係無絶歲時以洎齊粱職貢有序及侯景之亂邊鄙日蹙陳氏基命衰微已甚救首救尾身其幾何故西贐南琛無聞竹素豈所謂有德則來無道則去者也

南史卷七十九

南史卷七十九考證

新羅傳梁普通二年王姓募名泰始使隨百濟獻方物○泰閣本作秦

倭國傳安東大將軍倭王齊建元中除武持節都督倭新羅任那加羅秦韓慕韓六國諸軍事鎮東大將軍○鎮東大將軍上閣本脫去三十字今從監本

豫州蠻傳西陽有巴水蘄水希水赤亭水西歸水謂之五水○蘄監本訛斬今從閣本

蠻所在並深岨○岨監本訛屺今從閣本

波斯國傳西去城十五里有土山○土監本訛上今改正

南史卷七十九考證

南史卷八十

唐　李延壽　撰

列傳第七十

賊臣

侯景　王偉　熊曇朗　周廸　留異　陳寶應

侯景字萬景魏之懷朔鎮人也少而不羈爲鎮功曹史魏末北方大亂乃事邊將爾朱榮甚見器重初學兵法於榮部將慕容超宗未幾超宗每詢問焉後以軍功爲定州刺史始魏相高歡微時與景甚相友好及歡誅爾朱氏景以衆降仍爲歡用稍至吏部尚書非其好也每獨曰何當離此反故紙邪尋封濮陽郡公歡之敗於沙苑景謂歡曰宇文泰恃於戰勝今必致怠請以數千勁騎至關中取之歡以告其妃婁氏曰彼若得泰亦將不歸得泰失景於事奚益歡乃止後爲河南道大行臺位司徒又言於歡曰恨不得泰請兵三萬橫行天下要須濟江縛取蕭衍老公以作太平寺主歡壯其言使擁兵十萬專制河南杖任若

己之半體景右足短弓馬非其長所在唯以智謀時歡部將高昂彭樂皆雄勇冠時唯景常輕之言似豕突爾勢何所至及將鎮河南請于歡曰今握兵在遠姦人易生詐僞大王若賜以書請異於他者許之每與景書別加微點雖子弟弗之知及歡疾篤其世子澄矯書召之景知僞懼禍因用王偉計乃以太清元年二月遣其行臺郎中丁和上表求降帝召羣臣議之尚書僕射謝舉等皆議納景非便武帝不從初帝以是歲正月乙卯於善言殿讀佛經因謂左右黄慧弼曰我昨夢天下太平爾其識之及和至校景實以正月乙卯日定計帝由是納之於是封景河南王大將軍使持節督河南北諸軍事大行臺承制如鄧禹故事高澄嗣事爲渤海王遣其將慕容紹宗圍景於長社景急乃求割魯陽長社東荆北兖請救于西魏魏遣五城王元慶等率兵救之紹宗乃退景復請兵於司州刺史羊鴉仁鴉仁遣長史鄧鴻率兵至汝水元慶軍夜遁鴉仁乃據懸瓠時景將蔡道遵北歸言景有悔過志高澄以爲信然乃以書喻景若還許以豫州刺史終其身所部文武更不追攝闔門無恙并還寵妻愛子景報書不從

澄知景無歸志乃遣軍相繼討景帝聞鵶仁已據懸瓠遂命羣帥指授方略大
舉攻東魏以貞陽侯蕭明爲都督明軍敗見俘紹宗攻潼州刺史郭鳳棄城走
景乃遣其行臺左丞王偉左戶郎中王則詣闕獻策請元氏子弟立爲魏王詔
遣太子舍人元貞爲咸陽王須度江許卽位以乘輿之副資給之高澄又遣慕
容紹宗追景景退保渦陽使謂紹宗曰欲送客邪將定雌雄邪紹宗曰將決戰
遂順風以陣景閉壘頃之乃出紹宗曰景多詭好乘人背使備之果如其言景
命戰士皆被短甲短刀但低視斫人脛馬足遂敗紹宗軍裨將斛律光尤之紹
宗曰吾戰多矣未見此賊之難也爾其當之光被甲將出紹宗戒之曰勿度渦
水旣而又爲景敗紹宗謂曰定何如也相持連月景食盡誑其衆以爲家口並
見殺衆皆信之紹宗遙謂曰爾等家並完乃被髮向北斗以誓之景士卒並北
人不樂南度其將暴顯等各率所部降紹宗景軍潰散喪甲士四萬人馬四千
疋輜重萬餘兩乃與腹心數騎自硤石濟淮稍收散卒得馬步八百人南過小
城人登陴詬之曰跛脚奴何爲邪景怒破城殺言者而去晝夜兼行追軍不敢

逼使謂紹宗曰景若就禽公復何用紹宗乃縱之旣而莫適所歸馬頭戍主劉神茂者爲韋黯所不容因是踣馬乃馳謂景曰壽陽去此不遠城池險固韋黯是監州耳王若次近郊必郊迎因而執之可以集事得城之後徐以啓聞朝廷喜王南歸必不責也景執其手曰天教也及至而黯授甲登陴景謂神茂曰事不諧矣對曰黯懦而寡智可說下也乃遣豫州司馬徐思玉夜入說之黯乃開門納景景執黯數將斬之久而見釋乃遣于子悅馳以敗聞自求貶削優詔不許復求資給卽授南豫州刺史本官如故帝以景兵新破未忍移易故以鄱陽王範爲合州刺史卽鎭合肥魏人攻懸瓠懸瓠糧少羊鴉仁去懸瓠歸義陽魏人入懸瓠更求和親帝召公卿謀之張綰朱异咸請許之景聞未之信乃僞作鄴人書求以貞陽侯換景帝將許之舍人傅岐曰侯景以窮歸義棄之不祥且百戰之餘寧肯束手受縶謝舉朱异曰景奔敗之將一使之力耳帝從之復書曰貞陽旦至侯景夕反景謂左右曰我知吳兒老公薄心腸又請娶於王謝帝曰王謝門高非偶可於朱張以下訪之景恚曰會將吳兒女以配奴王偉曰今

坐聽亦死舉大事亦死王其圖之於是遂懷反計屬城居人悉占募爲軍士輒停責市估及田租百姓子女悉以配將士又啓求錦萬疋爲軍人袍中領軍朱异議以御府錦署止充領賞不容以供邊用請送青布以給之又以臺所給仗多不能精啓請東冶鍛工欲更營造敕並給之景自渦陽敗後多所徵求朝廷含弘未嘗拒絶是時貞陽侯明遣使還梁述魏人請追前好許放之還武帝覽之流涕乃報明啓當別遣行人帝亦欲息兵乃與魏和通景聞之懼馳啓固諫帝不從爾後表疏跋扈言辭不遜又聞遣伏挺徐陵使魏不知所爲元貞知景異志累啓還朝景謂曰將定江南何不少忍貞益懼奔還建鄴具以事聞景又招司州刺史羊鴉仁同逆鴉仁錄送其使時鄱陽王範鎮合肥及鴉仁俱累啓稱景有異志朱异曰侯景數百叛虜何能爲役並抑不奏聞景所以姦謀益果乃上言曰高澄狡猾寧可全信陛下納其詭語求與連和臣亦竊所笑也臣行年四十有六未聞江左有佞邪之臣一旦入朝乃致嘲讟寧堪粉骨投命讎門請乞江西一境受臣控督如其不許即領甲臨江上向閩越非唯朝廷自恥亦

是三公旰食帝使朱异宣語答景使曰譬如貧家畜十客五客尚能得意朕唯
有一客致有忿言亦是朕之失也景又知臨賀王正德怨望朝廷密令要結正
德許爲內啓二年八月景遂發兵反於豫州城內集其將帥登壇歃血是日地
大震於是以誅中領軍朱异少府卿徐驎太子左率陸驗制局監周石珍爲辭
以爲姦臣亂政請帶甲入朝先攻馬頭木栅執太守劉神茂戍主曹璆等武帝
聞之笑曰是何能爲吾以折箠笞之乃敕斬景者不問南北人同賞封二千戶
兼一州刺史其人主帥欲還北不須州者賞以絹布二萬以禮發遣於是詔合
州刺史鄱陽王範爲南道都督北徐州刺史封山侯正表爲北道都督司州刺
史柳仲禮爲西道都督通直散騎常侍裴之高爲東道都督同討景濟自歷陽
又令侍中開府儀同三司邵陵王綸持節董督衆軍景聞之謀於王偉偉曰莫
若直掩揚都臨賀反其內大王攻其外天下不足定也兵聞拙速不聞工遲今
今便須進路不然邵陵及人九月景發壽春聲云游獵人不覺也留僞中軍大
都督王貴顯守壽春城出軍僞向合肥遂襲譙州助防董紹先降之執刺史豐

城侯泰武帝聞之遣太子家令王質率兵三千巡江遏防景進攻歷陽太守莊鐵鐵遣弟均夜斫景營戰沒鐵母愛其子勸鐵降景拜其母鐵乃勸景曰急則應機緩必致禍景乃使鐵爲導是時鎮戍相次啓聞朱异尚曰景必無度江志蕭正德先遣大船數十艘僞載荻實擬濟景景至江將度慮王質爲梗俄而質被追爲丹陽尹無故自退景聞未之信乃密遣覘之謂使者質若退折江東樹枝爲驗覘人如言而返景大喜曰吾事辦矣乃自采石濟馬數百疋兵八千人都下弗之覺景卽分襲姑熟執淮南太守文成侯寧遂至慈湖南津校尉江子一奔還建鄴皇太子見事急入面啓武帝曰請以事垂付願不勞聖心帝曰此自汝事何更問爲太子仍停中書省指授內外擾亂相劫不復通於是詔以揚州刺史宣城王大器爲都督內外諸軍事都官尚書羊偘爲軍師將軍以副焉遣南浦侯推守東府城西豐公大春守石頭輕車長史謝禧守白下既而景至朱雀航遣徐思玉入啓乞帶甲入朝除君側之惡請遣了事舍人出相領解實欲觀城中虛實帝遣中書舍人賀季主書郭寶亮隨思玉往勞之于板橋景北

面受敕季曰今者之舉何以爲名景曰欲爲帝也王偉進曰朱异徐驎諂黷亂
政欲除姦臣耳景既出惡言留季不遣寶亮還宮先是大同中童謠曰青絲白
馬壽陽來景渦陽之敗求錦朝廷所給青布及是皆用爲袍采色尙青景乘白
馬青絲爲轡欲以應謠蕭正德先屯丹陽郡至是率所部與景合建康令庾信
率兵千餘人屯航北及景至徹航始除一舶見賊軍皆著鐵面遂棄軍走南塘
游軍復閉航度景皇太子以所乘馬授王質配精兵三千使援庾信質至領軍
府與賊遇未陣便奔景乘勝至闕下西豐公大春棄石頭城走景遣其儀同于
子悅據之謝禧亦棄白下城走景遣百道攻城縱火焚大司馬東西華諸門城
中倉卒未有備乃鑿門樓下水沃火久之方滅賊又斫東掖門將入羊偘鑿門
扇刺殺人賊乃退又登東宮牆射城內至夜簡文募人出燒東宮臺殿遂盡所
聚圖籍數百廚一皆灰燼先是簡文夢有人畫作秦始皇云此人復焚書至是
而驗景又燒城西馬廄士林館太府寺明日景又作木驢數百攻城上擲以石
並皆碎破賊又作尖頂木其狀似槥石不能破乃作雉尾炬灌以膏蠟叢下焚

之賊既不剋士卒死者甚多乃止攻築長圍以絶內外又啓求誅朱异陸驗徐
驎周石珍等城內亦射賞格出外有能斬景首授以景位幷錢一億萬布絹各
萬疋女樂二部莊鐵乃奔歷陽紿言景已梟首景城守郭駱懼棄城走尋陽鐵
得入城遂奔尋陽十一月景立蕭正德爲帝即僞位居於儀賢堂改年曰正平
初童謠有正平之言故立號以應之識者以爲正德卒當平殄也景自爲相國
天柱將軍正德以女妻之景又攻東府城設百尺樓車鉤城堞盡落城陷景使
其儀同盧暉略率數千人持長刀夾城門悉驅城內文武倮身而出賊交兵殺
之死者三千餘人南浦侯推是日遇害景使正德子見理及暉略守東府城初
景至都便唱云武帝已晏駕雖城中亦以爲然簡文慮人情有變乃請上輿駕
巡城上將登城陸驗諫曰陛下萬乘之重豈可輕脫因泣下帝深感其言乃幸
大司馬門城上聞蹕聲皆鼓譟軍人莫不屑涕百姓乃安景又於城東西各起
土山以臨城城內亦作兩山以應之簡文以下皆親畚鍤初景至便望剋定建
鄴號令甚明不犯百姓既攻不下人心離沮又恐援軍總集衆必潰散乃縱兵

殺掠交尸塞路富室豪家恣意裒剝子女妻妾悉入軍營又募北人先爲奴者並令自拔賞以不次朱异家黥奴乃與其儕踰城投賊景以爲儀同使至闕下以誘城內乘馬披錦袍詬曰朱异五十年仕宦方得中領軍我始事侯王已爲儀同於是奴僮競出盡皆得志景食石頭常平倉旣盡便掠居人爾後米一升七八萬錢人相食有食其子者又築土山不限貴賤晝夜不息亂加毆捶疲羸者因殺以填山號哭之聲動天地百姓不敢藏隱並出從之旬日間衆至數萬景儀同范桃棒密貪重賞求以甲士二千人來降以景首應購遣文德主帥前白馬游軍主陳昕夜踰城入密啓言狀簡文以啓上上大悅使報桃棒事定許封河南王鑴銀劵以與之簡文恐其詐猶豫不決上怒曰受降常理何忽致疑朱异傅岐同請納之簡文曰吾卽堅城自守所望外援外援若至賊豈足平今若開門以納桃棒桃棒之意尙且難知一旦傾危悔無及矣桃棒又曰今止將所領五百餘人若至城門自皆脫甲乞朝廷賜容事濟之時保禽侯景簡文見其言愈疑之朱异以手搥胸曰今年社稷去矣俄而桃棒軍人魯伯和告景並

烹之至是邵陵王綸率西豐公大春新塗公大成永安侯確南安鄉侯駿前譙州刺史趙伯超武州刺史蕭弄璋步兵校尉尹思合等馬步二萬發自京口直據鍾山景黨大駭咸欲逃散分遣萬餘人拒戰綸大破之於愛敬寺下景初聞綸至懼形於色及敗軍還尤言其盛愈恐命具舟石頭將北濟任約曰去鄉萬里走欲何之戰若不捷君臣同死草間乞活約所不爲景乃留宋子仙守壁自將銳卒拒綸陣於覆舟山北與綸相持會暮景退還南安侯駿率數十騎挑之景回軍駿退時趙伯超陣於玄武湖北見駿退仍率軍前走衆軍前亂遂敗績綸奔京口賊執西豐公大春綸司馬莊丘慧達直閤將軍胡子約廣陵令霍儁等來送城下逼令云已禽邵陵王霍儁獨云王小失利已全軍還京口城中但堅守援軍尋至語未卒賊以刀傷其口景義而釋焉正德乃收而害之是日鄱陽世子嗣裴之高至後渚結營于蔡洲景分軍屯南岸十二月景造諸攻具及飛樓橦車登城車鉤堞車階道車火車並高數丈車至二十輪陳於闕前百道攻城以火焚城東南隅大樓因火勢以攻城城上縱火悉焚其攻具賊乃退是

時景土山成城內土山亦成以太府卿韋黯守西土山左衛將軍柳津守東土山山起芙蓉層樓高四丈飾以錦罽捍以烏笙山峯相近募敢死士厚衣袍鎧名曰僧騰客配二山交稍以戰鼓叫沸騰昏旦不息土山攻戰既苦人不堪命柳津命作地道毀外山擲雉尾炬燒其櫓堞外山崩壓賊且盡賊又作蝦蟆車運土石填壍戰士升之樓車四面並至城內飛石碎其車賊死積於城下賊又掘城東南角城內作迂城形如却月以捍之賊乃退材官將軍宋嶷降賊因為立計引玄武湖水灌臺城闕前御街並為洪波矣又燒南岸居人營寺莫不咸盡司州刺史柳仲禮衡州刺史韋粲南陵太守陳文徹宣猛將軍李孝欽等皆來赴援鄱陽世子嗣裴之高又濟江柳仲禮營朱雀航南裴之高營南苑韋粲營青塘陳文徹李欽屯丹陽郡鄱陽世子嗣營小航南並緣淮造柵及旦景方覺乃登禪靈寺門樓以望之見韋粲營壘未合度兵擊之粲敗景斬粲首徇城下柳仲禮聞粲敗不遑貫甲與數十人赴之遇賊斬首數百仍投水死者千餘人仲禮深入馬陷泥亦被重創自是賊不敢濟岸邵陵王綸又與臨城公大連

等自東道集于南岸荆州刺史湘東王繹遣世子方等兼司馬吳曄天門太守樊文皎赴援營于洲子岸前高州刺史李遷仕前司州刺史羊鴉仁又率兵繼至既而鄱陽世子嗣永安侯確羊鴉仁李遷仕樊文皎率衆度淮攻破賊東府城前柵遂營于青溪水東景遣其儀同宋子仙緣水西立柵以相拒景食稍盡人相食者十五六初援兵至北岸衆號百萬百姓扶老攜幼以候王師纔過淮便競剝掠徵責金銀列營而立互相疑貳邵陵王綸柳仲禮甚於讎敵臨城公大連永安侯確逾於水火無有鬬心賊黨有欲自拔者聞之咸止賊之始至城中纔得固守平蕩之事期望援軍既而中外斷絕有羊車兒獻計作紙鴉繫以長繩藏敕於中簡文出太極殿前因西北風而放冀得書達羣賊駭之謂是厭勝之術又射下之其危急如此是時城中圍逼既久膎味頓絕簡文上廚僅有一肉之膳軍士煑弩燻鼠捕雀食之殿堂舊多鴿羣聚至是殲焉初宮門之閉公卿以食爲念男女貴賤並出負米得四十萬斛收諸府藏錢帛五十億萬並聚德陽堂魚鹽樵採所取蓋寡至是乃壞尚書省爲薪撤薦剉以飼馬盡又食

飫焉御甘露廚有乾苔味酸鹹分給戰士軍人屠馬於殿省閒雜以人肉食者必病賊又置毒於水竇於是稍行腫滿之疾城中疫死者大半初景之未度江魏人遺檄極言景反覆猜忍又言帝飾智驚愚將爲景欺至是禍敗之狀皆如所陳南人咸以爲讖時景軍亦飢不能復戰東城有積粟其路爲援軍所斷且聞湘東王下荆州兵彭城劉邈乃說景曰大軍頓兵已久攻城不拔今衆軍雲集未易可破如聞軍糧不支一月運漕路絕野無所掠嬰兒掌上信在於今未若乞和全師而反景乃與王偉計遣任約至城北拜表僞降以河南自効帝曰吾有死而已寧有是議且賊凶逆多詐此言云何可信既而城中日蹙簡文乃請武帝曰侯景圍逼既無勤王之師今欲許和更思後計帝大怒曰和不如死簡文曰城下之盟乃是深恥白刃交前流矢不顧上遲回久之曰爾自圖之無令取笑千載乃聽焉景請割江右四州地幷求宣城王大器出送然後解圍濟江仍許遣其儀同于子悅左丞王偉入城爲質中領軍傅岐議以宣城王嫡嗣之重有輕言者請劍斬之乃請石城公大款出送詔許焉遂於西華門外

設壇遣尙書僕射王克兼侍中上甲鄉侯韶兼散騎常侍蕭瑳與于子悅王偉等登壇共盟右衞將軍柳津出西華門下景出其柵門與津遥相對刑牲歃血南兗州刺史南康嗣王會理前青冀二州刺史湘潭侯退西昌侯世子彧率衆三萬至於馬卬洲景慮北軍自白下而上斷其江路請悉勒聚南岸敕乃遣北軍並進江潭苑景又啓稱永安侯趙威方頻隔柵詬臣云天子自與爾盟我終當逐爾乞召入城卽進發敕並召之景遂運東城米于石頭食乃足又啓云西岸信至高澄已得壽春鍾離便無處安足權借廣陵譙州須征得壽春鍾離卽以奉還朝廷時荆州刺史湘東王繹師於武成河東王譽次巴陵前信州刺史桂陽王慥頓江津並未之進旣而有敕班師湘東王欲旋中記室參軍蕭賁曰景以人臣舉兵向闕今若放兵未及度江童子能斬之必不爲也大王以十萬之師未見賊而退若何湘東王不悅賁骨鯁士也每恨湘東不入援嘗與王雙六食子未下賁曰殿下都無下意王深爲憾遂因事害之景旣知援軍號令不一終無勤王之効又聞城中死疾轉多當有應之者旣却湘東王等兵又得城

中之米王偉且說景曰王以人臣舉兵背叛圍守宮闕已盈十旬逼辱妃主陵穢宗廟今日持此何處容身願且觀變景然之乃表陳武帝十失三年三月丙辰朔城內於太極殿前設壇使兼太宰尚書僕射王克等告天地神祇以景違盟舉烽鼓譟初城圍之日男女十餘萬貫甲者三萬至是疾疫且盡守埤者止二三千人並悉羸懦橫屍滿路無人埋瘞臭氣熏數里爛汁滿溝洫於是羊鴉仁柳仲禮鄱陽世子嗣進軍於東府城北柵壘未立爲景將宋子仙所敗送首級於闕下景又遣于子悅乞城內遣御史中丞沈浚至景所無去意浚因責之景大怒即決石闕前水百道攻城晝夜不息丁卯邵陵王世子子堅帳內白雲朗董勛華於城西北樓納賊五鼓賊四面飛梯衆悉上永安侯確與其兄堅力戰不能却乃還見文德殿言狀須臾景乃先使王偉儀同陳慶入殿陳謝曰臣既與高氏有隙所以歸投每啓不蒙爲奏所以入朝而姦佞懼誅深見推拒連兵多日罪合萬誅武帝曰景今何在可召來景入朝以甲士五百人自衛帶劍升殿拜訖帝神色不變使引向三公榻坐謂曰卿在戎日久無乃爲勞景默然

又問卿何州人而來至此又不對其從者任約代對又問初度江有幾人景曰千人圍臺城有幾人曰十萬今有幾人曰率土之內莫非己有帝俛首不言景出謂其廂公王僧貴曰吾常據鞍對敵矢刃交下而意了無怖今見蕭公使人自慴豈非天威難犯吾不可以再見之出見簡文于永福省簡文坐與相見亦無懼色初簡文寒夕詩云雪花無有蔕冰鏡不安臺又詠月云飛輪了無轍明鏡不安臺後人以爲詩讖謂無蔕者是無帝不安臺者臺城不安輪無轍者以邵陵名綸空有赴援名也既而景屯兵西州使僞儀同陳慶以甲防太極殿悉鹵掠乘輿服玩後宮嬪妾收王侯朝士送永福省撤二宮侍衞使王偉守武德殿于子悅屯太極東堂矯詔大赦自爲大都督都督中外諸軍錄尙書事其侍中使持節大丞相王如故先是城中積屍不暇埋瘞又有已死未斂或將死未絕景悉令聚而焚之臭氣聞十餘里尙書外兵郎鮑正疾篤賊曳出焚之宛轉火中久而方絕景又矯詔征鎮牧守各復本位於是諸軍並散降蕭正德爲侍中大司馬百官皆復其職帝雖外迹不屈而意猶忿憤景欲以宋子仙爲司空

帝曰調和陰陽豈在此物景又請以文德主帥鄧仲爲城門校尉帝曰不置此官簡文重入奏帝怒曰誰令汝來景聞亦不敢逼後每徵求多不稱旨至於御膳亦被裁抑遂懷憂憤五月感疾餧崩于文德殿景祕不發喪權殯于昭陽殿自外文武咸莫之知二十餘日然後升梓宮於太極前殿迎簡文即位及葬修陵使衞士以大釘於要地釘之欲令後世絕滅矯詔赦北人爲奴婢者冀收其力用焉時東揚州刺史臨城公大連據州吳興太守張嵊據郡自南陵以上並各據守景制命所行唯吳郡以西南陵以北而已六月景乃殺蕭正德於永福省封元羅爲西秦王元景襲爲陳留王諸元子弟封王者十餘人以柳仲禮爲使持節大都督隸大丞相參戎事十一月百濟使至見城邑丘墟於端門外號泣行路見者莫不灑泣景聞大怒收小莊嚴寺禁不聽出入大寶元年正月景矯詔自加班劍四十人給前後部羽葆鼓吹置左右長史從事中郎四人三月甲申景請簡文禊宴於樂游苑帳飲三日其逆黨咸以妻子自隨皇太子以下並令馬射箭中者賞以金錢翌日向晨簡文還宮景拜伏苦請簡文不從及發

景即與溧陽主共據御牀南面並坐羣臣文武列坐侍宴四月辛卯景又召簡文幸西州簡文御素輦侍衞四百餘人景衆數千浴鐵翼衞簡文至西州景等逆拜上冠下屋白紗帽服白布裙襦景服紫紬褶上加金帶與其僞儀同陳慶索超世等西向坐溧陽主與其母范淑妃東向坐上聞絲竹悽然下泣景起謝曰陛下何不樂上爲笑曰丞相言索超世聞此以爲何聲景曰臣且不知豈獨超世上乃命景起儛景即下席應弦而歌上顧命淑妃淑妃固辭乃止景又上禮遂逼上起儛酒闌坐散上抱景于牀曰我念丞相景曰陛下如不念臣臣何至此上索筌蹄曰我爲公講命景離席使其唱經景問超世何經最小超世曰唯觀世音小景即唱爾時無盡意菩薩上大笑夜乃罷時江南大饑江揚彌甚旱蝗相係年穀不登百姓流亡死者塗地父子攜手共入江湖或弟兄相要俱緣山岳芰實荇花所在皆罄草根木葉爲之凋殘雖假命須臾亦終死山澤其絕粒久者鳥面鵠形俯伏牀帷不出戶牖者莫不衣羅綺懷金玉交相枕藉待命聽終於是千里絕煙人跡罕見白骨成聚如丘隴焉而景虐於用刑酷忍無

道於石頭立大舂碓有犯法者擣殺之東陽人李瞻起兵爲賊所執送詣建鄴景先出之市中斷其手足刻析心腹破出肝腸瞻正色整容言笑自若見其膽者乃如升焉又禁人偶語不許大酺有犯則刑及外族其官人任兼閫外者位必行臺入附凶徒者並稱開府其親寄隆重則號曰左右廂公勇力兼人名爲庫真部督七月景又矯詔自進位相國封太山等二十郡爲漢王入朝不趨贊拜不名劍履上殿依漢蕭何故事十月景又矯詔自加宇宙大將軍都督六合諸軍事以詔文呈簡文簡文大驚曰將軍乃有宇宙之號乎初武帝旣崩景立簡文升重雲殿禮佛爲盟曰臣乞自今兩無疑貳臣固不負陛下陛下亦不得負臣及南康王會理之事景稍猜懼謂簡文欲謀之王偉因搆扇遂懷逆謀矣

二年正月景以王克爲太宰宋子仙爲太保元羅爲太傅郭元建爲太尉張化仁爲司徒任約爲司空于慶爲太師紇奚斤爲太子太傅時靈護爲太子太保王偉爲尚書左僕射索超世爲右僕射於大航跨水築城名曰捍國四月景遣宋子仙襲陷郢州刺史方諸景乘勝西上號二十萬聯旗千里江左以來水軍

之威未有也帝聞之謂御史中丞宗懷曰賊若分守巴陵鼓行西上荆郢殆危
此上策也身頓長沙徇地零桂運糧以至洞庭非吾有此中策也擁衆江口連
攻巴陵銳氣盡於堅城士卒飢於半菽此下策也吾安枕而臥無所多憂及次
巴陵王僧辯沉船臥鼓若將已遁景遂圍城元帝遣平北將軍胡僧祐與居士
陸法和大破之禽其將任約景乃夜遁還都左右有泣者景命斬之王僧辯乃
東下自是衆軍所至皆捷先是景每出師戒諸將曰吾破城邑淨殺却使天下
知吾威名故諸將以殺人爲戲笑百姓雖死不從之是月景乃廢簡文幽於永
福省迎豫章王棟卽皇帝位升太極前殿大赦改元爲天正元年有回風自永
福省吹其文物皆倒折見者莫不驚駭初景旣平建鄴便有篡奪志以四方須
定故未自立旣而巴陵失律江郢喪師猛將外殲雄心內沮便欲速僭大號又
王偉云自古移鼎必須廢立故景從之其太尉郭元建聞之自秦郡馳還諫曰
主上仁明何得廢之景曰王偉勸吾元建固陳不可景意遂回欲復帝位以棟
爲太孫王偉固執不可乃禪位于棟景以哀太子妃賜郭元建元建曰豈有皇

太子妃而降爲人妾竟不與相見景司空劉神茂儀同尹思合劉歸義王曄桑
乾王元頵等據東陽歸順十一月景矯蕭棟詔自加九錫漢國置丞相以下百
官陳備物於庭忽有鳥似山鵲翔于景冊書上赤足丹觜都下左右所無賊徒
悉駭競射之不能中景又矯棟詔追崇其祖爲大將軍父爲大丞相自加冕十
有二旒建天子旌旗出警入蹕乘金根車駕六馬備五時副車置旄頭雲罕樂
儛八佾鍾簴宮懸之樂一如舊儀尋又矯蕭棟詔禪位使僞太宰王克奉璽紱
于己先夕景宿大莊嚴寺卽南郊柴燎于天升壇受禪大風拔木旂蓋盡偃文
物並失舊儀既唱警蹕識者以爲名景而言警蹕非久祥也景聞惡之改爲備
蹕人又曰備於此便畢矣有司乃奏改云永蹕乃以廣柳車載鼓吹槖駞負犧
牲輦上置垂腳坐焉景所帶劍水精摽無故墮落手自拾取甚惡之將登壇有
兔自前而走俄失所在又白虹貫日三重日青無色還將登太極殿醜徒數萬
同共吹脣唱吼而上及升御牀牀腳自陷大赦改元爲太始元年方饗羣臣中
會而起觸扆墜地封蕭棟爲淮陰王幽之改梁律爲漢律改左戶尚書爲殿中

尚書五兵尚書爲七兵尚書直殿主帥爲直寢景三公之官動置十數儀同尤多或疋馬孤行自執羈紲以宋子仙郭元建張化仁任約爲佐命元功並加三公之位王偉索超世爲謀主于子悅彭儁主擊斷陳慶呂季略盧暉略于和史安和爲爪牙斯皆尤毒於百姓者其餘王伯醜任延和等復有數十人梁人而爲景用者則故將軍趙伯超前制局監姬石珍內監嚴亶邵陵王記室伏知命此四人盡心竭力者若太宰王克太傅元羅侍中殷不害太常姬弘正等雖官尊止從人望非腹心任也景祖名乙羽周及簒以周爲廟諱故改周弘正石珍姓姬焉王偉請立七廟景曰何謂七廟偉曰天子祭七世祖考故置七廟幷請七世諱敕太常具祭祀之禮景曰前世吾不復憶唯阿爺名摽且在朔州伊那得來噉是衆聞咸笑之景黨有知景祖名乙羽周者自外悉是王偉制其名位以漢司徒侯霸爲始祖晉徵士侯瑾爲七世祖於是推尊其祖周爲大丞相父摽爲元皇帝于時景修飾臺城及朱雀宣陽等門童謠曰的脰烏拂朱雀還與吳又曰脫青袍著芒屩荊州天子挺應著時都下王侯庶姓五等廟樹咸見殘

毀唯文宣太后廟四周柏樹獨鬱茂及景篡修南郊路僞都官尚書呂季略說景令伐此樹以立三橋始斫南面十餘株再宿悉栟生便長數尺時旣冬月翠茂若春賊乃大驚惡之使悉斫殺識者以爲昔僵柳起於上林乃表漢宣之興今廟樹重青必彰陝西之瑞又景牀東邊香爐無故墮地景呼東西南北皆謂爲廂景曰此東廂香爐那忽下地議者以爲湘東軍下之徵十二月謝答仁李慶等軍至建德攻元頵李占柵大破之執頵占送京口截其手足徇之經日乃死景二年謝答仁攻東陽劉神茂降以送建康景爲大剉碓先進其脚寸寸斬之至頭方止使衆觀之以示威王僧辯軍至蕪湖城主宵遁侯子鑒率步騎萬餘人度州幷引水軍俱進僧辯逆擊大破之景聞之大懼涕下覆面引衾臥良久方起歎曰咄叱咄叱誤殺乃公初景之爲丞相居于西州將率謀臣朝必集行列門外謂之牙門以次引進賚以酒食言笑談論善惡必同及篡恆坐內不出舊將稀見面咸有怨心至是登烽火樓望西師看一人以爲十人大懼僧辯及諸將遂於石頭城西步上連營立柵至於落星墩景大恐遣掘王僧辯父墓

剖棺焚其屍王僧辯等進營于石頭城北景列陣挑戰僧辯大破之景既退敗不敢入宮斂其散兵屯於闕下遂將逃王偉按劍攬轡諫曰自古豈有叛天子今宮中衞士尚足一戰寧可便走景曰我在北打賀拔勝敗葛榮揚名河朔與高王一種人來南直度大江取臺城如反掌打邵陵王於北山破柳仲禮於南岸皆乃所親見今日之事恐是天亡乃好守城當復一決仰觀石闕逡巡歎息久之乃以皮囊盛二子挂馬鞍與其儀同田遷范希榮等百餘騎東奔王偉遂委臺城竄逸侯子鑒等奔廣陵王克開臺城門引裴之橫入宮縱兵蹂掠是夜遺燼燒太極殿及東西堂延閣祕署皆盡羽儀輦輅莫有孑遺王僧辯命武州刺史杜崱救火僅而得滅故武德五明重雲殿及門下中書尙書省得免僧辯迎簡文梓宮升於朝堂三軍縞素踊於哀次命侯瑱裴之橫追賊於東焚僞神主於宣陽門作神主於太廟收圖書八萬卷歸江陵杜崱守臺城都下戶口百遺一二大航南岸極目無煙老小相扶競出纔度淮王琳杜龕軍人掠之甚於寇賊號叫徹于石頭僧辯謂爲有變登城問故亦不禁也僉以王師之酷甚於

侯景君子以是知僧辯之不終初景之圍臺城援軍三十萬兵士望青袍則氣消膽奪及赤亭之役胡僧祐以羸卒一千破任約精甲二萬轉戰而東前無橫陣既而侯瑱追及景衆未陣皆舉幡乞降景不能制乃與腹心人數十單舸走推墮二子於水自滬瀆入海至胡豆洲前太子舍人羊鯤殺之送于王僧辯景長不滿七尺長上短下眉目疎秀廣顙高顴色赤少鬢低眡屢顧聲散識者曰此謂豺狼之聲故能食人亦當爲人所食既南奔魏相高澄悉命先剝景妻子面皮以大鐵鑊盛油煎殺之女以入宮爲婢男三歲者並下蠶室後齊文宣夢獮猴坐御牀乃並煑景子於鑊其子之在北者殲焉景性猜忍好殺戮恆以手刃爲戲方食斬人於前言笑自若口不輟飡或先斷手足割舌劓鼻經日乃殺之自篡立後時著白紗帽而尙披青袍頭插象牙梳牀上常設胡牀及筌蹄著靴垂腳坐或跂戶限或走馬遨遊彈射鵶鳥自爲天子王偉不許輕出於是鬱怏更成失志曰吾無事爲帝與受擯不殊及聞義師轉近猜忌彌深牀前蘭錡自遶然後見客每登武帝所常幸殿若有芒刺在身恆聞叱咄者又處宴居殿

一夜驚起若有物扣其心自是凡武帝所常居處並不敢處多在昭陽殿廊下所居殿屋常有鵂鶹鳥鳴呼景惡之每使人窮山野捕鳥景所乘白馬每戰將勝輒躑躅嘶鳴意氣駿逸其有奔衂必低頭不前及石頭之役精神沮喪臥不肯動景使左右拜請或加箠策終不肯進始景左足上有肉瘤狀似龜戰應剋捷瘤則隱起分明如不勝瘤則低至日瘤隱陷肉中天監中沙門釋寶誌曰掘尾狗子自發狂當死未死嚙人傷須臾之間自滅亡起自汝陰死三湘又曰山家小兒果攘臂太極殿前作虎視狗子景小字山家小兒猴狀景遂覆陷都邑毒害皇家起自懸瓠即昔之汝南巴陵有地名三湘景奔敗處其言皆驗景嘗謂人曰侯字人邊作主下作人此明是人主也臺城既陷武帝嘗語人曰侯景必得爲帝但不久耳破侯景字成小人百日天子爲帝當得百日案景以辛未年十一月十九日篡位壬申年三月十九日敗得一百二十日而景以三月一日便往姑孰計在宮殿足滿十旬其言竟驗又大同中太醫令朱耽嘗直禁省無何夢犬羊各一在御坐覺而告人曰犬羊非佳物也今據御坐將有變乎既

而天子蒙塵景登正殿焉及景將敗有僧通道人者意性若狂飲酒噉肉不異凡等世間游行已數十載姓名鄉里人莫能知初言隱伏久乃方驗人並呼爲闍梨景甚信敬之景常於後堂與其徒共射時僧通在坐奪景弓射景陽山大呼云得奴已景後又宴集其黨又召僧通僧通取肉揾鹽以進景問曰好不景答所恨大鹹僧通曰不鹹則爛及景死僧辯截其二手送齊文宣傳首江陵果以鹽五斗置腹中送于建康暴之于市百姓爭取屠膾羹食皆盡并溧陽主亦預食例景焚骨揚灰曾罹其禍者乃以灰和酒飲之首至江陵元帝命梟於市三日然後煑而漆之以付武庫先是江陵謠言苦竹町市南有好井荊州軍殺侯景及景首至元帝付諮議參軍李季長宅宅東即苦竹町也既加鼎鑊即用市南水焉景儀同謝答仁行臺趙伯超降于侯瑱生禽賊行臺田遷儀同房世貴蔡壽樂領軍王伯醜凶黨悉平斬房世貴於建康市餘黨送江陵初郭元建以有禮於皇太子妃將降侯子鑒曰此小惠也不足自全乃奔齊

王偉其先略陽人父略仕魏爲許昌令因居頳川偉學通周易雅高辭采仕魏

爲行臺郎景叛後高澄以書招之偉爲景報澄書其文甚美澄覽書曰誰所作
也左右稱偉之文澄曰才如此何由不早使知邪偉旣協景謀謨其文檄並偉
所製及行篡逆皆偉創謀也景敗與侯子鑒俱走相失潛匿草中直瀆戍主黃
公喜禽送之見王僧辯長揖不拜執者促之偉曰各爲人臣何事相敬僧辯謂
曰卿爲賊相不能死節而求活草間顛而不扶安用彼相偉曰廢興時也工拙
在人向使侯氏早從偉言明公豈有今日之勢僧辯大笑意甚異之命出以徇
偉曰昨及朝行八十里願借一驢代步僧辯曰汝頭方行萬里何八十里哉偉
笑曰今日之事乃吾心也前尚書左丞虞隲常見辱於偉遇之而唾其面曰死
虜庸復能爲惡乎偉曰君不讀書不足與語隲慚而退及呂季略周石珍嚴亶
俱送江陵偉尚望見全於獄爲詩贈元帝下要人曰趙壹能爲賦鄒陽解獻書
何惜西江水不救轍中魚又上五百字詩於帝帝愛其才將捨之朝士多忌乃
請曰前日偉作檄文有異辭句元帝求而視之檄云項羽重瞳尚有烏江之敗
湘東一目寧爲四海所歸帝大怒使以釘釘其舌於柱剜其腸顏色自若仇家

臠其肉俛而視之至骨方刑之石珍及亶並夷三族
趙伯超趙革子也初至建鄴王僧辯謂曰卿荷國重恩遂復同逆對曰當今禍
福恩在明公僧辯又顧謝答仁曰聞卿是侯景梟將恨不與卿交兵答仁曰公
英武蓋世答仁安能仰敵僧辯大笑答仁以不失禮於簡文見宥伯超及伏知
命俱餓死江陵獄中彭儁亦生獲破腹抽出其肝藏儁猶不死然後斬之
熊曇朗豫章南昌人也世爲郡著姓曇朗跅弛不羈有膂力容貌甚偉侯景之
亂稍聚少年據豐城縣爲柵桀黠劫盜多附之梁元帝以爲巴山太守魏剋荆
州曇朗兵力稍強劫掠鄰縣縛賣居人山谷之中最爲巨患及侯瑱鎮豫章曇
朗外示服從陰欲圖瑱侯方兒之反瑱也曇朗爲之謀主瑱敗曇朗獲瑱馬仗
子女甚多及蕭勃踰嶺歐陽頠爲前軍曇朗紿頠共往巴山襲黃法𣰰又報法
𣰰期共破頠且曰事捷與我馬仗乃出軍與頠掎角而進又紿頠曰余孝頃欲
相掩襲須分留奇兵頠送甲二百領助之及至城下將戰曇朗僞北法𣰰乘頠
失援狼狽退衂曇朗取其馬仗而歸時巴山陳定亦擁兵立砦曇朗僞以女妻

定子又謂定曰周迪余孝頃並不願此旨必須以強兵來迎定信之及至曇朗執之收其馬仗並論價責贖陳初以南川豪帥歷宜新豫章二郡太守抗拒王琳有功封永化縣侯位平西將軍開府儀同三司及周文育攻余孝勵于豫章曇朗出軍會之文育失利曇朗乃害文育以應王琳琳東下文帝徵南川兵江州刺史周迪高州刺史黃法𣰰欲泝流應赴曇朗乃據城列艦遏迪等及王琳敗走迪攻陷其城曇朗走入村中村人斬之傳首建鄴懸于朱雀航宗族無少長皆棄市

周迪臨川南城人也少居山谷有膂力能挽強弩以弋獵爲事侯景之亂迪宗人周續起兵於臨川梁始興王蕭毅以郡讓續迪占募鄉人從之每戰勇冠諸軍續所部渠帥皆郡中豪族稍驕橫續頗禁之渠帥等乃殺續推迪爲主梁元帝授迪高州刺史封臨汝縣侯紹泰二年爲衡州刺史領臨川內史周文育之討蕭勃也迪按甲保境以觀成敗陳武帝受禪王琳東下迪欲自據南川乃總召所部八郡守宰結盟聲言入赴朝廷恐其爲變因厚撫之琳至盆城新吳洞

主余孝頃舉兵應琳琳以爲南川諸郡可傳檄而定乃遣其將李孝欽樊猛等
南徵糧餉孝欽等與余孝頃逼迪迪大敗之禽孝欽猛孝頃送建鄴以功加平
南將軍開府儀同三司文帝嗣位熊曇朗反迪與周敷黃法𣰰等圍曇朗屠之
王琳敗後文帝徵迪出鎮盆口又徵其子入朝迪趦趄顧望並不至豫章太守
周敷本屬迪至是與法𣰰率其部詣闕文帝錄其破熊曇朗功並加官賞迪聞
之不平乃陰與留異相結及王師討異迪疑懼乃使其弟方興襲周敷敷與戰
破之又別使兵襲華皎於盆城事覺盡爲皎禽天嘉三年文帝乃使江州刺史
吳明徹都督衆軍與高州刺史黃法𣰰豫章太守周敷討迪不能剋文帝乃遣
宣帝總督討之迪衆潰脫身踰嶺之晉安依陳寶應寶應以兵資迪留異又遣
第二子忠臣隨之明年秋復越東興嶺文帝遣都督章昭達征迪迪又散于山
谷初侯景之亂百姓皆棄本爲盜唯迪所部獨不侵擾耕作肆業皆有贏儲政
令嚴明徵斂必至性質朴不事威儀冬則短身布袍夏則紫紗袜腹居常徒跣
雖外列兵衛內有女伎挼繩破篾傍若無人然輕財好施凡所周贍毫釐必均

訥於語言而衿懷信實臨川人皆德之至是並藏匿雖加誅戮無肯言者昭達仍度嶺與陳寶應相抗迪復收合出東興文帝遣都督陳霽洗破之迪又與十餘人竄山穴中後遣人潛出臨川郡市魚鮭臨川太守駱文牙執之令取迪自效誘迪出獵伏兵斬之傳首建鄴梟於朱雀航三日

留異東陽長山人也世爲郡著姓異善自居處言語醞藉爲鄉里雄豪多聚惡少陵侮貧賤守宰皆患之仕梁晉安安固二縣令侯景之亂還鄉里占募士卒太守沈巡援臺讓郡於異異使兄子超監知郡事率兵隨巡出都及城陷異隨梁臨城公大連大連委以軍事異性殘暴無遠略私樹威福衆並患之會景將宋子仙濟浙江異奔還鄉里尋以衆降子仙子仙以爲鄉道令執大連邵陵王綸聞之曰姓作去留之留名作同異之異理當同於逆虜侯景署異爲東陽太守收其妻子爲質行臺劉神茂建義拒景異外同神茂而密契於景及神茂敗被景誅異獨獲免景平後王僧辯使異慰勞東陽仍保據巖阻州郡憚焉魏克荊州王僧辯以異爲東陽太守陳文帝平定會稽異雖有糧饋而擁擅一郡威

福在己紹泰二年以應接功除縉州刺史領東陽太守封永嘉縣侯又以文帝
長女豐安公主配異第三子貞臣陳永定三年徵異爲南徐州刺史遷延不就
文帝卽位改授縉州刺史領東陽太守異頻遣其長史王澌爲使入朝澌每言
朝廷虛弱異信之恆懷兩端與王琳潛通信使及琳敗文帝遣左衞將軍沈恪
代異爲郡實以兵襲之異與恪戰敗乃表啓遜謝時朝廷方事湘郢且羈縻之
異知終見討乃使兵戍下淮及建德以備江路湘州平文帝乃下詔揚其罪惡
使司空侯安都討之異與第二子忠臣奔陳寶應及寶應平幷禽異送都斬建
康市子姪並伏誅唯第三子貞臣以尚主獲免
陳寶應晉安候官人也世爲閩中四姓父羽有材幹爲郡雄豪寶應性反覆多
變詐梁時晉安數反累殺郡將羽初並扇惑成其事後復爲官軍鄉導破之由
是一郡兵權皆自己出侯景之亂晉安太守賓化侯蕭雲以郡讓羽羽年老但
主郡事令寶應典兵時東境饑饉會稽尤甚死者十七八而晉安獨豐沃士衆
強盛侯景平元帝因以羽爲晉安太守陳武帝輔政羽請歸老求傳郡於寶應

武帝許之紹泰三年封候官縣侯武帝受禪授閩州刺史領會稽太守文帝即位加其父光祿大夫仍命宗正錄其本系編爲宗室寶應娶留異女爲妻侯安都之討異寶應遣師助之又資周迪兵糧出寇臨川及都督章昭達破迪文帝因命討寶應詔宗正絕其屬籍寶應據建安湖際逆拒昭達昭達深溝高壘不與戰但命爲簰俄而水盛乘流放之突其水柵寶應衆潰執送都斬建康市

論曰侯景起于邊服備嘗艱險自北而南多行狡算于時江表之地不見干戈梁武以耄期之年溺情釋教外弛藩籬之固內絕防閑之心不備不虞難以爲國加以姦回在側貨賄潛通景乃因機騁詐肆行矯慝王偉爲其謀主飾以文辭武帝溺於知音惑茲邪說遂使乘桴直濟長江喪其天險揚旌指闕金墉亡其地利生靈塗炭宗社丘墟於是村屯塢壁之豪郡邑巖穴之長恣陵侮而爲暴資剽掠以爲雄陳武應期撫運戡定安輯熊曇朗周迪留異陳寶應等雖逢興運未改迷塗志在亂常自致夷戮亦其宜矣

南史卷八十

南史卷八十考證

侯景傳澄知景無歸志○澄監本訛燈今改從齊書

王若次近郊必郊迎因而執之○郊迎監本訛巡警今從閣本改正

遣南浦侯推守東府城○推各本訛持今從監本

陳文徹李欽屯丹陽郡○上文云南陵太守陳文徹宣猛將軍李孝欽此脫孝字

大王以十萬之師未見賊而退若何○大監本訛夫今從閣本

起自懸瓠即昔之汝南○瓠監本訛匏今改正

王偉傳僧辯曰汝頭方行萬里何八十里哉○監本脫八字今從上文偉曰昨及朝行八十里句增正

南史卷八十考證

原任詹事臣陳浩洗馬臣陸宗楷編修臣孫人龍知州臣王祖庚貢生臣

王積光等奉

勅恭校刊

西元二〇二〇年十一月一日重製一版

南史（附考證）冊四（唐李延壽撰）

平裝四冊基本定價貳仟柒佰元正
（郵運匯費另加）

發行人　張　敏　君
發行處　中　華　書　局
臺北市內湖區舊宗路二段一八一巷八號五樓（5FL., No. 8, Lane 181, JIOU-TZUNG Rd., Sec 2, NEI HU, TAIPEI, 11494, TAIWAN）
客服電話：886-2-8797-8396
公司傳真：886-2-8797-8909
匯款帳戶：華南商業銀行西湖分行
179100026931
印　　刷：維中科技有限公司
海瑞印刷品有限公司

No. N1051-4

國家圖書館出版品預行編目(CIP)資料

南史/(唐)李延壽撰. -- 重製一版. -- 臺北市 :
中華書局, 2020.11
冊 ; 公分
ISBN 978-986-5512-31-6(全套 : 平裝)

1.南史

623.501 109016723